문화재의 정치학:
현대 한일관계의 기원

류미나

일본 와세다대학 동양사학과를 2000년에 졸업하고, 2002년에 일본 와세다대학대학원 문학연구과 석사과정 졸업하였으며, 2007년 일본 와세다대학대학원 문학연구과 박사학위 취득하였다. 2006년 국민대학교 일본학연구소 연구교수와 2015년 국민대학교 일본학연구소 학술연구교수, 2019년 국민대학교 교양학부 조교수를 역임하였다.

주요 저서로는 "한일회담과 문화재 반환 협상"(경인문화사, 2022), "한일국교정상화 연구"(대한민국역사박물관, 2016, 공저), "동아시아 기억의 장"(삼인, 2015, 공저) 등이 있으며, 주요 논문으로는 "전후 일본 고고학계의 식민지 조선 인식–후지타 료사쿠와 우메하라 스에지를 중심으로–"(역사와 교육(38), 2024.5.), "A genealogy of tiger nationalism in Korea: post–colonial discourse, Ch'oe Namsŏn and the Seoul Olympics"(*International Journal of Asian Studies*(20), 2023. 7, 공저) 등이 있다.

서강학술총서
151

문화재의 정치학:
현대 한일관계의 기원

류미나 지음

서강대학교출판부

서강학술총서 151

문화재의 정치학: 현대 한일관계의 기원

초판 1쇄 발행 | 2025년 1월 31일

지 은 이 | 류미나
발 행 인 | 심종혁
편 집 인 | 하상웅
발 행 처 | 서강대학교출판부
등록 번호 | 제2002-000170호

주 소 | 서울특별시 마포구 백범로 35(신수동)
전 화 | (02) 705-8212
팩 스 | (02) 705-8612

ISBN 978-89-7273-400-0 94300
ISBN 978-89-7273-139-9 (세트)

값 27,000원

* '서강학술총서'는 SK SUPEX 기금의 후원으로 제작됩니다.

책머리에

류미나 교수의 저서 출간을 지켜보며

본서는 2024년 7월에 갑작스레 세상을 떠나신 류미나 교수의 유작이다. 오랜 동안 병마에 시달려왔던 류미나 교수는 투병생활을 하면서도 국민대학교에서 교육과 연구에 심혈을 기울여왔다. 특히 연구 측면에서는 학부시절부터 '식민지주의와 한국문화' 문제를 고찰해 왔는데, 본서는 그러한 류미나 교수의 라이프워크의 일환으로, 해방 이후 대두된 문화재 반환 문제에 대하여 논한 연구성과의 일부이다.

류미나 교수는 2020년에 이미 본서의 원고를 서강대학교 출판부에 제출하셨다. 그러나 제출한 이후에도 계속해서 가필과 수정을 하셨고, 이 사실을 절친인 김효숙 교수와 허지은 교수는 알고 있었기에, 데이터파일 안에서 가필 수정 중이었던 원고를 발견했다. 따라서 처음에는 이 마지막 원고를 책으로 출판하기 위해 검토에 들어갔다. 이는 남은 날을 예견한 류미나 교수가 병상에서도 마지막까지 퇴고를 거듭하고 있었기 때문이다. 그러나 최종파일을 검토하는 과정에서 김효숙 교수가 가필된 최종원고에 미완성 부분이 적지 않았다는 것을 알았고, 따라서 일관성 있는 예전 버전을 저본으로 하되 최종 파일을 참조하면서 보정과 교정을 거듭하게 되었다. 두 분은 예정된 발행일에 출판될 수 있도록 본서 간행을 위해 헌신적으로 진력해 주셨다.

류미나 교수가 돌아가신 후, 2024년에 간행하기 위해 글을 쓰고 계셨다는 것을 김효숙 교수에게 듣고, 저는 두 분과 의논하여 오랫동안 류미나 교수와 동료 연구자로서 깊은 교류가 있었던 미쓰이 다카시三ツ井崇 교수(도쿄대학)에게 원고를 정독해주십사 부탁드리고, 간행을 위해서 세밀한 조언을 구했다. 오랫동안 류미나 교수와 문제의식을 공유해온 미쓰이 교수는 읽어보신 후 다음과 같이 감상을 말씀해 주셨다.

> 류미나 교수의 원고는 일한회담 과정에서 표면화한 문화재 문제를 일한회담의 문맥에 한정하지 않고 근대 특히 식민지기의 일본에 의한 문화 지배/개입이라는 역사적 현상과 연속적인 맥락에서 분석했다는 점에서 큰 의의가 있다. 그리고 이는 예전에 제가 와세다 대학 COE(Center of Exellence) 프로그램에서 류미나 교수와 함께 개최한 심포지엄 '콜로니얼리즘과 "조선문화"'를 류미나 교수의 시점에서 다시 바라본 하나의 전망이기도 하다. 향후 근현대사에 있어서 이 문제를 고찰할 때에는 이 저서가 하나의 기반이 될 것이다.

위의 미쓰이 다카시 교수의 감상에는 본서를 간행하는 의의가 응축되어 있기에, 미쓰이 교수의 허락을 받아 여기에 소개하였다.

류미나 교수는 1996년 와세다대학 제일문학부에 입학하여 2000년에 와세다대학 문학연구과 석사과정, 2002년에는 박사과정에 입학하셨다. 그리고 2007년 3월에 박사(문학) 학위를 취득하셨다. 저는 류미나 교수의 유학시절 즉 1996년에 와세다대학 학부에 입학했을 때부터 11년에 걸쳐 지도해왔다.

학부 졸업논문은 '조선식민지시대 문화정치의 상징–도서관과 박물관을 중심으로–'라는 제목으로 도서관·박물관을 통해 식민지기 문화정책의 실체를 파헤쳤다. 이는 아직 이와 관련해 본격적인 연구가 전혀 없었을 무렵이었음에도 불구하고 방대한 자료를 섭렵하여 실증적으로 분석한 견실한 논문이다.

대학원에 진학한 이후에도 계속해서 일제강점기의 문화정책을 고찰하였는데, 석사논문 '식민지기 조선의 유교 이데올로기의 상극–3·1독립운동 이전의 경학원 분석을 중심으로–'는 조선왕조 유교 교육기관이었던 성균관을 식민지기에 경학원으로 개편한 총독부의 정책의도와 그에 대한 '조선사회'의 대응을 논한 것이다.

박사논문 '식민지기 조선의 경학원 연구'는 석사논문의 연구성과를 토대로 하여, 경학원을 통해서 조선왕조시대말부터 식민지기, 해방 후까지 유교 이데올로기의 재편과 변용 과정을 논한 것이다. 일제강점기 때 총독부와 양반·유림세력의 각각의 의도 그리고 조선 국내 신흥세력이 각축전을 벌이는 가운데 유교가 가진 역사적 위상이 어떠했는지를 경학원을 통해서 파악한 의욕적인 연구였다. 실증적인 논증을 펼쳤다는 점에서 심사회에서도 높은 평가를 받았다. 그 후 제반 사정으로 인해 출판되지 못한 채 남게 되어 너무나 안타깝다.

류미나 교수의 학부졸업논문, 석사논문, 박사논문에 대해서 간

략히 설명한 것은, 류미나 교수가 학부시절부터 일관되게 그 연구영역을 일제강점기의 문화정책 및 해방 후의 한일 문화재 반환 문제를 대상으로 삼고 있기 때문이다. 이러한 분야의 사료는 고도의 일본어 독해력을 필요로 하고, 뿐만 아니라 일본사, 문화사에 대한 심오한 이해가 불가결하다. 물론 한국 학계에도 이 분야에 대해 방대한 연구 성과가 있다. 그러나 류미나 교수는 독창적인 시점에서 문제점을 설정하여, 독자적인 자료 해석, 그리고 그를 기반으로 실증에 의거하여 논리를 전개해나간다는 점에 그 특징이 있다.

류미나 교수가 박사과정에 재학중이었던 2002년에는 와세다대학 문학연구과의 아시아학이 일본 문부성 COE에 채택되어 '아시아지역문화 엔헌싱(enhancing) 연구 센터'가 설립되었다. 저는 이 프로그램을 맡은 연구자의 한 명으로 참여하였는데, 특히 8개의 거점 프로젝트연구소 중에 하나인 조선문화연구소의 소장으로 참가했다. 이 프로그램을 원활하게 추진하기 위해 학위를 취득할 가능성이 있는 조수를 채용해야 했는데, 많은 대학원생 중에서 류미나 교수가 발탁되어, 당시 와세다대학 대학원 문학연구과가 5년에 걸쳐 진행한 프로젝트의 국제학술교류부문을 담당했다.

이 COE에 참여하는 데 있어서 저는 새로운 연구분야를 개척하기 위해 한국목간연구에 종사했는데, 이와 함께 '식민지와 고고학' 문제를 연구하고 있었다. 한국에서 출토된 목간은 국립문화재연구소의 소관인지라 동 연구소와 공동연구가 불가피했다. 때문에 저는 국립문화재연구소 및 국립가야문화재연구소(당시 국립창원문화재연구소)

에 공동연구를 하자고 제안했지만, 정식으로 실현되기까지 2년 가까이 시간이 필요했다. 한국의 국립문화재연구소가 소장하고 있는 문화재를 일본의 사립대학이 공동이용 및 공동연구를 제안하는 것 자체가 전례가 없었던 일이기 때문이다.

그러한 어려운 과제에 직면하게 되자, 류미나 교수는 식민지기 문화정책 연구의 축적을 통해 본 연구가 필요하다는 것을 잘 알고 있었기에, 문화재연구소 측에 공동연구의 의의를 적극적으로 호소하는 저의 마음을 깊이 이해하였고, 문화재연구소를 설득하기 위해서 분골쇄신 진력해 주었다. 매년 개최되는 국제성과발표회에서는 조수로서 문화재연구소와의 교섭에 종사하며, 심포지엄의 기획과 운영에 일조하셨다.

그렇게 목간연구를 진행하는 한편, COE의 일환으로 당시 객원조교수로 초빙한 도노무라 마사루外村大 교수(현재 도쿄대학), 미쓰이 다카시 교수(현재 도쿄대학), 정인성 교수(현재 영남대학)와 함께 심포지엄 '콜로니얼리즘과 "조선문화"-조선총독부 "조선고적조사사업"과 관련하여-'를 개최하여, 식민지화에 의해 발생하는 문화재 문제를 보고하였으며, 동 보고서 간행에 있어서 주도적인 역할을 했다(와세다 대학 조선문화연구소, 2006년 3월). 이는 식민지화로 인해 발생하는 이러한 문화재 문제를 연구하지 않고서는 한국과 일본과의 국제공동연구 같은 것이 있을 수 없다는 문제의식이 있었기 때문이다. 그러한 연구과제의 의의를 누구보다도 깊은 곳에서부터 감지한 것이 바로 류미나 교수였다.

또한 류미나 교수의 연구활동과 관련하여 대학원 시절에 있었던 일 중에 잊을 수 없는 것이 2002년부터 시작한 ‘비판과 연대를 위한 동아시아 역사 포럼’이다. 류미나 교수는 임지현 교수가 대표를 맡은 한국 측의 멤버와 함께 매년 주도적으로 회의를 운영해왔다. 쉽지 않은 한일 연구자의 상호 이해, 상호 커뮤니케이션의 통괄을 류미나 교수가 훌륭하게 해내주었다. 무엇보다도 이 포럼의 큰 주제가 양국 사이를 가로막아선 식민주의의의 극복이었다. 이러한 난제를 정면에서 바라보기 위해서는 류미나 교수와 같은 젊은 연구자의 협력이 필요했다. 그와 같은 쉽지 않은 역할을 류미나 교수는 스스로 적극적으로 맡아 주었다.

한국으로 귀국한 후에도 류미나 교수는 국민대학교 일본연구소에서 기관지『일본공간』편집을 창간호부터 담당하며 동 연구소의 연구활동 특히 근년에는 정력적으로 한일회담의 문화재 반환 문제를 연구해왔다. 그렇게 한국의 일본사 관련 학회를 중심으로 활동하면서 일본에서도 심포지엄, 국제학술회의에 초빙을 받아 많은 발표를 해왔다.

본서는 그러한 장기간에 걸친 성과를 집대성하기 위해 첫 번째 저서로 준비된 것이다. 류미나 교수 본인은 본서를 시작으로 지금까지의 연구성과를 계속해서 책으로 간행하고자 했을 터이다.

또 김효숙 교수(세종대학교)를 비롯하여 동료 연구자들과 계속해서 국제적인 프로젝트를 기획하여 연구펀드를 획득하고, 국제적인 학술저널에 게재하기도 하며, 앞으로 한국·일본을 넘어 말 그대로 전지구적 규모의 국제무대에서 활약할 것으로 기대받는 연구자였다. 나아가 이러한 연구, 교육 방면의 활약을 통해 류미나 교수가 쌓아온 분야에서 차세대를 육성할 것이라고 기대받는 연구자이기도 했다. 실제로 류미나 교수는 성실한 인품의 소유자였기에 좋은 교육자로서도 활약할 것이라고, 저는 믿어 의심치 않았다. 좋은 교육자는 먼저 좋은 연구자여야 하는데, 이는 내 자신의 연구자세야말로 학생들에게 배움의 의의를 전달할 수 있다고, 저는 믿어왔기 때문이다. 실로 "호천불조昊天不弔", 하늘도 무심하시다. 애석한 마음 이를 데 없다.

본서의 간행은 김효숙 선생님, 허지은 선생님이 해주신 노고의 결실이기도 하다. 아낌 없는 도움 주심에 깊이 감사 드린다.

본서가 류미나 교수의 유작이 된 것은 참으로 애석하지만, 우연히도 한일회담 60주년을 맞이하는 해에 간행되는 본서를 많은 독자가 읽어 주기를 바라 마지않는다.

이성시 (와세다대학 명예교수)

목 차

프롤로그

한일회담 문화재 협상의 마지막 밤

1965년 6월 17일 밤.

도쿄 힐튼호텔에는 좀처럼 타협이 이뤄지지 않는 문화재 반환 문제로 뒤숭숭한 분위기가 감돌았다. 팽팽한 긴장 속에 한일 양측은 어떤 문화재를 반환할 것인가 그 구체적인 물품 목록을 검토하기 위해 만났는데, 한국 측 문화재 위원으로 참석한 이홍직과 황수영이 반환 품목에 '양산부부총'에서 출토된 유물이 들어가 있지 않다는 사실에 강한 불만을 표시했다. 이에 도쿄국립박물관의 마쓰시타松下는 이 유물이 한국 고분 출토품 중에 유일하게 한벌(一式)로 남겨진 것이고, 유물적 가치로 볼 때 고대 한일관계를 알 수 있는 중요한 문화재임을 내세워 반환을 거부했다. 그리고 계속해서 양산부부총을 요구한다면 당일 교섭을 끝낼 수밖에 없다며 배수진을 쳤다.

양측의 분위기가 계속해서 험악해지자 이 자리에 동석한 외교부의 방희 대표가 일단 양산부부총에 대해서는 다음 기회에 논의하기로 하고, 그 외의 물품에 대해 얘기하자는 제안을 했다. 이홍직과 황수영은 할 수 없다는 듯이 방희 대표의 말에 동의했고, 이 모습을 지켜본 일본의 마쓰시타는 회담을 자신들의 뜻대로 가져갈 수 있다는

"희망"을 잃었다.[1] 그것은 일본 측이 다른 유물을 조금 더 내 놓는다면 한국 측은 양산부부총 관련 유물을 단념할 것이라는 확신이었다.

마쓰시타는 한국 측과 헤어진 후, 서둘러 미야치宮地 문화재보호위원회 사무국장, 히라마平間 동同 위원회 차장과 만나서 이러한 상황을 설명하고 차후 방책을 의논했다. 마쓰시타와는 달리 미야치 국장은, 한일회담이 거의 다 마무리되어 가는데 문화재 반환 교섭만 시간을 끌고 있는 상황에 부담을 느꼈고, 한국 측이 계속해서 양산부부총 유물을 강하게 요구한다면, 그 일부를 반환하더라도 다른 교섭 상황과 속도를 맞춰서 문화재 반환 교섭 역시 마무리지을 수밖에 없다고 체념했다. 그러나 마쓰시타는 도쿄국립박물관으로부터 "특히 부부총을 인도하는 것은 설사 일부만이라고 해도 피하고 싶고, 차라리 이를 위해서라면 다른 것을 다소 양보해도 어쩔 수 없다"는 내부 의견을 거듭 전달하며, 양산부부총 유물만큼은 절대 양보할 수 없다고 주장했다. 결국 미야치는 마쓰시타의 의견에 동의했다.

일본 측은 문화재 반환 교섭의 최종적인 방향이 정해지자, 한국 측을 불러 회담을 속개했고, 마쓰시타와 이홍직, 황수영은 한국 측이 제시한 목록과 일본 측의 목록을 비교하면서 문화재 반환 품목을 추가하는 작업을 진행했다. 물론 이 작업은 한국 측이 원하는 대로 문화재를 돌려주겠다는 의미가 아니었다. 이미 일본의 도쿄국립박물관 측은 한국 측이 요구하는 추가 물품을 예상하고 반환 순위

1 일본 외교문서 1946 :「文化財　監査官　松下隆章 (秘) ヒルトンホテルでの日韓会談文化財問題に関するメモ」, 1968.9.28, 북동아시아과 일본국교정상화교섭사편찬위원회.

를 매겨 놓았기 때문에, 결국 반환할 물품을 추가하는 이 작업 역시 도쿄국립박물관의 계획대로 진행되었다고 할 수 있다.

그런데 이때 또 다른 변수가 생겼다. 히라마 차장이 일본 측 대표의 의견을 물어봐야 한다며, 물품 추가 작업을 중단시켰기 때문이다. 이홍직과 황수영은 안색이 변해서 호텔로 올라가 버렸다. 불쾌한 표정으로 돌아서는 이홍직과 황수영을 보고 마쓰시타는 이것이 결코 협상을 중단하려는 행동이 아님을 간파했고, 호텔로 올라가는 모습 또한 일종의 제스처라고 판단했다. 그리고 잘만 하면 양산부부총 유물을 반환하지 않더라도 한국 측은 회담을 이어갈 것이라고 읽었다. 마쓰시타는 즉시 하리마 대표에게 회담 재개를 요청했다.

회담이 재개되자, 이홍직과 황수영, 그리고 마쓰시타는 반환 품목 교섭을 계속 진행했고, 마쓰시타가 마지막까지 양산부부총 관련 유물은 한국에 인도할 수 없다고 버티자, 그의 예상대로 한국 측은 이를 대신할 다른 문화재를 받는 것으로 협상을 변경하면서 이야기가 마무리되었다. 밤샘 작업을 끝낸 마쓰시타가 이홍직, 황수영과 악수한 것은 그 다음날인 6월 18일 이른 아침이었다. 이로써 한일 간 모든 쟁점이 "타결"되었고 22일 한일 양측은 협정에 조인했으며,[2] 양산부부총은 일본에 남았다. 그리고 양국이 체결한 '문화재 및 문화협력에 관한 대한민국과 일본국 간의 협정'은 현재까지 한일 간 문화재 반환 문제에 있어서 그 전반을 규정하는 기준이 되었다.

---

2 일본 외교문서 1946 :「文化財　監査官　松下隆章 (秘) ヒルトンホテルでの日韓会談文化財問題に関するメモ」, 앞의 문서.

1장

서론

1장

서론

1. 문제의식

이 책은 문화재를 둘러싼 정치적 현상을 다루고 있다.

한반도에서 사람들이 '문화재'를 인식하기 시작한 것은 일본인이 시작한 유적 조사때부터이다. 이후 식민지 지배를 통해 문화재 '보호'가 제도화되었고, 발굴된 문화재를 활용하여 각 지역의 관광산업이 번성했다. 그리고 전시된 문화재는 조선인에게 '정체된 조선'을 가르치는 '과학적 증거'로 활용되었다. '조선의 역사와 문화를 보존하기 위한' 문화재는 조선인이 아닌, 일본인의 손에 의해 '보호'되었고 조선인들은 접근조차 하지 못한 채 해방을 맞이했다.

해방을 맞은 문화재는 더 이상 '정체된 조선'을 담는 그릇이 아니었다. '새로운 조선 문화 창출'이라는 시류를 대변하는 시각적 자료이자, 과거 일본 지배의 부당함을 확인할 수 있는 약탈 피해의 증거였다. 이뿐만 아니라, 문화재는 한국의 성장과 함께 국민통합의 매개체이자 민족의식을 고양하는 기반이 되었다. 그리고 지금은 한국의 우수한 역사성과 예술성을 국제적으로 인정받게 하는 역할을 하고 있다.

아울러 문화재 연구는 해방 이후 한일 간에 어떻게 교류가 이루어져 왔는지 그 기원과 과정을 알 수 있는 프리즘이다. 양국이 '식민지 종주국과 피지배국의 관계를 넘어 동등한 국가로서의 관계'가 성립된 1965년 한일협정 체결 과정에서, 문화재는 협정 조인을 가로막는 가장 크고 어려운 문제였다. 양국의 과거사 문제를 해결해야 할 자리에서, 냉전이라는 국제정치적 상황과 5·16쿠데타라는 한국 국내의 정치적 이슈로 인해, 충분한 조사와 검증은 뒤로한 채 서둘러 '해결'하고 협정이 체결되었다. 그 결과 한일 간에 국교가 정상화된 지 50년이 훨씬 지난 오늘날까지도 문화재 반환 문제는 양국 관계의 악화를 촉발하는 원인으로 작용하고 있다.

이렇게 미완성으로 마무리된 문화재 협정은, 지금까지도 문화재와 관련하여 협상을 할 때마다 걸림돌로 작용하고 있다. 문화재 반환 문제를 둘러싼 갈등은 과거 식민지 지배에 대한 정당성 여부와 직결되어 매번 난관에 직면하곤 한다. 2012년에 발생한 '대마도 불상 도난 사건'이 그 대표적인 사례이다.

최근 한국에서는 대마도 불상 반환 문제에 대한 관심이 줄어들었지만, 일본에서는 여전히 불상 반환을 보류한 한국 사법부의 처리에 불만을 표시하며, '장물을 반환하지 않는 한국'이라고 비난하고 있다. 그리고 이러한 비판의 기저에는 한일협정을 이행하지 않는 한국에 대한 불신이 자리하고 있다.

그런데 이 한일협정에 대해서는 한국 사회 역시 비판적인 의견이 다수를 차지하고 있다. 한국 사회에서는 잘못된 한일 협정으로 인해 일본의 식민지 지배에 대한 배상이 충분히 이루어지지 않았다고 보는 여론이 강하기 때문이다. 공교롭게도 한일 양국은 한일협정을 비판하는 데에는 의견이 일치하고 있다.

이렇게 한일 양국에 모두 한일협정을 비판하는 시각이 존재한다면, 이 협정의 의미를 현재적 관점에서 다시 논의해 볼 필요가 있을 것이다. 과연 해방 이후 한일회담에서 어떠한 논의가 이루어졌기에 양국의 관계를 '정상화'시켰음에도 불구하고 여전히 양국이 '비정상적인' 상태를 유지하고 있는가. 이 책에서는 이러한 문제를 다루었고, 해방 이후에 성립된 한일관계의 출발점이 오늘날 우리 사회에 미치는 영향도 아울러 고찰하였다.

문화재는 단순히 체험학습을 하기 위한 박물관의 전시품이 아니다. 문화재에는 각각의 유물이 지닌 역사와 문화는 다르지만, 그것이 '지금', '어디', '누구'와 함께 하느냐에 따라 수많은 이야기를 만들어 낼 수 있는 힘이 있다. 저자는 이 책에서 문화재를 통해 볼 수 있는 다양한 세계와 그 세계에서 벌어지는 정치, 사회, 역사, 문화의 단면을 독자들과 공유하고자 한다.

2. 문화재란 무엇인가

한국 국립국어원 표준국어대사전은 '문화재'를 다음과 같이 설명하고 있다. 문화재란, 1) 문화 활동에 의하여 창조된 가치가 뛰어난 사물, 2) 문화재보호법이 보호의 대상으로 정한 유형 문화재, 무형 문화재, 민속 문화재, 천연기념물, 사적, 명승지 따위[1]를 이루는 말이다. 즉, 인간의 활동으로 만들어진 가치 있는 사물로서, 문화재보호법으로 보호를 받을 만한 인위적 문화의 산물을 의미한다. 한편 한국민족문화대백과에서는 "넓은 의미에서는 눈에 보이는 물질적인 표현뿐만 아니라, 구전口傳・음악・인종학적인 유산・민속・법・습관・생활양식 등 인종적 또는 국민적인 체질의 본질을 표현하는 모든 것을 포괄한다"고 설명하고 있다.[2]

정리하자면 문화재는 그 나라의 역사와 문화를 설명할 수 있는 유형 혹은 무형의 산물이며, 역사적・문화적으로 가치 있는 것이라고 할 수 있다. 한국에서 문화재라는 용어가 정착된 것은 1960년대 이후의 일이다. 그 이전에도 사용되기는 했지만, 개념이 체계적으로 정리되기 시작한 것은 1962년 '문화재보호법'이 반포되면서부터이다.

문화재의 개념에 대한 논의는 다양한 접근방법을 통해 이루어지고 있는데, 단순한 사전적 의미가 아닌, 역사적 맥락에서 정의한 성과로는 정수진의 일련의 논문이 대표적이다. 그는 문화재가 현재 '민족의 전통'이라는 담론 속에서 개인적인 문제가 아니라 공공재로서의 지위를 얻고 있으며, 이러한 담론이 여러 시대를 거치면서 구축된 것임을 지적하면서 문화재의 의미 변화에 대해서 고찰하였다.[3] 현재의 문화재와 전통의 관계

1 국립국어원, 표준국어대사전 2019년도판.

2 한국민족문화대백과, 2019년도판.

3 정수진, 「문화재보호제도와 전통 담론」, 『해리티지: 역사와 과학』, Vol. 47.

가 밀접해진 것은 1920년대 이후라고 보았고, 1910년대 이전에는 '전통'이라는 용어가 혈통과 계통, 권위 등으로 설명되었다고 분석했다. 또한 정수진은 1920년대에는 '전통'이 주로 '과거', '관습'의 의미로 통용되었고, 이것은 '민족의 정신적 산물', '국성國性', 조선의 '고유한 문화'라는 뜻을 내포하고 있었다고 보았다. 당시 문화재는 '자연에 인위를 가하여 어떤 이상을 실현하는 과정에서 나온 산물'로 해석되었고, '문화의 산물'을 총칭하는 것이며 독일어인 'Kulturgut'를 직역한 것이라고 봤다.[4] 이외에도 그는 해방 직후부터 1950년대까지 거론된 '민족 문화 건설' 주장들이 좌익과 우익의 논리 속에서 서로 다른 맥락 위에 존재했음을 설명하며, 특히 좌익 지식인의 '민족 문화'의 의미가 반드시 과거 유교적 전통의 계승을 뜻하지 않았다는 점에 주목하고,[5] 그들의 문화재 개념이 과거로부터의 계승과는 거리가 있었음을 밝혔다.

한국 학계에서 문화재 개념을 처음으로 정의한 연구자는 이홍직이다. 그는 1965년에 학술논문 '문화재란 무엇인가'를 발표하면서, 문화재보호법이 제정된 이후, 최초로 문화재 개념을 정리했다.[6] 이 글에서 이홍직은 문화재를 "인간의 기술적 창조의 소산"으로 정의하고, 이 소산의 성과들이 인간 사회와 민족을 이루면서 결국 민족의 전통을 계승하는 결과를 낳고, 계승된 전통들이 다시 새로운 창조의 길을 모색해 나가는 것이라고 설명한다. 그리고 이 "전통"과 "창조"가 문화의 구조를 이루게 된다고

No. 3, 국립문화재연구소, 2014.

4 정수진, 「무형문화재에서 무형문화유산으로: 글로벌 시대의 문화 표상」, 『동아시아 문화연구』, Vol. 53, 한양대 동아시아문화연구소, 2013.

5 정수진, 「근대 국민국가와 문화재의 창출」, 『한국민속학』, Vol. 46. No. 1, 한국민속학회, 2007.

6 이홍직, 「문화재란 무엇인가」, 『문화재』, Vol.1, 국립문화재연구소, 1965.

보았다.[7] 이는 앞에서 소개한 1920년대의 문화재와 전통의 관계와 매우 흡사한데, 식민지 시기의 문화재 담론이 해방 이후 문화재보호법 제정과 연속성을 가지고 있음을 보여주는 좋은 사례라 하겠다.

이러한 흐름 속에서 1962년 1월 10일에 법률 제961호 '문화재보호법'이 제정되었다. 이 법에서는 문화재를 다음과 같이 정의했다. 첫째, 건조물, 전적, 고문서, 회화, 조각, 공예품 기타 유형의 문화적 소산으로서 우리나라의 역사상 또는 예술상 가치가 큰 것과 이에 준하는 고고자료(이하 유형문화재), 둘째, 연극, 음악, 무용, 공예기술 기타의 무형의 문화적 소산으로서 우리나라의 역사상 또는 예술상 가치가 큰 것(이하 무형문화재), 셋째, 패총, 고분, 성지, 궁지, 요지, 유물포함층 기타 사적지와 경승지, 동물, 식물, 광물로서 우리나라의 역사상, 예술상, 학술상 또는 관상상 가치가 큰 것(이하 기념물), 넷째 의식주, 생업, 신앙, 연중행사 등에 관한 풍속습관과 이에 사용되는 의복, 기구, 가옥 기타의 물건으로서 국민 생활의 추이를 이해하는 데 불가결한 것(이하 민속자료)이다. 다시 말하면 문화재보호법에서 문화재란 '역사적', '예술적' 그리고 '학술적' 가치가 크며, '국민생활의 추이를 이해하는 데 필수적인 것'으로, 이는 1920년대 식민지 조선에서 논의된 담론과 크게 다르지 않다.

다만, 이 법을 제정할 당시 한국 국회에서 문화재에 대한 논의가 거의 없었다는 점은 아쉬움으로 남는다. 1961년 12월 26일, 제5대 국회 상임위원회에서 문화재보호법에 대한 논의가 한 차례 확인되지만, 그 안에 '문화재'의 의미에 대한 논쟁은 없다.[8]

한편, 패전 후 일본에서는 문화재의 개념이 새롭게 만들어졌고 이는

7 이홍직, 「문화재란 무엇인가」, 앞의 논문, 4쪽.

8 제5대 국회 제66회 제93차 상임위원회, 1961.12.26.

1950년 '문화재보호법'을 통해 정립되었다. 1950년 5월 30일, 법률 214호에 의해 반포된 이 법에서 문화재는 첫째, 건조물, 회화, 조각, 공예품, 서적, 필적, 전적, 고문서, 민속자료 그 외 유형의 문화적 소산으로 일본의 역사상 또는 예술상 가치가 높은 것 및 고고 자료(이하 유형문화재), 둘째, 연극, 음악, 공예기술 그 외 무형의 문화적 소산으로 일본의 역사상 또는 예술상 가치가 높은 것(이하, 무형문화재), 셋째, 사적, 명승 및 천연기념물(이하 사적명승천연기념물)이다.[9] 언뜻 봐서는 한국에서 정립된 문화재의 개념과 크게 다르지 않은데, 양국 모두 역사적, 문화적 소산이라는 점에 공통점이 있다.

이 법이 제정되기 전에 일본에 문화재라는 말이 전혀 없었던 것은 아니었다. 메이지明治시대 이전에는 '고물古物', '문물文物'이라는 이름으로, 메이지시대 이후에는 '고기 구물古器舊物', '고미술', '국보', '중요미술품' 등으로 표현되었다. 문화재라는 표현은 1910년대 중반에 사회학과 철학의 용어로 사용되기 시작했고, 1930년대 이후에는 실질적 의미로 사용되었는데 주로 '도서'를 지칭하는 말로 활용되었다.[10]

쓰카모토 마나부塚本学의 연구에 의하면, 『대사전大辭典』(1936)에 정리된 문화재의 의미는 독일어의 'Kultur Güter'를 번역한 것으로, '주어진 자연의 사실을 진眞・선善・미美・성聖 등의 이상에 준하여 만든 성과 소산'이다.[11]

고다마 유키오児玉幸雄와 나카노 히로시仲野浩가 1979년 8월에 간행한 『문화재 보호의 실무』에는 '"문화재" 개념 규정'이라는 좌담회를 개최하

9 官報 第7012号, '文化財保護法' 法律 第124号, 1950.5.30.

10 鈴木良・高木博志編, 『文化財と近代日本』, 山川出版社, 2002, 4쪽.

11 塚本学, 「文化財概念の変遷と史料」, 国立歴史民俗博物館編, 『国立歴史民俗博物館研究報告』, 通号 35, 1991.11, 275쪽.

여, 'culture property'의 개념이 문화재의 의미로 활용되기까지의 과정을 토론한 일화가 실려 있다. 이 자리에서 쓰보이 기요타리坪井清足는 1950년 일본의 '문화재보호법'이 제정될 당시에 중추적 역할을 한 참의원 조사실의 이와무라 시노부岩村忍 위원과 참의원 문교위원장을 지낸 야마모토 유조山本有三 의원이 'culture property'를 '문화재'로 번역한 상황을 설명했다. 그 내용을 보면 당시에는 'culture property'가 익숙하지 않은 말이었지만, '국보'보다 더 포괄적인 용어를 찾기 위해, 즉 사적, 명승, 천연기념물 같은 것까지 포함시키는 데 적합한 용어를 찾는 과정에서 이를 선택했다고 밝혔다. 또한 일본이 패전한 후, 극심한 경제적 침체기를 거치면서 문화재가 해외로 유출되는 것을 방지하기 위해서도 '문화재보호법'이 필요했고, 때마침 일본의 유명 사찰인 호류지法隆寺가 화재로 소실되면서 문화재 보호에 대한 국민적 관심이 높아져 제도 마련에 박차를 가할 수 있었다고 설명한다.[12]

이 자리에 동석한 세키노 마사루關野克[13]는 '문화재'가 국가총동원 체제에서 '생산재'와 대비되는 말로서, '정신문화적'이라는 뜻을 내포하는 용어라고 첨언한다. 또한 '문화재culture property'가 1907년 헤이그조약에서는 사용되지 않았으나, '역사적 기념물, 미적·학문적 재산'이란 말이 있었고, 1935년 '워싱턴조약'에는 문화재라는 단어가 사용되었다고 덧붙였다. 그 후 1953년 유네스코가 정부 전문가회의에서 문화재 보호에 대한 최종안을 정리한 후, '무력충돌 시 문화재보호를 위한 조약'을 채택했고,

---

12 児玉幸雄・仲野浩編, 『文化財保護の実務』, 柏書房, 1979.8, 15쪽.

13 세키노 마사루(1909~2001)는 1945년 도쿄대학 공학박사 학위를 취득한 후, 1946년 동 대학의 교수로 재직했다. 이후 1965년 도쿄국립문화재연구소 소장을 역임했다. 그는 대한제국시기부터 조선 각지에서 벌인 고적조사의 중심인물인 세키노 다다시關野貞의 아들이다.

그 결의에 의해 1954년 헤이그에서 개최한 국제외교관회의에서 보호 대상이 되는 문화재의 범위가 결정되었다고 설명한다.[14]

한편 고고학자 모리모토 가즈오森本和男는 GHQ 체제 하에서 일본이 전쟁 중에 약탈한 문화재를 반환할 때 'culture properties'라는 표현이 사용됐다는 점에 주목했다. 그의 연구에 따르면 GHQ가 일본을 점령했을 당시, 교육, 종교, 출판 등을 관장한 민간정보교육국CIE, Civil Information and Educational Section에 종교문화재과Religions & Culture Resources Division가 설치되었고, 이곳에서 문화재를 'culture resources'라고 표현했지만, 약탈품local property에 관해서는 'culture properties'를 사용했으며, 당시 일본이 반환할 목록 등을 적은 문서에도 이 용어가 다수 사용되었다고 한다. 그리고 이러한 문화재 반환 문제와 관련된 과정을 통해 'culture property'는 '법적 권리가 있는 가치 있는 문화적 재산'이란 의미로 정착되었다.[15] 이는 일본이 총력전을 시행했을 당시 '생산재'에 대비되는 말로, '문화재'가 '정신문화적 재산'이라는 의미로 사용된 것과 일맥상통한다. 다시 말해, 일본에서 'culture properties'의 의미는 일본이 약탈한 문화재의 반환 과정에서 정립되었다고 하겠다. 그리고 이 개념은 1950년 5월 30일에 일본에서 문화재보호법이 마련되면서 문화재의 번역어로 사용되었다.[16]

일본에서 문화재보호법이 만들어졌을 당시 일본 국회에서는 이 법이 규정하는 문화재 범위에 대해 다양한 논의가 있었다. 이를 조금 더 상세하게 살펴보면 다음과 같다.

14 児玉幸雄・仲野浩編, 『文化財保護の実務』, 앞의 글, 12쪽.

15 森本和男, 『文化財の社会史: 近現代史と伝統文化の変遷』, 彩流社, 2010, 4쪽.

16 쓰카모토 마나부塚本学에 의하면 이 용어가 단숨에 일본에 정착한 것은 아니고, 1970년대에도 영일사전에서는 문화재를 'culture goods'로 번역하기도 했다고 한다. 「文化財概念の変遷と史料」, 앞의 글, 275쪽.

첫째, 기존의 '국보보존법'이 아니라, '문화재보호법'이라는 명칭으로 전환하는 것에 대한 논의가 있었다. 당시 이 법을 제정하는 데 역할을 한 도쿄대학 미술학과의 조교수이자 후에 일본학사원 회원으로도 이름을 올리는 다케우치 도시오竹内敏雄는 국보가 아닌, 문화재라는 용어를 사용함으로써 보다 적극적으로 일본이 '문화국가'임을 표방할 수 있다고 주장했다. 다시 말하면, 1) 문화재의 의미를 보다 포괄적으로 다룰 필요가 있고, 2) 정부의 문화재 취급이 단순한 보존이 아니라, 그것을 이용하거나 공개하거나 혹은 널리 알리는 등의 문화적 국민 교양 향상을 위한 것이어야 하며, 3) 이러한 업무가 진행됨으로써 국민의 협력을 유도하는 이른바 '도덕적인 선언'을 할 수 있다고 역설했다.[17] 즉, 패전 이후에 일본이 내세운 '문화국가', '평화국가', '민주주의 실현'이라는 국가적 명제 아래 문화재보호법을 만들겠다는 것이었다.

이러한 다케우치의 주장은 이 법을 제정하면서 등장한 또 다른 이슈, 즉 한반도를 비롯하여 외국에서 들여온 문화재를 일본의 문화재로 볼 수 있을지, 그 여부를 해결할 수 있는 논리이기도 했다.[18] 뒤에서 서술하겠지만, 결국 일본은 이 법을 통해 메이지明治시대부터 해외에서 들여온 문화재의 처리를 '문화재'로서의 측면보다는 '보호해야 한다'는 당위성에 방점을 찍으면서 정리했다.

17 일본 제5회 국회, 참의원 문부위원회 문화소위원회 1호, 1949.4.19.

18 류미나, 「문화재 반환 교섭으로 본 한일회담의 한계－일본의 한국 문화재 반환 절차를 중심으로」, 『일본역사연구』, 40집, 2014.12.

3. 한일 간 문화재 반환 문제의 약사略史

한일 양국 사이에 놓여진 문화재 반환 문제를 직접적으로 다루는 연구가 시작된 지는 그리 오래되지 않았다. 학술논문은 아니지만, 양국 간의 문화재 반환 문제가 직접적으로 언급된 것은 1985년 이준구의 보고문이다.[19] 이 글은 1965년에 체결된 '문화재 및 문화협력에 관한 협정'을 통해 한국에 반환된 유물의 목록과 사진을 적시한 보고문으로, 유물 사진과 간단한 설명이 주를 이룬다.

뒤이어 1987년에 백충현이 문화재 반환과 관련된 논문을 발표했다.[20] 그는 불법으로 반출된 문화재에 대한 보호관념이 국제사회에서 어떻게 전개되어 왔는지 그 과정을 살피고, 실제로 문화재가 반환된 사례를 제도사적 관점에서 분석했다. 특히 한일 간의 문화재 반환 문제에 대해 언급하며, 1965년의 협정은 부속서附屬書 및 '대한민국과 일본국 간의 문화재 및 문화협력에 관한 협정, 합의의사록'(이하 합의의사록)에 의해 여전히 협상의 여지가 남아있다고 강조했다. 그리고 이 문제가 양국의 국내법을 통해 진전이 어렵다면, 그 국내법을 변경해 장애를 없애야 한다고 주장했다.

이후 1991년에 한일 양국의 특별 조치로 이루어진 '영친왕비(고 이방자여사)에 유래하는 복식 등의 양도에 관한 대한민국 정부와 일본국 정부 간의 협정'으로 인해 문화재 반환에 관한 사회적 관심이 일시적으로 높아지자, 이에 관련한 연구가 진행되었다.[21] 그러나 이 이슈는 단기간의 관심

19 이준구, 「한·일회담 반환 문화재 인수 유물」, 『미술사학연구』, No. 165, 1985.

20 백충현, 「해외 유출, 불법 반출 문화재 반환의 국제법적 규제」, 『서울대학교 법학』, 30권 3호, 1989.

으로 끝나버렸고 따라서 학계에 그리 큰 영향을 미치지는 못했다. 1990년대 후반에 들어서서는 다수의 연구자들이 문화재 반환 문제를 다룬 학위논문을 제출했는데, 국제법의 관점에서 진행한 연구, 국제정치적 시각에서 문화재 반환 문제를 고찰한 연구가 주를 이룬다. 당시 프랑스의 '외규장각 의궤' 반환 문제가 사회적 이슈로 주목받고 있었기에, 과거 식민지 종주국들과 피식민지 간의 문화재 반환 문제, 그리고 점령이나 침략으로 인한 문화재 반출과 반환의 문제가 주된 논의를 이루었다. 다만 한일 간의 문제도 언급되기는 했으나 매우 미비한 수준에 머물렀다.[22]

한일 간의 문화재 반환 문제를 본격적으로 다루기 시작한 것은 노무현 정부가 한일회담 관련 외교 사료를 공개한 이후부터이다. 2005년 1월, 노무현정권은 한일회담 관련 외교문서를 공개하기 시작했다. 1월 당시 약 1천 2백 장, 그리고 8월에는 약 3만 6천 장에 이르는 분량의 외교문서들이 세상에 나온 것이다. 그 이전까지 한일회담에 관한 것은 일부 연구자 혹은 기자가 비공식적으로 조사하여 공개한 정도였기 때문에, 정확한 사실 관계나 전문적 학술성과를 기대하기는 어려웠다.[23] 그러한 가운데

21 이에 대해서는 이명희의 연구(「일본 동경 국립박물관 보관 영왕비 관련 유물 반환에 따른 인수 보고」, 『문화재』, Vol. 25, 1992.)를 참조하기 바란다.

22 대표적으로는 다음과 같은 학위 논문이 있다. 김형만, 『문화재반환에 관한 국제법적 고찰』, 연세대학교, 1997.; 이강숙, 『불법 유출 문화재 반환에 관한 국제법적 고찰』, 이화여자대학교대학원 석사논문, 1998.; 현봉선, 『일한회담 추진의 논리와 반대의 논리에 관한 한 고찰–일본에서의 국회 심의를 중심으로』, 서울대학교대학원, 협동과정 지역연구 전공 석사논문, 2003.; 조부근, 『문화재 반환 외교협상에 관한 연구: 한・일, 한・불 협상 사례를 중심으로』, 경상대학교 박사학위, 2003.; 김종수, 『해외 불법 유출 문화재의 반환에 관한 고찰: 한・일 간 문화재 반환 문제를 중심으로』, 동국대학교 문화예술대학원 석사논문, 2008.; 김경민, 『영국의 문화재 약탈과 문화재 반환 문제에 대한 고찰』, 연세대학교 대학원, 2017.

23 1차 자료가 미비했음에도 불구하고 다음과 같은 논문은 실증적 연구 성과를

진행된 노무현 정부의 외교문서 공개는, 한일협정에 따라 소멸된 재산청구권에 대한 보상 책임이 한국정부에 있다는 판단에서, 강제동원 피해자 구제책의 사전 작업적인 성격이 강하다고 평가된다.[24]

문화재 반환 교섭에 대한 연구도 역시 이 외교문서가 출현할 때까지는 대부분 한일회담에 직접 참가한 인물들의 일부 증언이나 당시의 신문 자료를 기반으로 한 것으로, 본격적인 연구 성과를 기대하기는 매우 어려운 상황이었다. 그런 가운데 학술적인 논문으로 꼽을 수 있는 것이 다카사키 소지高崎宗司와 국성하의 연구이다.[25] 다카사키 소지의 연구는 한일회담 관련 외교 사료가 드문 시기였음에도 불구하고, 한일회담에서 논의된 의제를 각종 신문 자료와 증언들을 통해 상세하게 논하고 있다는 점에서 선구적 성과라고 할 수 있겠다. 한편 국성하의 연구는 한일회담의 문화재 반환 협상 관련 회의를 부문별로 정리하면서 회의 절차의 문제점을 지적했다. 두 연구 모두 한일회담에 대한 비판적 시각에서 출발한 연구로서, 한일 양국의 외교 사료가 공개되기 전임에도 불구하고 실증적인 연구방법을 통해 이룬 성과라는 점에서 높이 평가된다.

남겼다는 점에서 높이 평가해야 한다. 高崎宗司,「日韓会談の経過と植民地化責任」,『歴史学研究』, 第545号, 歴史学研究会, 1985.9.; 高崎宗司,「日韓会談における文化財返還交渉について」,『朝鮮史研究会論文集』, 第23集, 朝鮮史研究会, 1986.3.; 高崎宗司,『検証日韓会談』, 岩波書店』, 1996.; 이원덕,『한일 과거사 처리의 원점－일본 전후처리 외교와 한일회담』, 서울대출판부, 1996.; 이원덕,「한일관계 '65년 체제'의 기본성격 및 문제점－ 북・일 수교에의 함의」,『国際地域研究』(GIAS), Vol. 9, No. 4, 2000.

24 堀山明子,「한일회담 핵심 문서 해제: 한일협정 문서 공개와 노무현 정부의 피해자 보상 정책」,『일본공간』, Vol. 2, 2007.11.

25 高崎宗司,「日韓会談における文化財返還交渉について」,『朝鮮史研究会論文集』, 第23集, 朝鮮史研究会, 1986. 3.; 국성하,「한일회담 문화재 반환협상 연구」,『한국독립운동사연구』, Vol. 25, No. 25, 2005.

그런데 이러한 폐속적인 연구 환경은 노무현정권이 공개한 한일회담 관련 외교문서를 통해 새로운 국면을 맞게 되었다. 한국정부가 외교문서를 공개한 후 4개월 후인 2005년 12월, 일본에서는 '일한 시민이 만드는 일한회담문서・전면공개를 요구하는 모임'[26](이하 '전면 공개를 요구하는 모임')이라는 시민단체가 발족했다. 이 단체는 일본 외무성을 상대로 한일회담 외교 문서 공개를 요구하는 재판을 시작했고, 그 결과 2006년 8월부터 부분적으로 외교문서가 공개되기 시작했다. 그리고 약 10여 년을 넘게 진행한 재판에 의해 한일회담의 일본 측 외교문서들이 세상에 나오기 시작했다.

그러나 일본정부가 공개한 외교문서는 이른바 '먹칠'된 부분이 많기 때문에 진정한 공개라고 할 수 없다는 평가를 받고 있다. 개인정보 유출 방지 등의 이유로 회담의 개최 일자 및 참석자의 명단조차 공개되지 못한 사례도 있어 '전면 공개를 요구하는 모임'은 외무대신에게 이의를 제기하고 재판을 이어갔다.[27] 그 결과 2016년 12월 23일, 이 단체의 마지막 총회가 열리기 직전에 먹칠한 부분이 공개되었고, 많은 연구자들의 관심 속에서 연구가 진행되기 시작했다.

26　日韓市民でつくる日韓会談文書・全面公開を求める会.

27　「news」2,「日韓市民でつくる日韓会談文書・全面公開を求める会」, 2006. 11.14.

사진 1. 공개된 일본 외교문서(외교문서 589)

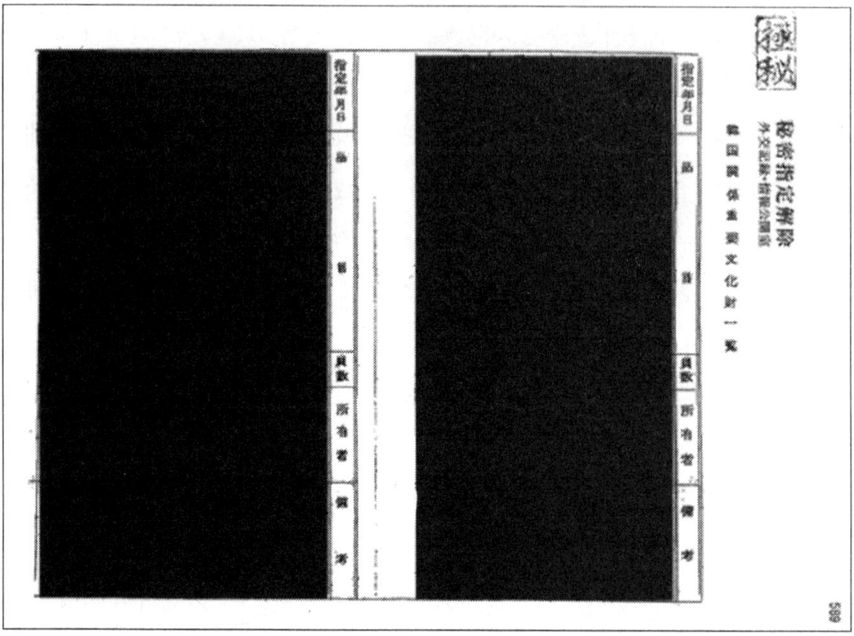

사진 2. 먹칠한 채로 공개된 일본 외교문서 (외교문서 1615)

1615

KOREAN MISSION IN JAPAN

EKM/52

NOTE VERBALE

The Korean Mission in Japan presents its compliments to the Ministry of Foreign Affairs and has the honour to invite the latter's attention to the Contract for the Supply of Fishing Boats signed on September 20, 1963 between the Korea of the Republic of Korea and of the United States of America, under which is responsible to have built in the Japanese shipyard(s) ten(10) tuna long line vessels and to deliver them to the Republic of Korea.

As the Mission has been informed, of Japan, on behalf of has applied on September 30, 1963 to the Ministry of International Trade and Industry for licence to export the ten(10) vessels to the Republic of Korea, but the issuance of the licence is being withheld up to present, and the suspension of the issuance of export licence is grounded on a still-effective Japanese Cabinet's Decision of a few years ago which had forbidden the exportation of fishing boats to the Republic of Korea.

In this regard, the Mission wishes to state that the ban placed by the Government of Japan on the exportation

/ of fishing

한국정부의 외교문서 공개와 일본 내 시민활동의 결실로 한일 양국에서는 한일회담의 외교문서를 활용한 연구 성과가 본격적으로 등장하기 시작했다. 2009년부터 류미나와 박훈, 조윤수, 나가사와 유코長沢裕子, 엄태봉 등이 외교문서를 검토하여 한일회담의 전체상과 문화재 반환 협상의 진행 상황을 상세하게 밝힘으로써, 그 이전의 연구보다 한일회담의 실태를 명확히 파악하는 성과를 거두었다.[28]

그 가운데 류미나의 연구는 한일 양국의 외교문서를 대조 분석한 것으로, 이 연구를 통해 문화재 반환 교섭을 진행한 일본의 외무성과 뒤에서 이를 돕는 당시 일본 문부성의 역할, 일본 당국 내 협력과 갈등 양상이 드러났으며, 일본의 내부 문서 내용도 밝혀졌다. 류미나는 특히 문화재 반환의 일련의 과정을 분석하면서, 한일 국교정상화의 기저에 여전히 식민지주의가 깔려 있음을 증명했다. 그리고 일본 내의 조선학, 한국학 연

28 류미나, 「'한일회담 외교문서'로 본 문화재 반환 교섭」, 『일본역사연구』, 30집, 2009.; 박훈, 「한일회담 문화재 '반환'교섭의 전개과정과 쟁점」, 『외교문서 공개와 한일회담의 재조명2－의제로 본 한일회담』, 선인, 2010.; 류미나, 「일본의 문화재 '반환'으로 본 식민지 지배의 '잔상', 그리고 '청산'의 허상－1958년 일본의 제1차 문화재 반환까지의 교섭과정을 사례로－」, 『일본역사연구』, 32집, 2010.; 엄태봉, 『日韓会談の文化財問題に関する考察: 官僚政治モデルを中心に』, 東北大学大学院, 석사논문, 2011.; 김지현, 『전후 한일 문화재 반환 교섭에 관한 재평가』, 국민대학교 석사논문, 2012.; 류미나, 「문화재 반환 교섭으로 본 한일회담의 한계－일본의 한국 문화재 반환 절차를 중심으로」, 『일본역사연구』, 40집, 2014.; 조윤수, 「한일회담과 문화재 반환 교섭－일본 정부의 반환 문화재 목록 작성과정을 중심으로」, 『동북아역사논총』, No.51, 동북아역사재단, 2016.; 엄태봉, 『日韓文化財問題の構造と限界－1951～1965年』, 東北大学, 박사학위 논문, 2017.; 류미나, 「한일회담 문화재 반환 교섭 관련 인물 연구－일본측 문화재 반환 교섭 담당자들과 일본의 조선학 연구자들을 중심으로」, 『한국학연구』, Vol. 63, 2017.; 이은화, 『한국문화재의 일본 반출과 환수에 관한 연구』, 전남대학교대학원 문화재학협동과정 석사논문, 2019.

구자들의 활동이 해방 이전과 이후에 달라졌는지, 그들의 한국에 대한 인식이 어떠했는지를 고찰하며, 문화재 반환 협상의 한계를 지적했다.

이 외에도 나가사와 유코의 연구와 엄태봉의 연구 역시 주목할 만하다. 나가사와는 한일 간의 문화재 반환 교섭뿐 아니라 미군정과의 관계를 포함해 당시의 상황을 파악했다. 또한 해방 이후, 진단학회의 활동을 면밀히 검토하면서 문화재 반환 협상의 준비과정에 대해 분석했다. 엄태봉은 문화재 반환을 주제로 박사학위를 취득한 첫 연구자라는 점에서 큰 성과를 이루었는데, 특히 문화재 반환 교섭으로 본 관료들의 정치적 활동 모델, 6차 회담의 진행 과정에서 나온 한국 측의 구체적 교섭안과 그 배경에 대해 면밀히 조사했다. 사료를 치밀하게 분석하면서 한일회담에 대한 비판을 재고하고, 관료들이 한일회담에 임하는 준비 과정과 그들의 발언 속에서 발견되는 국가주의를 고찰했다는 점에서 높이 평가된다.

이상으로 지금까지 학계에 보고된 연구를 개괄했다. 한일 간 문화재 반환 논의가 본격화된 것은 겨우 10년 정도의 세월에 불과하다. 그 가장 큰 원인은 1차 자료의 부족에 있지만, 이 외에도 양국의 국민적 관심이 낮은 것 역시 주요 요인으로 꼽을 수 있다. 무엇보다 한국전쟁 중에 한일회담을 강행했다는 상황 자체가 한국에 매우 불리했을 것임은 쉽게 예상할 수 있다.

이상의 선행연구와 한일 양국의 외교문서를 토대로 저자는 문화재 반환 협상의 기원을 검토하고, 이 논의의 문제점과 이를 둘러싼 양국 사회의 움직임, 그리고 학계 및 대중들의 인식을 고찰하고자 한다.

한일 간 문화재 반환 문제는 결코 한일회담의 의제만이 아닌, 현재성을 가진 주제이다. 이 논의 속에는 식민지 조선에서 일본이 행한 문화 통치의 역사가 포함되어 있으며, 그 통치 아래 한반도에서 발생한 수많은 유물 발굴과 도굴, 그리고 조선총독부의 조선인 활용 등 한일 간 근현대사의 일면이 그대로 내포되어 있다고 하겠다.

4. 책의 구성

이 책은 다음과 같은 구성으로 이뤄져 있다.

먼저 제1장 서론에서는 이 문제를 다루는 저자의 문제의식에 대해 서술했다. 문화재의 의미가 한일 양국에서 어떻게 변해갔는가 하는 문제와 함께 한일 간에 진행된 문화재 반환의 약시略史를 되돌아보았다.

제2장에서는 근대 일본의 문화재 보호가 어떤 맥락에서 시작되었는지를 추적했다. 일본의 동방문화학원과 조선총독부의 고적조사를 비교하며, 양 기관이 진행한 유물, 유적 보호가 서양의 제국주의로부터 학습하여 출발했다는 점을 지적했다.

제3장에서는 문화재에 대한 개념조차 없었던 식민지 시기의 조선 사회에 문화재 개념이 이식되어 가는 과정을 파악하고, 그 개념이 식민지 지배에 활용되는 과정을 추적했다. 나아가 이때 동원된 일본 학계의 연구자들과 조선총독부와의 관계도 분석했다.

제4장에서는 조선총독부가 진행한 고적조사 및 유물 보호 정책이 식민지 조선에서 유행한 관광산업과 어떤 관계를 갖고 있었는가를 고찰했다. 특히 보호의 대상이 된 문화재, 그리고 버려지거나 변형되는 문화재의 사례를 통해, 조선총독부의 '문화재 보호'의 실태를 지적했다.

제5장에서는 조선총독부의 문화재 보호 정책이 시행되면서 오히려 도굴이 증가한 문제를 다루며, 문화재 보호 정책이 얼마나 유명무실했는가를 살펴보았다. 또한 문화재 보호가 조선인과 조선 문화를 지키기 위함이 아니라 지배 정책의 일환이었고, 그렇기 때문에 한계를 노정할 수밖에

없었다는 점을 분석하였다. 또한 결국 문화재를 보호한다는 명목으로 진행한 고적조사가 한반도의 도굴을 부추기는 결과를 낳게 되는 과정을 추적했다.

제6장에서는 해방 이후, '새롭게' 창조되는 '조선 문화'의 성격을 파악하고, 그를 위해 문화재가 활용되는 과정을 검토했다. '조선 문화'라는 인식이 만들어지는 과정과 문화재와의 관계성 파악은, 해방 이후 정부를 수립하는 과정에서 대두된 '국민 만들기'에도 적용된다는 점에서 매우 중요하다.

제7장에서는 한국정부가 일본과 문화재 반환 협상을 하려는 첫 단계에서 어떤 일들이 있었는가를 분석했다. 한일회담은 한일 양국의 능동적인 협상 의지로부터 시작된 것이 아니라 미국의 개입으로 인해 출발했는데, 문화재 반환 협상에서도 또한 그러한 성격을 엿볼 수 있다.

제8장에서는 박정희정권이 등장한 이후에, 한국과 일본의 첫 외교 교섭인 한일회담에서 문화재 반환 협상이 어떻게 진행되는가를 검토했다. 약 14년간 진행된 한일회담에서 가장 난항을 겪은 부분이 바로 문화재 반환 교섭이었다는 점은 그다지 알려져 있지 않다. 비록 문화재 반환 교섭이 정치, 경제 분야와 비교하면 관심의 무게가 덜한 분야이지만, 어떠한 명분으로 문화재를 반환하느냐 하는 것은 일본의 조선 식민지 지배가 정당했는가 아닌가를 가르는 결정적인 기준이 되는 중요한 문제였다. 그렇기에 1951년 12월 예비 회담부터 시작된 문화재 반환 교섭은 1965년 6월 18일까지 지난하게 이루어졌다. 본장에서는 한일 양국의 외교 사료를 적극적으로 활용하여 그 과정을 면밀히 검토하고, 그 실태를 총체적으로 파악했다.

제9장에서는 한일회담의 문화재 반환 협상 중 가장 큰 난제였던 '양산 부부총'의 협상 과정을 구체적으로 다루었다. 이 유물이 갖는 의미와 협

상 내용, 그리고 그 결말을 시계열적으로 추적함으로써 패전 이후에도 지속되는 일본 식민지주의의 단면을 고찰했다.

제10장에서는 양국이 문화재 반환 협상을 진행하는 과정에서 드러난 일본 문화재보호위원회의 역할과 소속 위원들의 식민지 지배에 대한 인식을 서술했다. 과거 조선의 고적조사사업을 지원한 인물들, 그리고 직접 유물 발굴에 가담한 인물들로 구성된 이 위원회의 활동이 회담의 향방을 결정하는 중요한 요소가 되었다는 것을 알 수 있다.

제11장에서는 고찰 대상의 무대를 일본으로 옮겨, 한일회담에서 배후 협력자로 활동한 일본의 조선학 연구자들에 대해 검토했다. 1950년 12월, 경성대학 교수진을 중심으로 발족한 조선학회와 고고학 연구자들이 한일회담 문화재 반환 협상에서 어떤 역할을 했고, 이들의 역할로 회담 진행이 어떻게 변화했는가에 대해 살펴보았다.

제12장에서는 양국의 사회가 한일 국교정상화에 대해 각각 어떻게 인식하고 있었는지를 분석했다. 한국사회에서는 한일 국교정상화를 '일본의 내습'으로 받아들이는 반면에, 일본인들은 '고향 방문'으로 생각하는 등, 커다란 인식의 간극을 볼 수 있다.

제13장에서는 일본 학계에 흐르고 있는 문화재 보호 의식이 식민지주의의 발현임을 여러 사례를 통해 고찰했다. 식민지기 조선에서 총독부의 촉탁을 받거나 혹은 개인적인 연구활동을 한 후 일본으로 돌아간 연구자들은 일본 내 조선학 분야를 발전시키는 데 크게 기여한다. 그러나 이들의 내면에 뿌리 깊게 새겨진 한반도 문화재의 '애호' 혹은 '보호'라는 인식이 식민지주의의 또 다른 얼굴임을 확인하고, 그들의 연구관점을 계승하는 일본의 아카데미즘을 비판적으로 고찰했다.

보론補論에서는 현재 이슈가 되고 있는 '한반도평화프로세스'와 북일간 국교정상화, 그리고 한국과의 관계를 문화재 반환 문제를 통해 살펴봤다. 앞으로 진행될 북일 간의 문화재 반환 문제가 결코 한국과 동떨어질 수 없는 문제이고, 더 나아가 한일회담을 재고하는 실마리임을 고려해 다방면의 논의를 소개했다. 또한 한일 간 문화재 반환 문제가 결코 양국만의 문제가 아닌, 인류 보편의 문제임을 확인하면서도 '문화국제주의'와의 구별을 상고했다.

2장

식민지에서 벌인 근대 일본의 '문화재 보호'

2장

식민지에서 벌인 근대 일본의 '문화재 보호'

1. 일본의 아시아 연구와 그 유래

일본이 아시아를 연구하기 시작한 것은 1870년대, 1880년대 이후에 외국 유학을 마치고 돌아온 일본인 학생들이 종래의 학문체계와는 전혀 다른 연구 방법을 도입하면서부터였다. 난조 분유南条文雄, 다카쿠스 준지로高楠順次郎 등이 영국, 독일, 인도 등지에서 유학한 후, 산스크리트어와 서양의 실증적 연구 방법을 익혀 일본으로 도입했다. 종래에는 아시아 연구라고 하면 주로 불교와 유교가 중심이었으나, 이를 계기로 중국, 조선, 몽골 등의 지역을 연구하는 분야가 생겨나기 시작했다. 아시아의 역사와 정책에 관심을 갖게 된 일본은 1894년 나카 미치요那珂通世가 '동양사'라는 명칭을 사용하면서 중등교육에서 동양사 교육에 주력하였다.[1]

1910년대가 되자 동양사 연구는 중국에 국한하지 않고 아시아 여러 지역의 정치, 사회, 역사로 그 분야가 확장되면서 종래의 흥망사가 아닌, 민속학과 인류학, 고고학 등의 관점에서도 진행되었다. 조선의 유물 조사도 이 시기에 본격화되었고, 지역 연구라는 관점에 고고학이나 인류학의 방법론이 더해지면서 조사의 대상이 된 지역들은 오히려 그동안 전래되어온 자신의 역사서를 부정당하게 되었다. 즉, '근대 과학'의 잣대에 의해 종래의 역사서가 '허구'로 규정되어 버린 것이다. 야마모토 다쓰로山本達郎는 이러한 연구 방향이 식민지 지배와 무관하지 않다고 지적한다.[2]

한편 이 시기의 일본 고고학자들과 역사학자들은 아시아 각 지역에 대한 연구의 목적을 일본과의 관계에서 찾으려 했다. 한국병합 직전인 1910년 3월, 오쿠다 교요奧田鯨洋는 당시 조선에 남겨진 임진왜란 관련 유적 중에서 특히 도요토미 히데요시豊臣秀吉와 관련된 고적을 조사하여 경성신문에 연재했다. 경성신문사 사장인 오오카 쓰토무大岡力는 이 연재를 시작한 의미를 다음과 같이 설명한다.

> 상고 이래의 일한 사적을 심구尋究하고 이를 선명하게 하는 것은 모두 일한 양 국민이 역사적으로 친화되게 된 원인을 알리기 위함만이 아니라, 오늘날 재한 일본인으로 하여금 다대한 흥미를 느끼게 하기 위함일 것이다.[3]

오오카는 조선에서 고적이란 조선의 역사와 문화를 연구하기 위한 것

1 山本達郎, 「日本におけるアジア研究の特色－その回顧と展望」, 『日本学士院紀要－創立百年記念講演集』 36巻, suppl号, 1979, 9~11쪽.

2 山本達郎, 「日本におけるアジア研究の特色－その回顧と展望」, 앞의 논문.

3 大岡力, 「日韓古蹟叙」, 奥田鯨洋編, 『日韓古蹟』, 日韓書房, 1910, 3쪽.

이 아니라, 일본과의 관계 속에서 어떠한 의미를 가지는지를 밝히기 위한 도구라고 언급하고 있다. 조선총독부 초대 총독인 데라우치 마사타케寺內正毅 역시 조선 관련 서적 수집가로 유명한데, 특히 개인적으로 수집했을 뿐 아니라, 조선총독부의 차원에서 '고적보존'을 위한 정책을 마련했다. 이 데라우치의 고적조사에 대해 『총독정치사론』을 쓴 아오야기 쓰나타로青柳綱太郎는 다음과 같이 평가했다.

> 이들(조선의－저자) 문화의 유적과 유품을 접할 때, 회고의 정이 저절로 끓어올라, 천지天地가 유구한 데 비해 흥망은 한순간임에 놀라지 않을 수 없다. 데라우치 백작의 고적 보존은 골동품을 취미로 모으는 고적보존이 아니고, 문화 자료에, 국민 사상의 긴장에, 민족의 심리 감격에 정신적 실물 교훈을 던져주는 것으로, 정치가로서 용의주도했다고 말하지 않을 수 없지 않은가. 무인으로서의 데라우치 백작은 위대한 문업文業을 우리 대륙 반도의 통치에 남겼다. 명확한 데라우치 백작의 성공이다.[4]

아오야기는 조선의 유적과 유품에서 "한순간"에 바뀌어버린 조선의 "흥망"의 역사를 보았다. 그리고 데라우치 총독이 조선 고적을 보존하는 일이 단순히 조선의 유적과 유물을 모으기 위해서가 아니라, 이러한 "흥망"의 "정신적 실물 교훈"을 보여 주기 위함이라고 평하였다. 다시 말하면 데라우치 총독은 조선왕조의 흥망을 정리하여 보여 주기 위해 조선의 고적을 보존했다는 것이다. 이미 과거 역사에서도 한반도의 왕조들은 흥망을 연속적으로 보여줬고, 대한제국 역시 그러한 흥망의 일부라는 것이다. 이러한 논리는 한국병합에 대한 조선인들의 거부감을 희석시키기 위

4 青柳綱太郎, 『総督政治史論』, 京城新聞社, 1928.3, 193쪽.

함일 것이다. 그렇기 때문에 아오야기는 데라우치를 "정치가로서 용의주도했다"고 평가하고 있다.

이는 앞에서 오오카 쓰토무가 "도요토미 히데요시의 업적 조사"를 "재한 일본인으로 하여금 다대한 흥미를 느끼게 하기 위함"이라고 강조한 것과 맥을 같이 한다. 요컨대, 조선에서 실시된 고적조사는 결코 순수한 학문으로서의 활동이 아니라 식민지 지배를 위한 도구, 즉 조선을 지배하기 위한 논리에 봉사하는 수단이었다고 하겠다.

물론 정치적인 목적으로 고적조사 사업을 한 것은 일본만이 아니다. 이미 영국을 비롯하여 프랑스, 이탈리아, 스페인, 독일 등 비서양권의 지역을 점령했던 서구 열강에서는 고고학, 미술, 역사학 연구자들의 협력을 얻어 식민지 지배가 시작됨과 동시에 아시아, 아프리카 지역을 연구 대상으로 삼았다. 프랑스의 대표적인 동양학 연구기관 '극동학원'은 "정치나 이익에 관여하지 않는 학문은 식민지시대에서는 무의미하다"는 입장을 공식적으로 내놓은 바 있다.[5]

일본은 이러한 서양의 연구기관과 교류하였는데, 특히 동양 관련 연구에 있어서, 고고학이나 역사학이 현지의 정치 즉 식민지 지배에 기여할 수 있다는 점을 공유하고 있다는 점에서 매우 흥미롭다.[6]

프랑스의 베트남 지역 연구기관인 극동학원은 일본과 활발한 학문 교

5 Alfred Foucher, Compte rendu de séance du Congrès des orientalistes de Hambourg de 1902, BEFEO, 1902. (藤原正朗,「二〇世紀前半期におけるアンコール遺跡の考古学と仏領インドシナの植民地政策」,『日本研究: 国際日本文化研究センター紀要』, 第26集, 2002. 2, 224쪽 재인용).

6 藤原正朗,「二〇世紀前半期におけるアンコール遺跡の考古学と仏領インドシナの植民地政策」,『日本研究』, 第26集, 国際日本文化研究センター紀要, 2002. 2, 225쪽. 이 논문의 필자인 후지와라는 프랑스의 극동학원이 인도차이나에서 벌인 활동을 통해 현지 정치에 기여할 수 있다고 주장한다.

류를 했는데, 1941년부터 일본과 '박물관 전리품'의 교환을 진행하거나,[7] 1942년부터는 일본 연구자들을 받아들이기도 했다. 그중 한 명이 바로 1921년부터 조선총독부 고적조사사업에 참가한 우메하라 스에지梅原末治이다.

우메하라는 교토제국대학 고고학연구실 출신으로 교토학파의 선구자인 하마다 고사쿠浜田耕作의 제자였는데, 그의 연구는 프랑스에서도 호평을 받은 바 있다. 참고로 그는 극동학원에서 '일본의 청동기시대와 나니와(오사카)', 그리고 '조선반도(고구려)의 고고학' 등을 발표했다.[8]

정리하자면 일본의 아시아 연구는, 서양이 식민지 지배를 효율적으로 전개하기 위해서 성립된 학문에서 영향을 받았고, 식민지 조선에서 실시한 고적조사 역시 일본과의 관계 속에서 조선의 위치를 파악하기 위한 것이었다고 하겠다.

2. 일본의 동방문화학원과 조선의 고고학 조사

프랑스가 베트남에 세운 극동학원처럼 일본 역시 아시아 연구를 위해 '동방문화학원'을 세웠다.

7 「古物並宝物関係雑件 12.「アンコール」時代美術品七十一点仏印ヨリ本邦へ寄贈関係」, 国立公文書館 アジア歴史資料センター, 정리번호 B04012327200, (1941. 9.13 도착, 荒木 総領事代理 작성). https://www. jacar.archives.go.jp/aj/meta/image_B04012327200?IS_KEY_S1=%E6%A5%B5%E6%9D%B1%E5%AD%A6%E9%99%A2&IS_KIND=SimpleSummary&IS_STYLE=default&IS_TAG_S1=InD&(검색일: 2020.2.29.).

8 藤原正朗, 「二〇世紀前半期におけるアンコール遺跡の考古学と仏領インドシナの植民地政策」, 앞의 글.

1929년 4월에 창립된 동방문화학원은 의화단 사건의 배상금으로 설립되어 중국을 연구하는 사업 단체로 활약했는데,[9] 주로 도쿄제국대학과 교토제국대학의 교수들, 그 외에 동방문화 연구자 30여 명이 주축이 되었다.[10] 이 학원은 도쿄와 교토에 각각 연구소를 마련했고, "지나 문화의 연구와 그 보급을 위해 문화 향상의 기반을 구축할 것을 목적"으로 설립되었다.[11]

여기에는 고고학을 비롯하여, 역사학, 민속학 분야에서 당대 최고의 석학들이 참여하였다. 예를 들어 도쿄연구소는 핫토리 우노키치服部宇之吉가 소장이고, 평의원은 이케우치 히로시池内宏, 이치무라 산지로市村瓚次郎, 이토 주타伊東忠太, 우노 데쓰토宇野哲人, 시오노야 온塩谷温, 하라다 요시토原田淑人, 시라토리 구라키치白鳥庫吉, 세키노 다다시関野貞, 도리이 류조鳥居龍蔵 등이었다.

교토연구소 역시 이시바시 고로石橋五郎, 하네다 도루羽田亨, 나이토 도라지로内藤虎次郎, 하마다 고사쿠浜田耕作, 야노 진이치矢野仁一, 우메하라 스에지梅原末治, 나가히로 도시오長広敏雄, 아리미쓰 교이치有光教一, 쓰카모토 젠류塚本善隆 등, 이른바 '교토학파'라고 불리는 관서 지방의 거물급 연구자들이 포진되어 있었다.[12]

9 「先学を語る(3) 浜田耕作博士」, 東方学会編, 『東方学回想』, 刀水書房, 2001, 70~71쪽.

10 「東方文化学院成立及沿革其ノ他」, 国立公文書館 アジア歴史資料センター, 정리번호B05015916800(東方文化学院, 작성일 미상). https://www.jacar.archives.go.jp/aj/meta/image_B05015916800?IS_KEY_S1=%E6%9D%B1%E6%96%B9%E6%96%87%E5%8C%96%E5%AD%A6%E9%99%A2&IS_KIND=MetaSummary&IS_STYLE=default&IS_TAG_S1=InD&(검색일: 2020.2.20.).

11 『東方文化学院一覧』, 東方文化学院, 1929, 1쪽.

12 『東方文化学院一覧』, 앞의 책, 11~15쪽.

흥미로운 것은 이들 대부분이 조선총독부 고적조사사업과 조선사편수회[13] 등에서 활약한 인물들이라는 점이다. 예를 들어 하마다 고사쿠는 동방문화학원의 학술잡지인 『동방학보』에 고구려 유적을 조사하여 기고했고,[14] 그의 제자 우메하라 스에지는 1931년과 32년, 동방문화학원의 연구원으로서 평양에서 낙랑군과 관련 있는 고분을 조사한 바 있다.[15] 이 외에도 이케우치 히로시, 세키노 다다시, 도리이 류조, 나이토 도라지로, 아리미쓰 교이치 등은 조선총독부의 『조선사』 편찬 사업에 참가하거나 박물관에 근무한 경력이 있다.

동방문화학원의 도쿄, 교토연구소는 내부 이견으로 인해 1938년에 각각 '동방문화학원'과 '동방문화연구소'라는 이름으로 분리되었는데, 교토의 동방문화연구소는 교토제국대학 고고학연구실이 주도하게 되었다. 하마다 고사쿠, 우메하라 스에지 그리고 그의 제자들은 중국, 조선, 몽골을 넘나드는 조사에 더욱 힘을 쏟았다.[16] 이 두 연구소는 모두 1942년 11월부터 일본정부 내 소속이 외무성에서 대동아성으로 이관되었다.

동방문화학원의 두 연구소는 교토제국대학 고고학과 학생들이 졸업한 후 취업하는 곳으로도 활용되었다. 예를 들어 교토제국대학 고고학과 제1회 졸업생으로 하마다 고사쿠의 제자인 나가히로 도시오는 동방문화학원 교토연구소에서 일하다가,[17] 하마다 고사쿠의 뒤를 이어 중국의 고고학

13 조선사편수회는 1916년 '반도사편찬위원회'로 출발해, 1922년의 '조선사편찬위원회'를 거쳐 조직된 총독부 산하 기구이다. 조선 각 지역의 광범위한 자료를 수집하여 단군에 대한 조선인들의 숭배심을 훼파하고, 조선인을 교화시키는 목적으로 만들어진 이 기구는 1932년부터 『조선사』를 편찬했다. 『朝鮮史編修会事業概要』, 조선총독부 조선사편수회, 1938.

14 浜田耕作, 「公開講演会」, 『東方学報』, 1936.10, 岩波書店, 338쪽.

15 梅原末治, 『考古学六十年』, 平凡社, 1973, 159쪽.

16 「先学を語る(3) 浜田耕作博士」, 앞의 글, 71쪽.

조사에 참가했고, 후에는 교토대학의 교수로 재직한다. 또한 교토제국대학 고고학과 제2회 졸업생으로 역시 하마다 고사쿠의 제자인 아리미쓰 교이치도 동방문화학원에서 근무한 후, 조선총독부박물관으로 이직했고,[18] 패전 후에는 교토대학 고고학과 교수로 근무하면서 하마다 · 우메하라를 잇는 교토대학 고고학연구실의 리더로 추앙받았다. 모두 하마다 고사쿠의 추천에 의해 이루어진 인사였다.

이와 같은 상황으로 미루어볼 때, 동방문화학원은 서구의 제국이 식민지 지배를 위해 설립한 연구기관과 유사한 형태로 만들어졌고, 하마다, 우메하라를 비롯한 일본의 조선관련 연구자들이 이 기관을 통해 그 역량을 향상시켰다고 하겠다.

그렇다면 이렇게 구축된 연구, 즉 식민지에서 진행된 고고학, 역사학, 민속학 등의 연구가 패전 이후 어떠한 모습으로 존재했고, 패전을 계기로 일본에 귀환한 연구자들은 어떠한 활동을 했을까. 그리고 이들이 식민지에서 진행한 활동 내용을 과연 어떻게 자리매김 했을까. 다음 장에서는 조선에서 일본으로 무대를 옮긴 그들의 활동 상황을 파악해 보고자 한다.

---

17 「先学を語る(3) 浜田耕作博士」, 앞의 글, 65쪽.

18 有光教一, 『朝鮮考古学七十五年』, 昭和堂, 2007, 158쪽.

3장

'일선동조'의 실체화 작업

3장

'일선동조'의 실체화 작업

1. 한국병합으로 부상한 '일선동조론'

한국병합으로 조선의 식민지화가 진행되자, 일본제국주의는 조선 지배의 정당성을 강조하기 위해 '일선동조론'을 주장하며 조선과 일본의 민족적 동질성을 내세웠다.[1]

일선동조론은 한국병합이 되면서 갑자기 나타난 이론이 아니었다. 제국대학의 교수들이 중심이 돼 간행한 『고본 국사안稿本國史眼』은 '국사'과 교과서로 활용되었다. 이 책에는 스사노오노 미코토素戔嗚尊가 가라쿠니韓国를 통치했다고 서술되어 있는데, 이러한 '국사' 교과서의 서술은 '일선동조론'이 공식적인 역사 기술이었다는 것을 의미한다.[2] 그러나 천황제

1 旗田巍, 『日本人의 韓國觀』 (이기동 번역), 一潮閣, 1983년.

2 이에 관련해서는 미쓰이 다카시의 연구를 참조하기 바란다. 미쓰이 다카시,

이데올로기가 정착되어 가는 과정에서 국학자들 사이에서는 일선동조론이 일본의 정통성을 격하시키는 논리로 취급되었기 때문에, 일선동조론를 주장한 구메 구니타케久米邦武와 호시노 히사시星野恒 등은 국학자들의 공격 대상이 되었다. 천황제가 근대 일본사회에 안착되고 '대일본제국 헌법'의 완성을 이룬 1890년대 일본에서는 일선동조론이 국학자가 주도한 '국체' 중심적 시대 상황과 상반된 이론이었던 것이다.[3] 정상우의 연구에 따르면, 당시 유럽의 '인종' 개념과 고고학, 그리고 인류학적 연구 방법이 확산되면서 일본 내부에도 한일 관계를 설명하기 위해 다양한 이론이 활용되었고, 그중에는 일선동조론 이외에도 일본인은 한반도를 통해 일본 열도로 건너간 사람들과의 혼합체라는 '민족 혼합론', 그리고 한일 간에 인종적 근친성이 있다고 인정하면서도 천황제 이데올로기가 일본의 고유한 특징이라고 주창하는 이론도 있었다.[4]

1891년에 구메 구니타케久米邦武의 필화사건[5]이 발생한 이후, 일선동조론은 역사학계가 아닌 언어학 분야에서, 그리고 제국대학 국사과가 아닌 민간사학자들 사이에서 그 명맥을 이어가고 있었다. 그런데 1910년에 일본이 한국을 병합하자 더 이상 일본과 조선을 '별개의 나라'로 취급하기 어려운 상황이 되었다.[6] '일선동조론'이 재차 부상하게 된 것이다.

「'일선동조론(日鮮同祖論)'의 학문적 기반에 관한 시론-한국병합 전후를 중심으로-」, 『한국문화』, 33, 서울대학교 규장각 한국학연구원, 2003.6, 251~252쪽.

3 미쓰이 다카시, 「'일선동조론(日鮮同祖論)'의 학문적 기반에 관한 시론-한국병합 전후를 중심으로-」, 앞의 글, 257쪽.

4 정상우, 「1910~1915년 조선총독부 촉탁(囑託)의 학술조사사업」, 『역사와 현실』, 68, 한국역사연구회, 2008, 242~243쪽.

5 1891년 제국대학에 재직 중이던 구메 구니타케가, 신도가 옛날부터 내려온 종교가 아니고 하늘을 제사하는 풍속이라는 논문을 발표해 퇴출당한 사건이다.

6 미쓰이 다카시, 「'일선동조론(日鮮同祖論)'의 학문적 기반에 관한 시론-한

한국병합을 전후로 하여 일선동조론은 조선 통치에 있어서 활용도가 높아지기 시작했다. 특히 조선을 지배하기 위해서는 조선의 역사와 관습 등에 대한 정보가 필요했는데, 일본의 고고학자와 역사학자가 여기에 도움을 주면서, 일선동조론의 증거자료로 활용하기 위해 조선의 유적 발굴을 해야 한다는 의견을 제기하였다. 1911년에 조선총독부의 촉탁으로 위촉되어 조선의 고적조사에 착수한 도리이 류조는, 조선총독부가 시행한 고적조사의 목적이 조선 지배에 일조하기 위한 것이었다고 발언하고 있다.[7]

> 이번에 내가 인류학의 연구조사로 조선에 왔던 것은 대학의 용무가 아니라 총독부로부터의 의촉으로, 가나자와金沢 박사는 언어학상으로, 또 자신(도리이 류조 – 저자)은 인류학상의 견지見地에서 조선의 종족을 연구할 것을 촉탁받았기 때문이다.
> 조선의 종족은 어떠한 계통 하에서 오늘의 조선인이 되었던 것인가, 이것을 아는 것은 조선의 통치 상에서, 특히 조선인 동화책 상에서 보더라도 가장 유익한 일이라고 생각한다. 이러한 점 때문에 데라우치 총독으로부터 조선인을 연구해 봐 달라는 의뢰가 있어 가나자와 군과 자신이 촉탁이 되었던 까닭이다.[8]

요컨대 도리이 류조가 조선을 조사한 것은 조선인의 대한 동화책同化策을 마련하기 위함이었다는 것이다. 일본에서는 국체를 훼손한다는 비판까지 받은 일선동조론이었지만, 조선총독부는 조선인을 지배하기 위해

국병합의 전후를 중심으로–」, 앞의 글, 257쪽.

7 최우석, 「도리이 류조(鳥居龍蔵)의 식민지 조선 조사와 일선동조론」, 『東北亜歴史論叢』, No.53, 2016.

8 武井生, 「鳥居博士を訪ふ」, 『朝鮮』, 第44号, 朝鮮雑誌社, 1911.10, 45쪽. (최우석 앞의 논문에서 재인용.)

일선동조론을 선택했다.

국성하와 이순자의 연구에 의하면, 일본인이 조선에 대한 조사를 실시한 것은 청일전쟁 직후부터이다. 야기 쇼자부로八木奘三郎는 조선의 지석묘와 삼국시대의 고분, 부산과 경성 간의 인종 차이 등 인류학적 조사를 담당했고, 1902년에는 세키노 다다시가 조선의 고건축을, 1904년에는 시바타 조에柴田常恵가 김해 패총을, 1909년에는 대한제국 탁지부度支部가 고적조사를 실시했다. 여기에서 주의할 것은 1904년에 세키노가 경주 불국사는 물론, 통도사, 범어사, 경복궁, 창덕궁 등 다양한 곳을 조사했다는 지점이다.[9] 이 조사를 기반으로 한국병합 이후 불국사에 무리한 보수공사를 가하고, 경복궁, 창덕궁을 훼손했기 때문이다. 이 외에도 1911년에는 도리이, 오다 쇼고小田省吾가, 1912년에는 이마니시 류今西龍가, 1915년에는 구로이타 가쓰미黒板勝美가 조선 각지에서 조사 사업을 벌였다.

이렇게 일본인 학자들이 조사한 성과물은 한국통감부시대부터 각종 문화 사업에 활용되었는데, 예를 들면 1909년에 설치된 이왕가박물관은 왕릉의 도굴을 방지하기 위한 대책으로 이용되었다.[10] 그리고 이러한 발굴조사는 한국병합 이후에도 조사과를 통해 계속되었다.

---

9 세키노를 중심으로 1902년부터 1915년까지 벌였던 조선 내 고적조사는 다음의 선행연구를 참고하였다. 高橋潔, 「関野貞を中心とした朝鮮古積調査行程－1909年(明治42年)～1915年(大正4年)－」, 『考古学史研究』, 第9号, 京都木曜クラブ, 2001.5.; 국성하, 「일제강점기 고적조사보존사업의 식민성 연구」, 『미래교육연구』, 제18권 제2호, 연세대학교 교육연구소, 2005.12.; 이순자, 『일제강점기 고적조사사업 연구』, 경인문화사, 2009.4.

10 伊藤純, 「李王家博物館開設前後の状況と初期の活動」, 『考古学史研究』, 第9号, 京都木曜クラブ, 2001. 5. 본 논문에서는 오가와 게이키치小川敬吉가 세키노를 기리며 낭독한 추도사의 분석을 통해, 세키노가 왕릉 도굴과 고려자기의 산실을 유감스럽게 여겨 이왕가박물관을 설치하게 되었다고 논하고 있다.

2. 총독의 예장禮狀에 팔려간 조선의 고서적[11]

식민지시기 조선에서 '역사'는 기형적 형태로 출발하였고, 진행되었다. 일본의 식민지가 되었으니 그 역사가 일본사의 일부로 편입되었지만, '온전한' 일본인으로서의 지위 또한 보장되지 않았기에 '일본인의 역사'로 자리매김하는 것도 불가능했다.

이러한 애매모호한 사회적 위치의 조선인에게 요구된 역사는 일본과의 동질성을 강조하고, 식민지가 된 조선의 지정학적 당위성을 뒷받침해 주는 내용이어야 했다. 특히 한국병합 이후 조선독립의 꿈을 주장하거나 한국병합 자체를 비판하는 글은 조선총독부의 통치 근간을 흔들 수 있었기 때문에, '공명하고 확실한' 사서를 제작하여 조선인의 움직임을 저지할 필요가 있었다.[12] '식민지 조선의 역사 만들기'는 조선 통치를 위한 당면 과제였다. 이때 출발한 것이 조선총독부의 '고적조사위원회' 설립이었다.

1915년 12월에 조선총독부박물관을 설치하고, 1916년 7월에는 '고적급유물보존규칙古蹟及遺物保存規則'을 제정한 총독부는 고적조사위원회 규정 11조를 정해 일본에도 아직 없었던 고적조사사업을 진행했다. 또한 동년 9월, '조선반도사 편성의 요지 및 순서'를 작성하여 "조선의 무지몽매를 억제"시키려 했다.[13]

11 이 글은 2006년 와세다대학에서 개최된 '21세기 COE프로그램 관련 심포지엄'에서 발표한 보고문을 대폭 수정하고 보완한 것이다. 류미나, 「植民地期朝鮮における経学院の「文化」事業」, 『コロニアリズムと「朝鮮文化」－朝鮮総督府「古積調査事業」をめぐって－』(早稲田大学朝鮮文化研究所編), 早稲田大学朝鮮文化研究所, 2006.

12 李成市, 「コロニアリズムと近代歴史学」, 『植民地主義と歴史学－そのまなざしが残したもの－』, 刀水書房, 2004, 74쪽.

이와 관련하여 이성시는 조선총독부가 추진한 '조선의 역사 만들기'의 대표적인 프로젝트로 『조선반도사』 편찬에 주목했다. 그는 1915년 조선총독부가 추진한 『조선반도사』 편찬, 그리고 이를 위해 조선에 온 구로이타 가쓰미의 활동과 그 영향에 주목하며, 『조선반도사』의 내용과 목적이 첫째, 일본인과 조선인이 동족임을 밝히고, 둘째, 한국병합으로 말미암아 병폐와 빈약에 빠진 조선인이 행복해졌다고 알리는 것이었다고 분석했다.[14] 특히 구로이타가 평양을 조선 문명의 기원지로 삼은 것에 주목하며, "중국 문명이 처음으로 이식된 점", "그 여파로 한반도에서 일본 열도로 일부 사람들이 이동할 수밖에 없었던 점"을 들어 조선과 일본의 민족적 기원이 동일함을 강조했다고 지적했다.

정상우 역시 조선총독부의 역사 편찬 사업이 식민 통치를 '문명개화', '계몽'으로 미화한 제국주의의 특징을 갖고 있고, 식민지에서 성립된 근대 역사학의 과정은 제국에 의한 식민주의적 역사 담론의 생산의 장이었다고 비판했다.[15] 또한 조선총독부가 일선동조론을 내걸며 한일 간 인종적 동질성을 강조한 일본 제국주의의 역사관에 기반하여 조선의 지리, 역사, 기후 등을 조사했다고 지적했다. 물론 구로이타가 일선동조론을 비판하며 일본이 섬나라이면서 천황제 이데올로기라는 독특한 시스템을 갖고 있기 때문에 조선과 역사적 기원을 공유하는 것에 거부감을 드러낸 점은 짚고 넘어가야 할 문제이다.[16]

---

13 「朝鮮半島史 編纂ノ要旨」, 『朝鮮半島史 編成ノ要旨 及 順序 朝鮮人名 彙考 編纂ノ 要旨 及 順序』, 조선총독부, 1916, 2쪽.

14 李成市, 「コロニアリズムと近代歴史学」, 앞의 논문, 74쪽.

15 정상우, 「식민지에서의 제국 일본의 역사편찬사업-조선・대만을 중심으로-」, 『한국사연구』, No.160, 한국사연구회, 2013, 144쪽.

16 정상우, 「1910~1915년 조선총독부 촉탁(囑託)의 학술조사사업」, 『역사와 현실』, Vol.68, 한국역사연구회, 2008, 245~246쪽.

'일선동조론'과 '문명개화', '계몽', '일본 고유의 역사관'이 혼합된 가운데 출발한 식민지 조선의 역사서들은 이를 뒷받침할 증거자료로서 고고학적 자료가 필요했고, 이성시가 지적한 바와 같이 구로이타는 평양에서부터 유물 발굴을 시작하기에 이르렀다.

이렇게 한반도에서 본격적으로 시작된 유물, 유적, 고미술 등의 조사 및 수집은 경제난에 허덕이는 조선인들에게 도굴 행위를 가르친 '교육'이 되어 버렸다. 이에 대해서는 해방 이후 일본 학계에서도 반성의 목소리가 나올 정도였으니 식민지 조선에서 도굴이 얼마나 극심했는지 알 수 있다.[17]

뿐만 아니라 조선총독부가 주도한 『조선사』 편찬이 본격화되면서, 총독부는 조선의 고서적을 대량으로 구입하거나 수집하였는데, 이들 서적은 그 대부분이 지방의 양반 가문이 소장하고 있던 귀중 도서였다. 이 도서들이 어떠한 방법으로 조선총독부로 흘러 들어갔을까. 이 질문에 대한 답은 '조선사편찬위원회'가 총독부의 프로젝트를 추진하는 과정에서 찾을 수 있다.

조선사편찬위원회는 1922년 12월에 『조선사』 편찬과 이를 위한 조선 관련 사료 수집을 목적으로 설치되었는데,[18] 1925년 6월에 조선사편수회가 발족하기까지 약 3년간 운영되었다. 조선사편찬위원회 회장은 총독부의 정무총감이 담당했고, 고문은 이완용, 박영효, 권중현 등이 맡았다.

---

17 예를 들어 조선총독부 촉탁으로 근무한 우메하라 스에지는 일본인 학자들이 대거 등용돼 실시한 조선총독부의 고적조사사업이 조선 내 난굴을 유도했다고 발언한 바 있다. 梅原末治, 「日韓併合の期間に行なわれた半島の古蹟調査と保存事業にたずさわった一考古学徒の回想録」, 『朝鮮学報』, 第五十一輯, 朝鮮学会, 1969.

18 1921년 12월 「조선총독부령」, 제64호, 「朝鮮史編纂委員会規程」, 1922년 12월 4일 공포.

그 외 위원과 간사, 서기 등의 직명이 있는데, 여기에는 일본과 조선에서 많은 고고학자 및 역사학자가 임명되었다.

이 사업에 참가한 주요 구성원은 다음과 같은 인물이다. 학무국장 이진호, 경성제국대학의 오다 쇼고小田省吾, 경성제국대학 교수 겸 교토제국대학 조교수인 이마니시 류今西龍, 스에마쓰 야스카즈末松保和, 나카무라 히데타카中村英孝, 총독부 편수관을 지낸 이능화, 후지타 료사쿠藤田亮策, 나가노 간長野幹, 유맹, 후카가와 덴지로深川伝次郎, 가시와바라 쇼조柏原昌三, 윤희구, 이병소, 홍희, 이왕직 장관인 시노다 지사쿠篠田治策, 중추원 참의 어윤적, 야마사키 마사오山崎真雄, 경학원 강사 정만조 등이다. 고문에는 도쿄제국대학 교수인 구로이타 가쓰미, 핫토리 우노키치服部宇之吉, 교토제국대학의 나이토 도라지로内藤虎次郎 등이 있었고, 간사에는 총독부 수사관인 이나바 이와키치稲葉岩吉, 김동준, 서기에는 가네코 마사키요金子正潔, 가쓰라기 스에지葛城末治, 김용적이 활동했다.[19] 앞에서 열거한 인물들을 보아도 알 수 있듯이 조선사편찬위원회는 단순한 조사 기관이 아니었다. 이 위원회의 목적은 『조선사』 편찬은 물론이거니와 조선 사료의 수집을 위해 전문가 집단을 조직하는 것이었다.

조선사편찬위원회는 자료 수집을 위해 총독부의 중추원, 지방의 관청 등과 긴밀히 협조했다. 물론 이러한 활동이 늘 성공한 것은 아니었기 때문에 자료 수집을 위해서는 별도의 고민이 필요했고 그중 하나가 총독이 예장禮狀을 송부하는 일이다.

조선사편찬위원회는 중추원을 통해 사료 제공자들에게 예장을 보냈는데, 사료가 매우 귀중한 것일 경우에는 총독의 친필이 담긴 액자를 보내기도 했다. 1923년 5월에는 아리요시有吉 정무총감이 "각 도지사에게 훈

19 류미나, 「植民地期朝鮮における経学院の「文化」事業」, 앞의 글, 38쪽.

시를 보내어 관공서에서 보관 중인 고문서 고기록, 또한 민간에 산재되어 있는 사료에 관해 보존 방법을 강구"하라며,[20] 다양한 방법을 동원해 자료 확보에 열을 올렸다. 이를 직접 수행하는 조선사편찬위원회 역시 회의를 거듭하면서 자료를 수집했는데, 이때 조선사편찬위원회의 위원들이 직접 자료 확보에 나서자는 의견도 나왔다.

1923년 6월 12일 중추원 회의실에서 개최된 제2회 조선사편찬위원회의 회의 석상에서는 이 위원회의 핵심 인물인 이나바 이와키치稲葉岩吉가 사료 수집에 용이한 방법으로 "지방관을 활용해 강습회 등을 개최하고, 위원이 그 자리에 참석하자"는 의견을 내기도 했다. 위원들이 자료 수집을 위해 직접 지방에 가서 적극적인 홍보를 하자는 것이다. 위원들은 두세 명이 한 조가 되어 각 지방을 돌며 대대로 내려오는 문중을 방문하거나 이들 문중과 연락이 되는 인물을 찾아다녔다. 위원들은 지방 순회에 이미 익숙했고, 당시 신문에는 이들 위원의 조사 활동이 기사화되기도 했다. 그 기사 내용을 보면 자료 조사 작업에 도청은 물론 군수, 면장까지도 협조해야만 하는 상황이 그대로 드러나 있다.

예를 들어 1923년 2월 3일자 『동아일보』에는 경상북도 경주 군수 박광열이 고적보존회의 확장을 위해 도청에 출장 간 모습이 기사화됐으며, 1924년 3월 11일부터 24일까지 실시된 '사료조사탐방기록'에는 지방 군수가 조사 협력자로 활동한 행적이 자세하게 기록되어 있다. 여기서 잠시 그 사례를 살펴보도록 한다.

1924년 3월 조선사편찬위원회의 위원인 이나바 이와키치와 홍희는 충청도로 사료 조사를 떠났다. 첫날과 둘째 날에는 충청북도 제천에서 송시열의 의발衣鉢, 친필결서親筆訣書와 이율곡의 친필도 수집했다. 이때 면장

20 조선사편수회편, 『조선사』, 1938년, 6쪽.

의 안내에 따라 권수암權遂庵의 후예를 방문했다. 이어서 3일째와 4일째에는 충청북도 충주 부근의 임경업 사당을 방문했고, 금생사金生寺를 시찰했다. 5일째에는 충청북도 괴산 지역에서 숙박했는데, 이때 군수와 회동하고, 그 이튿날 탐방조사할 사료에 대해 협의했다. 참고로 이 시기 충청북도 괴산의 군수는 이경식李敬植이라는 인물로, 1938년부터 경학원의 사성 겸 명륜학원의 간사로 일한 인물이다.

조사 6일째와 7일째에는 충청북도 괴산에 있는 류해윤柳海崙의 집에서 류근柳根의 소장 문서를 빌리고, 송시열의 자택에 방문할 준비를 했다. 이때 군수가 송시열의 숙부 2명을 소개했고, 조사에 동행하기로 결정했다. 8일째, 조사단은 충청북도 청천 송시열 가문의 종손인 송철호宋哲鎬를 방문해 함께 성묘를 끝낸 뒤, 송시열의 사당을 조사하고자 했다. 그러나 송시열의 종손인 송철호가 "지금까지 문중 이외의 사람에게 문을 연 적이 없다"며 강하게 거절했다. 그러자 군수로부터 소개받은 송철호의 숙부 2명이 송철호를 설득하여 결국 사당을 개방했고, 그 안에 소장되어 있던 초상화의 화고畵稿를 비롯하여 13종류의 사료를 수집했다. 이나바는 이때 수집한 사료에 대해 "미술사 자료로서 매우 중요하다"며 감탄했다.

9일째 되는 날 조사단은 충청북도 화양동의 명승지를 조사하고, 송시열이 설치한 서당을 시찰한 후, 10일째에는 송시열의 종손인 송철호를 시작으로 송씨 가문의 문중 사람들과 회동했다. 그리고 사료 제공에 대한 양해를 구했다. 이후 충청북도 지사를 방문한 조사단은 청주 지역을 어떻게 조사할 것인지 회의를 진행하고 11일째부터 13일째에 걸쳐 청주를 조사한 후 총독부로 돌아왔다.

군수 및 지방 행정기관이 조선총독부의 조사 사업에 협력하는 것이 이 시기에 시작된 것은 아니었다. 대한제국시기, 세키노 다다시가 실시한 고적조사에서도 지방관들의 협력은 이미 존재했고, 총독부시대가 되면서 이러한 과거의 조사 노하우가 시스템화한 것이라고 할 수 있다.

지방의 사료 수집을 위한 방법 중에 또 하나 눈에 띄는 것이 유교 관련 기관과의 협력이다. 한국병합 후 1년이 채 안되어 조선총독부는 성균관의 시설과 토지에 경학원을 설치했고 성균관은 같은 해 9월에 폐지시켰다. 경성의 경학원은 조선인 교화를 위한 총독부의 프로파간다 역할을 담당했고, 지방에서는 향교가 그 일을 전담했다.[21]

1911년 6월 15일 총독부에 의해 조선왕조시대의 성균관을 개편해 설

21 경학원에 대한 대표적 연구로는 다음과 같은 논고가 있다. 류미나, 「植民地期朝鮮における経学院: 儒教教化機関と儒教イデオロギーの再編」, 『朝鮮史研究会論文集』, 第42集, 朝鮮史研究会, 2004.10.; 류미나, 「植民地期朝鮮における明倫学院: '儒教振興'をめぐる植民地権力と儒林勢力の相克」, 『史適』, 第26号, 2004.12.; 류미나, 「식민지권력에의 '협력'과 좌절」, 『한국문화』, 서울대학교 규장각 한국학연구원, 2005.12.; 류미나, 「전시체제기 조선총독부의 유림정책」, 『역사와 현실』, 63권, 한국역사연구회, 2007.3.; 정욱재, 「1910~1920年代 經學院의 人的 構成과 役割: 司成과 講士를 중심으로」, 『한국학』, 30(1), 한국학중앙연구원, 2007.3.; 류미나, 「일본 '국민도덕론' 의 유입과 재생산」, 『인문연구』, No. 52, 영남대학교 인문과학연구소, 2007.6.; 정욱재, 「日帝 協力 儒林의 儒教認識－1910~1920년대 경학원 관계자를 중심으로－」, 『한국사학사학보』, No.16, 한국사학사학회, 2007. 12.; 정욱재, 「조선유도연합회의 결성과 '皇道儒學'」, 『한국독립운동사연구』, No. 33, 한국독립운동사연구소, 2009.8.; 박영미, 「經學院에 보이는 근대 일본 유학의 경향: 東京斯文會의 관계를 중심으로」, 『일본학연구』, Vol. 27, 단국대학교 일본연구소, 2009.5.; 류미나, 「19c말~20c초 일본제국주의의 유교 이용과 조선 지배」, 『동양사학연구』, 2010.6.; 류미나, 「일본의 '조선 신민화' 정책과 유림 동원의 실태」, 『일본학』, Vol. 31, 동국대학교 일본연구소, 2010.11.; 류미나, 「일본의 '공자묘 대중화' 정책과 조선 내 공자묘 인식의 변화－총독부의 공자묘 개방정책과 그 영향을 중심으로」, 『人文論叢』, No. 64, 2010.12.; 정욱재, 「20세기 초 일제협력유림의 경학원 활동: 李大榮(1874~1950)을 중심으로」, 『한국사학보』, No. 56, 2014.8.

치된 경학원[22]은 종래의 성균관이 담당했던 관료인재의 양성이 배제된 채 문묘석전文廟釋奠이라는 의례만이 허가된 사회교화 기관이었다. 경학원은 조선총독부 정책을 보조하면서 조선 각지의 향교와 문묘 및 제 유림단체와 상호 '협력' 관계를 가지며 총독부의 선전도구로서의 역할을 담당했다. 조선총독부는 1911년 12월 28일 조선총독부령 제127호에 의해 종래의 '향교직원'을 '문묘직원'으로 직명을 변경시키고 각 문묘에 직원을 1명씩 두었다. 그리고 직원은 부윤, 군수, 도사의 신청에 의해 도지사가 임명했다.[23]

각 지방 문중들이 소장한 자료와 고서적의 발굴에 경학원과 향교가 동원된 것은 총독부가 '덕행자 발굴'이라는 미명 아래 발굴의 명분을 주었기 때문이다. 이 명분은 각 문중을 움직여 자신의 조상 중에 현창할 만한 인물을 찾아보는 동기가 되었다. 특히 새롭게 편찬될 『조선사』에 실릴 인물을 뽑고 그 공적을 입증할 문서를 수집한다는 이야기는 당시 지방 유력자의 관심을 끌었던 것으로 보인다.

중추원 참의인 홍희 위원은 조선사편찬위원회의 편찬사업에 대해 "조선인들에게는 조선사를 만든다고 하면서 실제로는 내지인內地人이 중심 인물이 되는 것 아니냐"는 우려가 있다고 전달하면서, 이러한 조선인들의 기우를 해소하기 위해 조선인 중에 "덕행 있는 사람과 특종 인물에 대해

22 1911년 6월, 「조선총독부령」 제73호, 「經學院規程」, 1911년 6월 15일 공포.

23 1911년 10월 「조선총독부령」 제127호, 「文廟職員に関する件」, 1911년 11월 1일 시행. 이 부령은 1923년이 되어 다시 변경되는데, 「조선총독부령」 제68호(1923년 4월, 「地方文廟職員に関する件」, 1923년 4월 21일 시행)에 의하면, 경기도 개성군 송도문묘에는 직원 외에도 사성司成을 1명 임명하기로 하였다. 또한 이 사성은 도지사의 신청에 의해 조선총독이 직접 임명한다고 명시되어 있다. 송도문묘에 사성을 둔 이유에 대해서는 앞으로의 연구과제로 삼고자 한다.

서는 여러 가지 조사를 부탁하고 지방의 장관을 통해 자세히 아뢰게 하자"고 제시했다. 그리고 지금까지는 "지방에 있는 역사 상의 인물을 역사에 넣지 않는 것이 관습이었지만, 이번에는 그렇지 않다는 것을 일반인에게 주지시킬 필요가 있다"고 주장했다.[24] 역사서에 지방의 인물을 기재하는 것이 명예로운 일임을 강조하면서 이를 미끼로 지방 문중의 사료를 취득하려는 계획이었던 것이다.

지방의 문중들은 조상 중에 '덕행자'에 해당하는 인물을 뽑아 그 정보와 자료를 경성으로 올려 보냈고 그 수취는 경학원이 담당했다. 경학원은 이러한 내용을 『경학원잡지』에 게재해 소개했고, 이 잡지는 다시 지방의 유림이나 공공기관, 학교 등에 배포되었다.

경학원의 기관지 『경학원잡지』에는 「지방보고」라는 면이 있는데, 여기에는 지방에서 보고한 열부, 절부, 효행의 행적이 기록되어 있다. 이 「지방보고」란은 조선사편찬위원회와 경학원, 그리고 지방의 문중이 조상 중에서 덕행자를 발굴하는 과정을 유추하는 데 매우 유효하다. 「지방보고」는 1923년 이전까지는 전체 기사의 약 11%를 차지했는데 1923년부터 33년까지는 26%로 증가한다.[25] 「지방보고」 중에서 '열부'와 관련된 기사만 보면, 제2회 조선사편찬위원회(1923년 6월)의 작업이 종료된 직후인 1924년에는 전년도인 1923년에는 26%를 차지했던 열부 표창 등에 관한 보고가 36%로 증가하고 있으며, 그 이듬해인 25년에는 80%에 달하고 있다.

다만, 여기서 주의해야 할 것은 조선편찬위원회가 말하는 '역사서'가 어디까지나 조선을 일본의 역사 안에서 서술하는 것이었다는 점이다. 예

24 『제2회 조선사편찬위원회 회의록』, 1923.6.12, 중추원 회의실.

25 이 수치는 「지방보고」란을 참고로 하여 열부, 절부, 효행에 관한 보고의 확인이 가능한 연도를 추려서 계산한 것이다.

를 들어 이미 『조선사』의 서문에서 지방의 덕행자 발굴 사업이 어디까지나 조선총독부의 지배 정책의 일환이라는 점을 밝히고 있다는 점을 상기할 때, 조선총독부의 역사서 편찬은 역사적으로 조선을 일본에 편입시키려는 의도에서 출발한 사업이었음을 알 수 있다.

『조선사』 편찬의 목적은 조선총독부가 시행하는 정책을 조선인이 보고 "병합의 취지를 오해하지 않도록" 하는 것에 있었다. 또한 "물질적으로 조선 민중의 복리를 증진시킴과 동시에 정신적인 동화를 꾀하고 이로써 내선일가의 실적을 올리려 한다"[26]는 서술에서 알 수 있듯이 '조선사편찬위원회'는 일본제국주의의 식민지 지배 정책에 봉사하기 위해 조직된 기구라는 점에서 태생적 한계를 가지고 있었다.

3. 관官·학學의 협동 산물인 고적조사사업

최근 일본의 식민지와 인류학과의 관계에 대해서 논한 나카오 가쓰미中生勝美의 연구성과가 주목받고 있다. 그는 일본의 인류학 성립이 "근대 일본이 국민국가를 건설하는 과정에서 유럽으로부터 국가제도, 교육시스템을 도입해 온 것"과 깊은 관련이 있다고 논하며, 일본이 식민지를 획득함으로써 이민족 통치가 시작되었고, "식민지 경영의 필요성"으로부터 인류학을 "유용한" 학문이라고 인식했다고 지적한다.[27]

저자 역시 나카오의 견해에 동의한다. 그것은 전술한 바와 같이, 일본의 아시아 연구가 서양의 학문 체계를 그대로 답습한 것으로, '식민지

26 『施政三十年史』, 조선총독부, 1940, 11쪽.

27 中生勝美, 『近代日本の人類学史: 帝国と植民地の記憶』, 風響社, 2016, 25쪽.

경영'이란 관점에서 시작됐고 조선 역시 이러한 시각에서 연구되었기 때문이다. 그리고 식민지 경영을 위한 조선 연구에는 나카오가 지적한 인류학은 물론이고, 일본의 고고학, 미술학, 역사학, 민속학 등 다양한 분야가 포함되어 있었다.

도쿄제국대학의 동양사학 전공자로, 고고학자이자 조선 미술사에도 조예가 깊었던 미카미 쓰기오三上次男는 1969년 식민지 조선에서 진행된 고고학을 다음과 같이 평가했다.

> 조선의 고고학을 일본인이 선구적으로 손을 댄 것은 사실입니다. 어떤 방법으로 했는가는 여러 각도에서 생각할 수 있겠습니다만, 그중 하나 생각할 수 있는 것은 조선의 고고학은 일본의 식민지 정책의 일환으로 진행되었다는 것이고, 이것은 중요한 사실입니다. (중략) 총독부가 대륙 고고학에 관계한 인물들을 차례차례 소집해 조사를 의뢰하게 됐습니다. 그중 주된 인물로 세키노 씨(세키노 다다시－저자)가 있었습니다만, 그 사람 자체는 식민지주의자라는 의식은 없었습니다. 오히려 건축학자로서 꽤 실증적이고 객관적으로 사물을 보는 그런 성격의 학자였습니다. (중략) 본래 고고학이란 (중략) 연구하는 입장에서 보면 당연히 조선사적 견지에서 이뤄져야 하는데, 예를 들면 고분은 단순히 그것만을 조사하는 것이 아닌, 조선의 역사 상 어떤 관계가 있었는가를 봐야 하는 것인데, 조선에서는 그런 것이 없었다. 뭐 일본에서도 패전 이전에는 그렇게 생각하는 일이 없었던 것도 사실입니다.[28]

28 「朝鮮の考古学研究」, 旗田巍編 『シンポジウム·日本と朝鮮』, 勁草書房, 1969, 170~182쪽. 미카미는 이 글 말미에 '고고학은 조선사 정도로 정책에 밀착하진 않았다'는 주장을 이어나갔다.

일본의 조선연구자인 미카미 쓰기오는 식민지 조선에서 진행된 고고학 발굴이 조선의 역사와는 무관한 작업이었다고 털어놨다. 미카미는 조선 유물 발굴의 선두자인 세키노 다다시에 대해서 식민지주의자가 아니라는 평가를 내리고 있으나, 조선총독부의 요청으로 일본인 연구자들이 조선 땅을 밟은 것은 사실이며, 또한 조선총독부가 이러한 연구자들을 소집한 이유가 단순히 조선의 역사를 알아보기 위함이 아니었다는 점을 미카미 역시 인정하고 있다.

실제로 일본에서 조선으로 건너온 모든 연구자들이 총독부의 비호 아래 자유로운 연구 활동을 이어갔다. 가령 우메하라 스에지는 조선에서 활동한 경위와 그 내용을 다음과 같이 설명했다.

> (1921년－저자) 가을이 시작될 때, 야쓰이谷井씨의 배려로 생각지도 못하게 조선 여행이 실현되었다. 교토대학 대학원생이었던 야쓰이 씨는 사진 기술이 뛰어나 세키노 선생님과 조선에 동행했는데, 점차 그쪽(조선－저자)에 깊게 관계하게 되었다. 다이쇼 5년(1916년－저자) 경성에 박물관이 설립되고 새로운 기구가 만들어져 5개년 계획으로 고적조사사업이 개시되자 야쓰이 씨가 책임자로 추대되었다. 야쓰이씨는 고적조사 사무를 주관하는 중추원 서기관 오다 미키지로小田幹治郎 씨를 움직여 임시 사무 촉탁의 이름으로 나를 불러줬다. (중략) (1921년－저자) 경북 성주읍에 도착한 일행은 다음날부터 즉시 동지의 임나 고분군의 조사 발굴에 임했다. 제1호 고분에서는 착수 후 겨우 2시간 만에 커다란 석실에 닿았는데, 그중 매장 당시의 원래 모습이 남아있어 선생님(하마다 고사쿠－저자)이 만족하셨다. 입회한 군수도 '묘지를 파는 것을 꼭 좋다고는 할 수 없지만, 이렇게 제대로 파는 것에 놀랐다'고 칭찬했다.[29]

29 梅原末治, 『考古学六十年』, 平凡社, 1973, 32~33쪽.

위 인용문에 서술된 우메하라의 경험을 보더라도, 일본인 학자가 조선에서 실시한 유물 발굴 현장에는 현지 관료들의 협조가 있었고, 해당 지역의 관청과 일정을 조율하고 있었음을 알 수 있다.

더불어 조선에서 이루어진 고적조사사업은 조선의 관계官界를 넘어 일본의 학계와도 밀접한 관계가 있어서, 다음에 인용하는 『조선신문』의 기사에서 알 수 있듯이 일본학술진흥회의 보조금을 지원받기도 했다.

〈낙랑의 유적 발굴에 진흥회의 보조 결정〉

【동경전화】 일본학술진흥회는 25일 이사회에서 쇼와 10년(1935년 – 저자) 전기 원조 보조사항을 결정했다. 보조 신청 총수는 288건이고 금액은 563,900원인데, 이번 원조로 결정한 것은 187건 231,700원이며 조선과 관계한 건은 다음과 같다.

신청자	조선총독부 고적연구회 이사 이마이다 기요노리今井田清德
신청사항	낙랑군 유적조사 발굴 및 그 보고서
출판 원조 보조비	15,000원[30]

낙랑고분과 같이 일본 학계에서 보조금을 받은 유적은 그 답례로서 자연스럽게 유물의 '기증' 형태로 일본으로 반출되었다. 낙랑고분의 유물이 도쿄제국대학에 흘러간 것은 물론이고, 1920년에 출토된 '양산부부총' 유물 역시 일본학술진흥회와 궁내청 등에서 받은 지원금에 대한 답례로 도쿄박물관에 '기증'되었다.[31]

30 「楽浪の遺跡発掘に振興会の補助決定」, 『조선신문』, 1935.4.27, 조간 7면 4단.

31 일본 외교문서 581 : 「(極秘) 文化財に関する打合会」, 1965.3.22.

이 외에도 일본 외의 연구 대상 지역에서 '학술적 연구'라는 명목으로 유물을 반출한 사례가 더 있다. 앞서 소개한 우메하라는 조선 고적조사 중에 획득한 유물을 일본에 가져가 분석한 경험을 다음과 같이 기록했다.

> 조선반도에서 동검동모銅劍銅鉾의 발견 사례는 해를 거듭할수록 그 숫자가 많아져, 내가 이전에 본지에 보고를 쓴 이후, 4년간 새롭게 알게 된 것이 40구를 넘어 분포의 농밀 정도가 일찍이 우리에게 알려진 규슈와 충분히 비견할 만하다. (중략) 그런데 작년에 내가 평양에서 다행히도 새롭게 출토된 동검 4구를 손에 넣을 수 있었는데, 교토대학 고마쓰 시게루小松茂 박시에게 요청해 박사가 이에 대한 화학성분 검사를 해주게 되었다. (중략) 더불어 이 조사는 쇼와 10년(1935년-저자), 쇼와 11년(1936년-저자) 두 해에 걸쳐 일본학술진흥회의 원조를 받아, 필자가 고마쓰 박사 등의 협력을 받으며 진행하고 있는 '지나 고동기古銅器의 고고학적 및 화학적 연구'의 일부로 실시하고 있었는데, 실물의 분석을 담당한 것이 고이즈미 에이이치小泉瑛一 씨임을 밝혀두고자 한다.[32]

우메하라의 설명대로라면, 그는 평양에서 동검을 얻은 후 이를 교토대학으로 가져가 화학적 분석을 맡겼는데, 이러한 행위는 이미 중국에서 시행한 유물 조사 때도 한 적이 있었으며, 그리고 이런 식의 연구 조사에 일본학술진흥회의 지원금이 투입되고 있었다는 것을 확인할 수 있다.

이 외에도 학술적 목적이 아닌 상황에서 발굴된 유물이 다른 지역

32 梅原末治, 「朝鮮発見二三銅剣の化学成分」, 『人類学雑誌』, 52-11, 통편 제601호, 日本人類学会, 1937.11, 1쪽.

으로 옮겨진 경우도 있다. 일본의 황족이나 해외의 주요 인사들이 조선을 방문하면, 그 방문 선물로 조선의 문화재가 손쉽게 건네진 사례도 있다.

예를 들어 1926년 9월 23일, 『조선신문』에는 일본 황실의 황족인 다카마쓰노미야高松宮가 경주를 방문했을 때, 경주고적보존회가 신라의 발굴품을 헌상했다고 보도했다.[33] 또한 같은 시기 스웨덴 황태자 구스타프 6세 아돌프Gustaf VI Adolf가 경주 고적발굴에 관심을 갖고 발굴현장을 방문하자, 경주고적보존회는 또다시 신라 토기를 헌상했다.[34]

위의 사례들은 '식민지 조선에서 불법으로 반출한 문화재는 없었다'는 일본정부의 주장이나 일본 학계의 주장과 배치된다.[35] 물론 이 사례들을 경주고적보존회의 일탈로 치부할 수도 있지만, 당시 경주고적보존회의 절대적 권력자가 모로가 히데오諸鹿央雄이고, 지방 고적보존회의 운영자가 대부분 조선인 군수 혹은 일본인임을 고려할 때,[36] 단순히 경주의 일탈이라고만 보기 어려울 뿐더러 신문에 보도된 사항을 조선총독부가 몰랐을 리 만무하다.

따라서 조선의 고적조사사업은 관官과 학學의 협동으로 이루어낸 산

33 「高松宮殿下慶州古蹟視察, 御機嫌麗はしく御帰艦」, 『朝鮮新聞』, 1926.9.24.

34 「瑞典皇儲に献上品大邱から」, 『朝鮮新聞』, 1926.10.10.

35 한일회담 당시 일본정부와 일본학계는 한반도에서 출토된 문화재를 불법반출했다는 것을 끝까지 부정한 바 있다. 이와 관련해서는 다음의 논고를 참조하기 바란다. 류미나, 「한일회담 문화재 반환 교섭 관련 인물 연구－일본 측 문화재 반환 교섭 담당자들과 일본의 조선학 연구자들을 중심으로」, 『한국학연구』, 제63집, 2017.; 조윤수, 「한일회담과 문화재 반환 교섭」, 『東北亞歷史論叢』, No. 51, 동북아역사재단, 2016.; 류미나, 「'한일회담 외교문서'로 본 한일 간 문화재 반환 교섭」, 앞의 글.

36 조선의 고적보존회에 대해서는 이순자(『일제강점기 고적조사사업 연구』, 앞의 책)의 연구를 참조하기 바란다.

물이며, 따라서 이러한 조선의 고적조사사업을 단순히 '학술적 활동'으로만 이해한다면 그것은 '식민지 조선'이란 배경을 무시한 시각이라 하겠다.

4장

조선에 불어온 '관광의 붐'

4장

조선에 불어온 '관광의 붐'

1. 조선고적보존회와 일본인들의 조선 관광

조선총독부의 고적조사사업은 대부분의 틀이 초대 총독인 데라우치 마사타케 재임 기간 중에 만들어졌다. 1915년에 조선물산공진회를 성공적으로 마친 총독부는 고적조사사업에서 발굴된 유물을 미리 정해 놓고, 이를 한 장소에 조선 지배의 안정성을 홍보하고자 했다. 이를 위해 그때까지 학무국에서 관장하던 고적조사사업과 조선박물관 운영을 총무국으로 이전시켜 업무를 일괄적으로 담당하게 했다. 이 과정에서 주변의 반대도 있었지만, 데라우치의 의지가 관철되었던 것으로 확인된다.[1] 그만큼

1 예를 들어 내무부장관인 우사미 가쓰오宇佐美勝夫는 고적조사사업을 총무국에서 관장하는 것에 대해 강하게 반대했지만, 데라우치는 자신의 뜻대로 업무를 총무국으로 이전하도록 지시했다. 1915년 11월 5일자, 데라우치 앞 우사

데라우치의 고적조사사업과 조선총독부박물관에 대한 기대가 컸다고 할 수 있는데, 그 의도와 이유는 다음의 조선총독부박물관 '운영방침'에서 엿볼 수 있다.

> 반도 고래의 제도・종교・미술공예와 그 외 역사에 징증徵證 참고가 될 만한 것을 모아, 반도 민족의 근원을 찾고 그 민족성을 명확히 하며, 특히 그 땅에서 발달해 온 공예미술의 특질을 조사하고 널리 세계에 소개하여, 우수한 미술품을 진열해 새로운 공예미술의 발흥에 자료가 될 것을 원하는 바이다. 이 반도의 역사 및 미술공예 진열품으로서의 존재를 주장하는 것은 지나 대륙 및 일본 열도 간에 개재하여 특종特種의 상태에 있었던 반도 문화를 근본적으로 조사하고, 그 밀접한 상호관계를 밝힘과 동시에 또한 독특한 정신문화를 고창하고 이를 보존하고 장려하기 위해 애쓰는 것은 가장 의의 있는 일이라고 생각하기 때문이다. 나아가 장래 가능한 한 지나 및 일본의 유물도 수집하고, 또한 이를 널리 서양에서 온 참고품과 비교함으로써 문화추이의 대세를 보여줌과 동시에 국민의 자각심을 유도하기 위해 노력한다.[2]

여기에는 성공적인 조선 지배라는 목적은 물론이거니와, 중국, 일본과의 "밀접한 상호관계"를 명확히 하고, 이를 통해 "국민의 자각심을 유도"하려는 의도가 있었음이 명시되어 있다.

고적조사사업에 참가한 후지타 료사쿠藤田亮策 역시 이 사업의 모태가 데라우치였음을 언급하고 있다.

미 서한, 寺内正毅関係文書研究会編, 『寺内正毅関係文書』, 東京大学出版会, 2019.2, 417쪽.

2 『博物館報』, 第1号, 朝鮮総督府博物館, 1926.3, 3쪽.

> 그러나 반도 40년 통치의 근본 방침은 데라우치 총독 시대에 대부분 완성된 것을 답습하였으며, 특히 문화적 방면의 사업은 완전히 데라우치 장군 자신의 커다란 포부에서 나온 계획이었다는 것을 아는 이는 적다. (중략) 통감부시대의 문화적 사업 중 세키노 박사의 고건축 조사는 데라우치 총독까지 계승되고 더 확대 강화되었다. 특히 하기노 요시유키萩野由之 박사, 시라토리 구라키치白鳥庫吉 박사 등의 조선 사적 조사도 이 기간 동안 이뤄졌고, 일본 학자가 조선에 큰 관심을 갖게 되었다. 메이지 44년(1911년-저자)부터 다이쇼 9년(1920년-저자)까지 매년 3개월 내지 6개월의 장기간에 걸쳐 이뤄진 도리이 류조鳥居龍藏 박사의 사료 조사는 지극히 주목해야 할 일이다. 이는 학무국 편수과장 오다 쇼고小田省吾씨의 발의로 교과서의 자료를 수집하는 명목 하에 시작되었는데, 조선 전도 및 간도 지방의 인류학적 선사 고고학적 조사가 이루어졌고 인체 측정 및 유적의 발굴 조사가 병행되었으며 사진 및 수집 자료는 방대한 양에 이르렀다.[3]

이와 같이 데라우치의 방침에 기반한 조선총독부의 고적조사사업이 진행되자, 점차 많은 양의 유물들이 세상에 나왔고 이를 활용한 지역별 관광산업이 발달하기 시작했다.

1912년에 일본교통공사의 조선지부가 설치되고, 경성과 조선 각지에 여행 안내소가 생겼으며, 1917년에는 남만주철도주식회사가 관광업무 위탁을 시행하면서 일본의 관광단이 본격적으로 조선에 들어왔다. 1925년에는 철도국 영업과가 관광 업무를 맡을 정도로 관광 수요가 늘어나더니, 1933년에 이르러서는 조선관광협회가 설립되었다. 경주와 부여, 평양과 같이 유명한 관광지에는 일반인뿐 아니라, 학계의 명승고적 탐사대, 학생

3 藤田亮策, 「朝鮮古文化財の保存」, 『朝鮮学報』, 第一輯, 1951.5, 251쪽.

들의 수학여행으로 북적였다. 물론 이들 관광 중에 빼놓을 수 없는 것이 바로 발굴된 유물이었다.[4]

조선에서 발굴된 유물이 세상에 알려지면서 '고적보존회', '보승회', '유적보존회'라는 이름을 가진 단체가 등장했다. 지역 유지의 찬조를 받아 조직된 이 단체는 대부분 지역 단체장이 대표를 담당하고, 기부금, 국고, 지방비 등의 보조금, 그리고 회원들의 회비로 운영되었다.[5]

이들 단체 대부분은 회칙을 만들어서 관리했는데, 회칙에 명시된 설립 목적은 대체적으로 다음과 같다. 첫째는 한반도의 역사와 문화를 조사하는 것이고, 둘째는 이것이 과연 일본과 어떤 관계성을 가지고 있는지를 증명하는 것이며, 마지막으로는 이를 보존함과 동시에 널리 알리는 것이었다.[6] 한마디로 조선총독부의 고적조사사업을 보조하는 역할인 것이다.

그렇다면 과연 조선총독부의 고적조사사업이나 고적보존회 등이 보존하고자 한 것은 어떤 것들일까.

---

4 정수진의 연구는 조선의 관광산업 발달이 문화재와 밀접한 관계가 있다는 점에 주목하고, 그러한 식민지의 풍경이 종주국과 피지배국의 위치를 드러내는 효과가 있었음을 지적한다. 정수진, 「관광과 기생-'전통예술'의 성립에 관한 일고찰-」, 『민속학연구』, 25, 국립민속박물관, 2009.12.

5 이순자, 『일제고적조사사업의 연구』, 경인문화사, 2009, 391쪽.

6 「재단법인 경주고적보존회설립취의서」, 1922, 국립중앙박물관 조선총독부 박물관 문서, A077-025-002-004 (https://www.museum.go.kr/modern-history/view.do?seq=33110&aseq=356 검색일: 2019.6.13.); 「부여고적보존회개황」, 1928. 국립중앙박물관 조선총독부박물관 문서, A062-004-008-004 (https://www.museum.go.kr/modern-history/view.do?pseq=4392&aseq=341 검색일: 2019.6.13.)

2. 조선총독부판 '문화재 보호'의 실상

앞에서 설명했듯이 한국통감부시절부터 시작되어 조선총독부가 계승하며 본격적으로 진행된 고적조사는 원래 그때까지 보호받지 못한 유적지와 유물의 산실을 막고 보존하기 위한 작업이었다. 1916년에는 '고적급유물보존규칙古蹟及遺物保存規則'이 제정되었는데, 그 의의에 대해 다음과 같이 설명하고 있다.

> 此는 日本의 古蹟遺物을 學術的으로 調査하야 國家에서 此의 保存의 責에 任함에 이르는 嚆矢로서 더구나 그 調査의 成果를 報告書에 依하야 世界에 紹介하고 全혀 埋沒된 朝鮮의 古代 文化를 發表하여 一은 學術 研究의 資料로 하며 짜라서 一은 國民 自覺에 調소코자 하고 朝鮮 統治의 文化的 시설의 가장 意義잇게 하엿다.[7]

위의 인용문에서 알 수 있듯이, '고적급유물보존규칙'은 조선 고대 문화를 홍보, 보존하는 데 있어서 "국가"의 "책임" 하에 실시할 것을 표명하기 위해 제정된 것이었다. 그런데 여기에서 또 하나 유의할 사항은 "조선 통치의 문화적 시설"로서의 "의의"가 명기되어 있다는 점이다. 다시 말하면 "조선 통치"를 하는 데 있어서 "의의"가 인정되지 않는다면, "보존"의 대상이 되지 않으며, 따라서 이는 조선에서 발굴된 모든 문화재가 보호의 대상은 아니라는 뜻이다. 특히 단군과 같이 한반도의 건국 역사와 관련된 유적은 오히려 총독부가 고적조사를 실시하는 의도와 배치되는 것이었다. 총독부의 '조선반도사' 편찬이나 '고적조사사업'의 개시가 바로 조선인들의 단군 신앙을 훼파시키기 위한 사업이었기 때문이다.[8] 당시

7 「朝鮮古蹟調査及保存沿革」, 『조선』, 조선총독부, 1931.11.1, 108쪽.

신문에도 이러한 총독부의 목적을 엿볼 수 있는 기사가 게재되어 있다.

〈古蹟保存에 對하야〉

朝鮮人이 이 짱에서 오랫동안 生活할 새 一般民衆이 崇仰하는 그 아름다운 神話 傳說의 靈場이라든지 歷史上 聖王哲人의 誕生地이라든지 그 他 精神生活에 關係가 깁흔 古蹟에 對하야서는 한층 더 保護를 加함이 可하거늘 이러한 精神的 方面에는 얼마큼 閑却하게 굴은 觀이 업슨 것이 아니다 (중략) 이번에 公布되는 古蹟保存의 法令은 保存에 對한 그 範圍와 밋 그 程度가 어썬지 아즉 알 수 업지마는 從來에 閑却된 觀이 잇든 朝鮮人의 民俗과 信仰에 關係된 모든 古蹟에 對하야 特히 保護를 더할 必要가 잇는 줄로 밋는다 이를테면 妙香山에 잇는 壇君窟과 九月山에 잇는 三聖祠가튼 것은 朝鮮人의 信仰上 聖地로서의 古蹟保存에 編入하야 함부로 無理解한 雜人의 踐踏에서 保護를 加함이 敬神 慕祖의 傳統的 民俗에 符合될 것이다[9]

〈古蹟保存의 要義〉

古蹟保存의 法令이 發布된 以來 各 都市에 잇서서는 主로 古建物을 登錄에 올려 永久의 愛護를 꾀하는 것은 그 意義가 어대 잇는 것을 알 것이다 그러나 美觀이란 한갓 有形의 美만이 아니요 無形의 美까지도 包含되어야 하겟스니 이를테면 神話傳說로 民族信仰의 標的이 되여잇는 靈場과 그 他 史上에 記念할 만한 忠孝貞烈의 遺蹟과 가튼 것은 될 수 잇는대로 注意하야 保存함을 要한다 그런데 오늘날까지

8 앞에서 설명한 바와 같이, 1916년 '반도사편찬위원회'와 1922년 '조선사편찬위원회', 그리고 1932년의 '조선사편수회'의 발족은 조선에서 수집한 자료를 기반으로 조선인의 단군 숭배심을 훼파하고, 조선인을 교화시키는 목적으로 만들어졌다. 『朝鮮史編修會事業概要』, 조선총독부 조선사편수회, 1938.

9 「古蹟保存에 對하야」, 『조선일보』, 1933.7.22, 조간 1면 1단.

> 閑却된 것은 역시 이런 精神上 重要한 方面이여서 九月山의 三聖祠와 大朴山의 壇君陵이 古蹟保存에서 除外되고 말앗다 京城에 잇서서는 五百年 首都이니만치 그 만흔 古蹟에 對하야 當局이 一一히 用意周到하게 保存을 꾀하면서도 淨業院의 古碑와 鷺梁津의 六臣墓를 除外하고 말앗다[10]

위의 인용 기사에 따르면 "조선인의 신앙 상 성지"이며 "정신상 중요한" 유적 즉 "구월산의 삼성사"와 "대박산의 단군릉"이 "고적보존에서 제외"되었음을 알 수 있다. 요컨대 조선총독부는 고적조사의 목적으로 조선의 유적·유물의 보호를 내걸었지만, 유형의 건물이나 유물에는 적극적인 조사를 실시하면서도, 단군이나 충신들의 묘와 같이 조선인의 정신적 역사적 유적은 경비 문제를 이유로 보존 대상에서 제외했던 것이다.

그러나 사실은 그나마 적극적인 조사로 '보존'된 유적이나 유물 역시 제도권 속에서 온전히 보호받지는 못했다. 이를 단적으로 보여주는 것이 다음의 두 사건이다.

1933년 조선에서는 경주박물관 관장으로 재직 중이던 모로가 히데오諸鹿央雄가 황오리, 노서리에서 발굴 작업을 하던 중 골동품상과 유물 거래를 하다가 탄로가 났고, 가택수색까지 받았다. 그 결과 장신구 등을 다량으로 소장한 사실이 드러났다. 결국 그는 징역 1년, 집행유예 3년, 벌금 오백원을 언도받았는데, 재판이 진행되는 가운데 피의자임에도 불구하고 검사의 차로 이동하는 등, 특별 대우를 받아 조선인들로부터 비판을 받았다.[11]

또한 평양박물관장 고이즈미 아키오小泉顯夫는 경주 서봉총에서 발굴

10 「古蹟保存의 要義」, 『조선일보』, 1935.6.4, 조간 1면 1단.

11 「新羅 때 珍品을 盜賣, 玉虫帳도 不知去處, 慶州博物館長 贓物押收 事件, 俗稱 慶州王의 末路」, 『동아일보』, 1933.5.3, 조간 3면 5단.

된 유물을 조선총독부에 의뢰하여 전시 목적으로 대여했는데, 전시 전에 이를 개인적인 술자리에 가져가 기생의 머리에 왕관을 씌우는 등 유흥을 즐긴 사건도 발생했다. 아래에 해당 사건의 전말을 다룬 『동아일보』 기사를 인용한다.

〈王冠의 이 末路! 無嚴悖禮의 此 亂擧〉

(전략) 서봉총의 것은 총독부박물관에 깁히 간직하여 두고 일반애게는 그 모조품(模造品)만을 진렬 참관케하는 귀중품 중에서도 다시 업는 귀중품이다 그런데 이 금관 중의 하나인 전긔 서봉총의 것이 작년 구월 중에 개최되엿든 평양박물관의 고적애호(古蹟愛護)데이에 평양박물관에 빌려갓슬 때 그곳 박물관장 소천현부(小泉顯夫)씨가 경홀히도 주석에서 발설하야 가지고 일개 긔생을 박물관에 불러다가 금관을 씨우고 부속 금장식품으로 허리에 둘르게 하고 목에 걸게한 후 사진까지 백이엇든 사실이 잇다 그후 그 가티 존엄된 금관을 일개 긔생에게 씨우고 사진까지 박이엇든 것이 불근신하엿든 것으로 알엇던지 사진 백엿든 사실을 아는 자에게는 일체 발설치 안토록 하엿든 모양이나 그후 이야기는 점점 퍼지며 최근에는 사진이 항간에까지 류포되게 되자 금관이 고고학상 귀중품이라는 점으로도 함부로 그러케 못하리라는 점도 잇거니와 아무리 고대의 유품이라 해도 왕관이어던 어찌 일개 긔생의 머리우에 을려놋는 경거를 할 수 잇스랴 하고 평양 사회 식자 간에 큰 분노를 사고 잇다[12]

12 「王冠의 이 末路! 無嚴悖禮의 此 亂擧」, 『조선일보』, 1936.6.23, 조간 2면 1단.

위의 사건은 같은 해 12월 19일까지 관련 후속 기사가 이어질 만큼 당시 사회에 큰 이슈가 되었다.

특히 앞에서 언급한 경주박물관장인 모로가 히데오와 평양박물관장 고이즈미 아키오 두 사람은 모두 총독부의 고위 관료로서, 경주와 평양의 박물관장이라는 막중한 임무를 띠고 있었다는 점을 고려할 때, 그 심각성은 물론이거니와 과연 총독부의 고적조사사업을 주도한 인물들의 인식이 어떠한 수준이었는지 의심하지 않을 수 없다. 총독부는 종래 한반도에는 "문화재를 보호하는 제도가 없었다"[13]는 이유를 들어 고적조사를 실시하고, 유물을 발굴했다. 그리고 그 유물에 대해 표면적으로는 '보호'를 내세우면서도 그 이면에서는 밀거래와 술자리의 장식품으로 전락시켰다고 해도 과언이 아닐 것이다. 조선에서 실시된 고적조사를 "종래 미개척인 채로 남겨진 반도 고대 인문 추이의 흔적을 연구하는 것에 큰 기여를 했을 뿐 아니라, 널리 동아 고고학의 발달에도 기여했다"[14]고 자부한 일본인 학자들의 기억은, 위에서 소개한 사건들을 망각한 것이며, 또한 고적조사의 실태를 은폐한 것이라 할 수 있겠다.

13 「朝鮮古蹟調査及保存沿革」, 『조선』, 조선총독부, 1931.11.1, 102쪽.

14 梅原末治, 「朝鮮の古蹟調査と其の東亜考古学への寄与」, 朝鮮文化社, 1947.1.1, 35쪽.

5장

보존과 도굴의 반복

5장

보존과 도굴의 반복

1. 유명무실한 문화재 보호 정책

한국병합 이후, 일본에 이미 정착되어 있던 학문적 기반과 성과는 자연스럽게 조선으로 이식되기 시작했다. 교육 문제만 보더라도 전근대적 교육 제도는 조선총독부의 근대적 교육기관에 밀려 명맥만을 유지하였고, 교육 또한 사회 진출에 필요한 서양식 교과목만을 인정하는 제도를 설립했으며, 이를 통해 제국이 원하는 인간상을 만들어갔다. 그리고 역사학 역시 식민지의 과거를 제국의 입장에서 규정한 것이었는데, 이는 일본의 식민지 통치를 정당화하기 위함이었다.[1]

1 정상우, 「식민지에서의 제국 일본의 역사편찬사업」, 『한국사연구』, 160, 한국사연구회, 2013.3, 144쪽.

그런데 고고학 분야만큼은 조선에서 실행된 시스템이 일본보다 앞섰다. 특히 조선총독부의 고적조사와 보존사업은 1916년 7월 '고적급유물보존규칙古蹟及遺物保存規則'을 제정해 제도적으로 관리하도록 했는데, 이는 일본에도 아직 없는 사적 보존 규칙이었다.[2] 특히 이 규칙은 다음과 같은 중요한 특징과 의미를 지니고 있다. 첫째, 식민지 종주국인 일본보다 먼저 이러한 법체계가 마련되었고, 둘째, 총독부의 정책에 동조하며, 고적조사를 '조선사' 편수를 보완하는 사업으로 인식한 구로이타 가쓰미黒板勝美에 의해 설계되었고, 셋째, 조선총독부 박물관이 그 업무를 총괄하여 일괄적으로 진행되었다는 점이다.[3] 이는 조선총독부가 조선지배를 정당화하는 데 있어서 고적조사 사업에 얼마나 큰 무게를 두고 있었는지를 방증한다.

이 고적조사 사업에 직접 참가한 후지타 료사쿠藤田亮策는 한국통감부 시절부터 경주, 경성, 개성 등지에서 진행된 각종 발굴 사업을 회고하면서, 세키노 다다시関野貞의 공적을 평가하는 한편, 이 사업에 대해서는 "당시 학계에서도 획정劃定적 대사업 중에서 이렇게 철저하게 조사사업을 계획한 적은 지금까지 일본에서도 없었다"고 하였다.[4]

해방 이후, 조선총독부의 고적조사 사업을 두고, 문화재의 가치를 모르던 식민지 조선에서 문화재를 발굴하고, 조사하며, 수리하고 보존함은 물론, 전시와 교육에 이르기까지 총괄적 보존 사업을 전개했다며 높은 평가를 하는 연구자도 있었다. 예를 들어 앞에서 언급한 후지타 료사쿠는 조

2 이성시, 「조선총독부의 고적조사와 총독부박물관」, 『미술자료』, No.87, 국립중앙박물관, 2015, 25쪽.

3 이성시, 「조선총독부의 고적조사와 총독부박물관」, 앞의 논문, 25~30쪽.

4 藤田亮策, 「朝鮮古文化財の保存」, 『朝鮮学報』, 第一輯, 朝鮮学会, 1951.5, 249쪽.

선총독부의 촉탁으로도 근무했는데, 이 사업에 대해 1951년 간행된 논문에서 다음과 같이 평가했다.

> 지금 여기 반도에서 과거 문화 연구와 보존의 실제를 떠올리며, 이 어려운 사업이 어떻게 진행되었는지를 보고해 두는 것도 장래를 위해 결코 쓸모 없는 일이 아닐 것이다. 아니, 오히려 일본이 반도를 통치한 빛나는 기념비로서, 널리 식자를 통해 세계 사람들을 이해시킴과 동시에 반도 사람들에게는 이 점만은 영구히 기억해주기를 바란다. (중략) 문화 사업을 위해 바친 긴 세월의 노력과 그 공적에 대해서는 그 누구도 한마디도 못 할 것으로 믿는다.[5]

요컨대 후지타는 조선총독부의 고적조사가 "빛나는 기념비"이며, 이 사업만큼은 그 누구도 그 어떤 비판도 할 수 없다는 확신을 가지고 있었던 것이다. 이 글이 게재된 시기가 1951년 5월인 점을 감안하면, 해방으로부터 아직 6년이 채 안 되었고 따라서 식민지 조선에서 있었던 활동을 생생하게 기억하고 있었을 시점인데, 조선총독부의 고적조사 사업에 대한 평가가 높은 것을 알 수 있다.

그리고 이렇게까지 높은 평가를 하는 것은 이 사업으로 인해 조선의 문화재가 보존되었다고 여겼기 때문일 것이다. 그 저변에는 구한말 문화재에 대해 인식이 부족했던 조선왕조를 비판하고 이를 보호하고자 한 조선총독부를 치켜세우는 논리가 존재한다.

이러한 논리는 조선총독부의 기관지 『매일신보』, 『조선총독부 시정연보』의 관련 서술에 극명하게 드러나 있다.

5　藤田亮策, 「朝鮮古文化財の保存」, 『朝鮮学報』, 第一輯, 1951.5, 246쪽.

〈古蹟保存會〉

朝鮮은 數千年 文明 古域이라. 全盛時代에는 諸般 壯麗와 諸般 奇恠가 足히 世界의 眼目을 警動홀지라. 然ᄒᆞ나 後來에 至ᄒᆞ야ᄂᆞᆫ 其 制度가 湮滅無傳홀 뿐 안이라, 遺來 古物까지 愛惜홀 줄를 不知ᄒᆞ야 至於 古塔 古佛像 等을 移去 或 愉賣ᄒᆞᄂᆞᆫ 者가 種々ᄒᆞ더니, 今에 貴族 諸氏가 此를 慨惜ᄒᆞ야 古蹟保存會를 竝立ᄒᆞ야, 各地에 遺傳ᄒᆞᆫ 古蹟을 保存ᄒᆞ기로 計劃ᄒᆞᆫ다 ᄒᆞ니, 吾人은 此 會에 對ᄒᆞ야 贊成을 不勝ᄒᆞ노라.[6]

〈고적조사〉

고적조사는 (중략) 반도 고래의 사적을 판명함과 동시에 미술, 공예, 풍속 등 각 방면에 걸쳐 귀중한 참고 자료를 확보한다. (중략) 본 사업은 상술한 바와 같이 단순히 전도의 개요 조사를 마치는 것에 지나지 않기 때문에 고적유물의 실사 미완성인 것, 더불어 매우 많은 양을 신속하고 완전하게 조사를 수행하고 이를 보전保全하는 방법을 확정하지 않는다면 점차 산일散逸 파멸되기 때문이다. 그래서 차년도에 일을 더욱 진행시키고 이에 관한 근본적 계획을 수립해 종래 부국과部局課에 분속된 본 조사사업 소관을 통일하고 새롭게 고적 및 유물의 조사보존에 관한 제도를 확립함과 동시에 조사의 범위를 확장시켜, (1) 선사유적 (2) 고분 (3) 사적 (4) 고건축물 (5) 금석 및 그 외 고고물考古物 등 5부로 나누고, 이에 더하여 고문서 조사를 지금부터 5개년을 기期하여 전 반도에 걸쳐 정밀하고 통일된 조사를 수행함으로써 반도 문화의 유적을 단명單明 보존하고 역사 예술의 연구에 편의를 제공하고자 한다.[7]

---

6 「古蹟保存會」, 『매일신보』, 1912.12.26.

7 「第百六十三節 古蹟調査」, 『朝鮮総督府 施政年報 大正4年』, 조선총독부, 1916.3, 368~370쪽.

위의 인용문을 한 마디로 요약하면 조선총독부의 유적과 유물, 즉 문화재 보호 정책이 시행되었기 때문에 조선의 문화재가 보존되었다는 것이다.

그러나 총독부의 보호정책은 유명무실했을 뿐 아니라, 총독부가 주도한 고적조사로 말미암아 '무덤을 파헤쳐 부장품을 꺼내면 돈이 된다'는 의식이 조선에 자리잡게 되었다. 이후, 돈을 필요로 하는 조선인들 중에는 고분의 위치를 알아내서 조직적으로 도굴하는 일이 많아졌고, 이들이 획득한 장신구나 토기 등은 조선 내, 혹은 일본을 비롯한 해외로 유출되기 일쑤였다.

〈신라 왕조의 고분을 도굴, 상습자가 20명 정도 있다. 단속하지 않으면 귀중품이 산일散逸된다〉

【대구】 경북 경주군의 경주지방이 유명한 신라 천년의 구도舊都라는 것은 세인이 주지하는 바인데, 최근 수년 간에 걸쳐 고분의 발굴에 의해 귀중한 출토품이 나왔다. 황금 왕관, 패도, 기타 고고학 상의 심대한 자료를 기여하고 있는 바, 요즘 불시에 절차에 맞는 인가를 받지 않고 고분을 밀굴하는 경우가 많고, 혹은 소식통이 말하는 바에 따르면 고분 밀굴의 상습자는 조선인만 해도 약 20명에 달한다고 한다. 그 출토품은 주로 알음알음 내지인의 고매자故買者를 찾아 팔아넘겨서 부당의 이익을 취한다고 한다. 최근 눈에 띄는 출토품으로는 당의 삼채三彩같은 항아리를 파내어 수천 원에 밀매한 것이 있다고 한다. 그 항아리는 그 안에 5개의 합자가 들어 있는 매우 귀중한 것인데, 그 출토품은 내지인의 고매자에 의해 대구의 호사가에게 팔렸다고 한다. 이렇듯 부정한 밀굴이 앞으로 계속 이어진다면 신라 왕조 문화의 연구 자료가 산일散逸되고 마는 바, 당국에서는 엄정한 단속을 해주길 바란다.[8]

8 「新羅王朝の古墳を密掘」, 『경성일보』, 1925.4.15. 3면 2단.

〈高八尺八寸의 石造八層塔 陽德郡東陽面에서 發見 高麗時代의 遺物〉

【平壤】陽德郡 東陽面 上石里 三六三番地 林達燁의 所有 土地에서 高八尺八寸의 石造八層塔이 最近 發見되엿는데 前記 林達燁으로부터 數日前 府內 某內地人에게 이를 賣却하려는 것을 所轄 陽德警察署員이 探聞하고 卽時 賣買를 中止식혓다는 바 同 八層塔은 自今 約 五百年 前 卽 高麗時代에 同 地域 內에 大寺院의 建物이 잇섯다는 傳說을 보아 相當히 年代가 깁픈 것만은 事實이라는 바 目下 道學務課에서 調査準備中 不遠間 本府博物館으로부터 專門家가 現場에 出場하야 詳細를 鑑定할 豫定이라 한다[9]

위와 같이 조선의 유물은 마치 총독부의 문화재 보호 정책을 비웃기라도 하듯 다발적으로 도굴되었으며 해외 반출에 노출되어 있었다. 이렇게 도굴된 유물이 해외로 반출되는 경우, 대부분의 수요층이 일본인이었기 때문에 일본으로 유출되는 경우가 많았는데, 몇 사람의 손을 거치는 동안 처음 반출되었을 당시의 상황을 알 수 없게 되는 유물도 다수 있었다. 그 중 대표적인 것이 바로 경주 불국사의 사리탑이다.

1905년 경주 불국사의 사리탑은 발굴된 당시 갑자기 사라졌다가 30여 년이 지나 도쿄에서 발견됐는데, 발견자는 공교롭게도 한반도에서 초기 고적조사를 지휘하며 이 탑을 접한 세키노 다다시였다. 그는 '와카모토 제약わかもと製薬'으로 막대한 재산을 모은 나가오 긴야長尾欽弥에게 초대받았는데 그 정원에서 우연히 사리탑을 발견하고 이를 총독부에 알렸고, 총독부는 나가오에게 '간청'해서 사리탑을 조선으로 가져오게 했다. 그리고 사리탑이 조선에 돌아오는 과정은 '기부'라는 형식으로 이루어졌다.

9 「高八尺八寸의 石造八層塔 陽德郡東陽面에서 發見 高麗時代의 遺物」, 『매일신보』, 1933.2.21, 5면 7단.

〈일본에 시집갓든, 元位置에 復建, 二十日 慶讚法會 擧行, 慶州舍利塔〉

【慶州】 경주 불국사(慶州佛國寺)의 유적(遺蹟) 가운대 가장 정교(精巧)를 다하얏다 하든 사리탑(舍利塔)이 거금 삼십년 전 어느 날 밤에 돌연이 형적을 감추운 이후 지금까지 행방이 막연하든 중 요지음 동경(東京) 실업가 장미흠미(長尾欽彌) 씨의 정원(庭園)에서 의외에 그것이 발견되엿섯는대 관야 공학박사(關野 工學博士)의 감정(鑑定)에 의하야 그것이 틀임업는 불국사의 사리탑이라는 것이 판명되자 조선총독부의 간청에 의하야 지금까지의 소유자이든 장미씨로부터 조선총독부에 기부를 승락하야 삼십 년만에 다시 경주로 도라오게 되엿다는 말은 당시에 보도로써 일반이 다 아는 바이지마는 총독부에서는 그후 곳 운반에 착수하야 무사히 경주로 옴긴 후 불국사의 원위치에 복건(復建)공사를 착수하얏든 바 금번 공사가 완료되엿슴으로 오는 구월 이십일 오전 열한 시 동사에서 사리탑의 경찬법회(慶讚法會)를 성대히 거행하게 되야 불국사 주지(住持) 정한명(鄭漢溟) 경주고적보존회장 김서규(慶州古蹟保存會長 金瑞圭) 량씨의 명의로 지방 관민 유지에게 청첩을 발송하엿다 한다[10]

불국사 사리탑을 '기부'한 나가오에게 제3대 총독인 우가키 가즈시게宇垣一成는 '감수포장紺綬褒章'을 하사했는데,[11] 감수포장은 일본 메이지 시대부터 시행한 '포장조례'로, 공익에 헌신하기 위해 자신의 재산을 바친 인물에게 수여되는 훈장이다.[12] 나가오가 사리탑을 직접 반출했다고는

---

10 「일본에 시집갓든 元位置에 復建」, 『조선일보』, 1933.9.17, 조간 3면 5단.

11 「감수포장 하사 건」, 조선총독부, 1934.5.25, 조선총독부박물관 문서, E006-005-003-001~002 (https://www.museum.go.kr/modern-history/view.do?seq=168&aseq=6# 검색일 2019.8.3.)

12 太政官布告 第63号, 일본내각부 홈페이지

볼 수 없지만, 무단으로 반출된 것이 분명한, 즉 장물을 취득한 인물에게 상을 주는 것을 보면, 1916년에 제정된 '고적급유물보존규칙'이나 1933년에 만들어진 '조선 고물 고적 명승 천연기념물 보존령'이 제대로 작동하지 않았음을 알 수 있다.

2. 문화재 보호는 지배정책의 일환

조선총독부의 문화재 '보호' 정책은 어디까지나 조선을 지배하기 위한 도구로서, 그 필요에 따라 문화재가 '보호'되기도 하고 '파손'되기도 하며 때로는 '변형'되기도 한다. 가장 대표적인 것이 성균관일 것이다.

1911년 6월, 조선총독부는 조선왕조의 기반이 되어 인재를 길러내고, 공자와 성현을 기리는 제사를 지내온 성균관을 폐지하고, 동일한 장소에 '경학원'이라는 기관을 세워 조선총독부의 통치 선전의 장으로 만들었다. 해방을 맞이할 때까지 존속된 이 기관은 조선 전역의 향교를 지휘하며 조선인 교화정책의 선두에 섰다. 또한 종래 국왕이 유생들과 강론을 펼친 경학원의 명륜당과 각 지역의 향교에도 '혼례식장'을 설치해 문화재 시설로서 보호하기는커녕 오히려 교화의 장으로 활용했다.[13]

춘천의 우두산 역시 일본이 조선을 지배하는 데 유효성을 따져 '보호'하기로 결정한 사례 중에 하나이다. 조선총독부는 춘천의 우두산을 '일선

(https://www8.cao.go.jp/shokun/shurui－juyotaisho－hosho.html 검색일 2019. 8. 3.)

13 이와 관련된 연구로는 다음의 논문들이 대표적이다. 류미나, 「전시체제기 조선총독부의 유림정책」, 『역사와 진실』, 한국역사연구회, 2007.; 「孔子廟」, 板垣竜太, 鄭智泳, 岩崎稔 編著, 『東アジアの記憶の場』, 河出書房新社, 2011. 4.

동조론'을 표상하는 유적지로 지정하고, 춘천 군수를 비롯해 각계 인사들을 동원해 신사를 세우고 문화재로 보호했다.

〈강원도, 스사노오노 미코토의 유적, 우두산 영지 정화, 신사 건립을 실행에 옮기기 위해 20여명이서 실지實地 답사〉

【춘천】 춘천군 신화면 우두산은 스사노오노 미코토素盞嗚尊의 유적이라고 예전부터 전해내려온 영지이다. 춘천에서는 이 역사적 토지를 정화하기 위해서는 소시모리曾尸茂利 신사를 건립 해야 하니, 먼저 건설실행위원회를 조직하고 동시에 동 신사 건립 취의서를 작성해 각지에 널리 배포하여 찬동을 구했다고 당시 본지가 보도한 바 있다. 지역민들이 춘천번영회장 야마나카 도모타로山中友太郎 씨를 중심으로 하루라도 이를 실현하기 위해 여러 번에 걸쳐 회합을 거듭하고 협의를 진행시킨 결과 드디어 실행에 옮기게 되었다. 곧 소규모라도 신사를 건립해야 한다는 열렬한 의견이 많았기 때문에 이번 달 27일 오전 11시부터 야마나카 번영회장 류사와龍澤 춘천군수, 가와사키川崎 춘천읍장, 도회의원 최양호崔養浩, 신태현申台鉉 양씨 및 그 외 건설실행위원 20여 명이 우두산을 직접 답사하여 신사를 건립할 위치, 신사 정면의 길 위치 등 충분한 현지 협의를 하고 오후 2시에 하산하여 춘천으로 돌아왔다. 이에 이어 알프스회관에서 본 건 수행을 위한 협의를 거듭하고 동 3시 30분 폐회했다.[14]

위의 기사는 일본 건국신화에 등장하는 신神 스사노오노 미코토가 춘천에 왔다는 전래 이야기에 기반하여, 춘천군수를 비롯하여 도의원과 읍장, 그리고 춘천번영회장이 주도해서 해당 유적지를 새롭게 조성하고 보

14 「江原道, 素盞嗚尊の遺蹟, 牛頭山の靈地浄化, 神社建立の実行に移るべく二十余名で実地踏査」, 『조선신문』, 1935.1.30, 조간 4면 5단.

호한다는 내용이다. 유적으로 지정하고 보호함으로써 전승된 이야기를 마치 '역사적 사실'처럼 만드는 효과를 노린 것이다. 특히 스사노오노 미코토는 조선총독부가 발행한 교과서 예를 들면 『중등교육 국문독본中等教育 國文讀本』 등을 통해서 한반도에 거주했다고 강조되며 '일선동조론'의 표상으로 활용되었다. 해당 부분을 아래에 인용한다.

> 유신 이전 쇄국시대에는 당, 천축 다음이 조선이라고 하며, 지옥·극락의 근처라도 되는 듯 생각했는데, 그건 옛날의 꿈이었고, 지금이야 일의대수一衣帶水의 해협을 건너면 눈앞에 다닥다닥 조선의 산들이 우리를 맞이한다. (중략) 메이지 유신 이전의 사람들은 조선을 해외라고 생각해 (중략) 조선인이 시라도 지어주면 귀신 머리라도 얻은 것처럼 명예로워하며 기뻐했다. 그만큼 조선인을 신기하게 생각했는데, 훨씬 더 이전의 고대 내지인은 지금 사람들과 마찬가지로 조선 하면 이웃 마을처럼 생각하고 아침밥 먹기 전에라도 잠깐 다녀올 듯한 모양새였다.
> 신대神代라고 하면 기원전, 지금으로부터 3,000년 전이라 문명도 발달하지 않았고, 항해도 불편한 때였다. 이 시대에 이미 아마테라스오미카미天照大神의 동생이신 스사노오노 미코토素盞嗚尊는 그의 아들 이타케루노 미코토五十猛命를 데리고 신라로 넘어가셨다. 또한 스사노오노 미코토의 아들인 오쿠니누시노 미코토大国主命는 이즈모出雲에 계시면서 건너편 해안에 사는 조선인을 불러들여 살게 하신 적도 있었다.[15]

이와 같이 스사노오노 미코토는 '일선동조론'의 단골 소재로 각광을

15 萩野由之, 「古代の朝鮮人と内地人」, 朝鮮総督府編, 『中等教育 國文讀本』, Vol.2, 94~96쪽.

받았는데, 그와 관련된 유적을 보호하는 일은 조선 학생에게 '일선동조론'을 직관하게 함으로써 '증명'할 수 있는 방법이기도 했다. 이렇게 스사노오노 미코토의 한반도 거주설은 춘천의 다양한 유적 보호를 통해 더욱 더 사실화됐고, 학생들은 물론 일반인들에게도 좋은 관광지로 활용되었다.

스사노오노 미코토에 버금가는 단골 소재로는 '임나국'이 있다. 임나일본부 역시 총독부의 교과서에 관련 전승을 실어 교육할 정도로 중요한 소재였으며, 이와 관련된 지역은 문화재 보호의 대상이 되었다. 『보통학교 국사普通學校 國史』를 보면 신공황후神功皇后가 신라, 백제, 고구려를 정벌하는 과정이 그려져 있으며, 임나는 이미 야마토 조정을 따르고 있었다고 서술되어 있다.

> 주아이仲哀 천황의 황후를 신공황후라 한다. (중략) 황후는 구마소熊襲가 자주 저항하는 것은 신라를 믿고 있기 때문이니, 먼저 신라를 따르게 하면 구마소는 자연히 평정될 것으로 생각하셨다. 신라는 바다 건너 규슈를 마주보고 있는 나라인데, 이때 세력이 매우 컸다. 황후는 다케우치노 스쿠네武內宿禰와 의논하여 친히 군사를 일으켜 신라를 토벌하셨다. (중략) 백제와 신라 사이에는 임나국이 있었다. 그리하여 (일본-저자) 조정은 일찍이 임나를 따르게 했는데, 백제나 신라와의 사이에서도 긴밀하게 왕래가 있었다. (중략) 드디어 황후는 군사를 이끌고 대마도에 건너가셔서 신라로 진격하셨다. 군함은 바다 곳곳에서 그 위세가 대단했기 때문에 신라왕은 매우 두려워하여, 즉시 항복하고 결코 매년 공물 바치는 일을 소홀히 하지 않겠다고 맹세했다. 드디어 황후는 개선하셨는데, 그 후 백제 고구려 두 나라도 조정을 따르게 되었다.[16]

이러한 교과서 내용은 조선에 있는 유적의 발굴 및 관리를 통해 '역사적 사실성'을 더해 갔다. 조선총독부 내무부장은 경상북도 고령군에 임나국의 흔적이 있다는 이유로 고령군을 유적지로 관리했는데, 단순히 임나국의 '역사'를 기리는 데서 끝나지 않고, 신라왕에 저항한 임나국의 '쓰기노 이키나調伊企難'[17]를 '충신의열'로 칭송하고, 조선인 교화를 위한 자료로 활용했다.

> 〈任那國日本府遺跡에 標識을 建立計劃, 송본 내무부장이 사실 알고 주선, 忠臣義烈을 紹介코저〉
>
> 【大邱】 경상북도 고령군 고령 읍내(高靈郡高靈邑內) 보통학교 운동장은 옛날 임나국(任那國)의 일본부(日本府)가 잇섯든 곳으로 현재 고령읍내를 감도는 회천(會川)은 신라왕(新羅王)의 군세에 『쓰기노이기나』(調伊企難) 三부자가 유린을 하다 못하고 결국 참수(斬首)되여 장열한 죽엄을 한 고적인데 그에 대한 이야기는 소학교 보통학교의 국정교과서에까지 편입되여 널니 아동에게 충신의열(忠臣義烈)의 표본으로 그 의도를 가르키고 잇는 바이나 그 역사적이 엄연한 내선일체(內鮮一體)의 사실도 지금에는 단순이 일부 전문가의 지식박게는 되지 못하야 패ㅅ말(標識) 하나 박혀 잇지 안을 뿐만 안이라 특히 대구부로서도 하등의 대중적 시설을 보지 못하야 여간 유감되게 생각하지 안튼 중 송본 내무부장(松本內務部長)이 거번 경주(慶州)를 시찰할 째 우연히 이 사실을 알게 되여 대구의 도시적 발전과 시국에 대응하야 내선일체(內鮮一體) 충신의열(忠臣義烈)의 유적을 널니 천하에 소개하는 동시에 고적보존의 취지하에 이 『이기나』의 터(跡)와 임나(任那)의 고적에 패ㅅ말을 박고 대구역의 명소안내(名所案內)에도 게재할 것을 간담 요망하게 되엿다고 한다

16 「신공황후」, 조선총독부, 『보통학교 국사』, 권1, 1937, 19~23쪽.

17 고대에 신라를 정벌한 무장.

다시 일부 유력자 간에는 이것을 기회로 『이기나』의 비(碑)를 소학교 보통학교 아동의 일전거금(一錢據金)으로 건설할 의견이 대두되여 벌서부터 준비는 시작되엿다고 한다.[18]

〈제막식을 앞두고, 유적 부근을 발굴, 본부에서 아리미쓰有光 기수 도착, 당일은 도 간부, 유지 출석〉

【대구】 내선일체의 사실史實을 말해주는 임나의 유적. 고령고적보존회에서는 이미 보도한 바와 같이, 오는 17일 오전 10시부터 금린錦林 소학교에서 임나 대가야국 성지 및 쓰기노 이키나調伊企儺 순절비의 제막식을 성대하게 거행하는데, 이에 앞서 본부의 아리미쓰有光 기수가 11일 대구로 들어와 13일 동지에 가서 실지 답사를 행하고 왕릉부근의 발굴을 시작했는데, 이 발굴은 내선일체의 귀중한 자료 및 문헌적 유물을 발굴하는 것이 목적으로, 제막식 전에 각 방면으로부터 큰 주목을 받고 있다. 또한 17일 제막식에는 도청의 각 간부를 비롯하여 부내의 유지, 신문기자단 등 약 50명이 참석할 예정이다.[19]

위 인용 기사에서도 명확히 나와 있듯이, 조선의 문화재 특히 일본역사와 관련 있는 유적지는 "내선일체의 귀중한 자료"라는 이용 가치를 기준으로 보호할지의 여부가 판단되었고, 여기에는 통치권력은 물론, 각 지방의 관료 및 유지들이 함께 동원되었음을 알 수 있다.

18 「任那國日本府 遺跡에 標識을 建立 計劃」, 『매일신보』, 1937.10.23, 4면 6단.

19 「除幕式を前に, 遺蹟付近を発掘, 本府より有光技手来道, 当日は道幹部有志出席」, 『부산일보』, 1939.6.15, 석간 4면 5단.

6장

해방 이후의 문화재 보호 인식

6장

해방 이후의 문화재 보호 인식

1. 급조된 '조선문화 창출'과 문화재 보호 인식

해방 직후 한반도는 '새로운 조선'을 만들기 위해 각계각층에서 활발한 움직임을 보였다. 식민지 지배에서 벗어나 새로운 '조선문화'를 만들어야 한다는 움직임들은 각종 문화단체와 연구회, 연맹을 조직시켰다.

미군정에서도 조선의 사회적 분위기를 파악해 문화 관련 정책을 다수 내놓았다. 먼저 1945년 12월 3일에는 "우리 강산의 고대 미술 보존"을 위해 박물관을 개관하고, '특별지령 21호'를 제정하여 미술품 보호와 고적 보존물 이동을 금지시켰다.[1] 개관 다음 날에는 아놀드A.V.Arnold 군정장

1 「博物館을 公開, 寶物 保存합시다」, 『동아일보』, 1945.12.3.

관이 박물관장인 김재원과 함께 관람하면서, 조선의 예술품을 "찬탄 찬탄"하며, "조선의 새로운 문화 창건에 바탕이 되는 고미술 유적의 보존과 그 진가 현양에 앞으로 많은 조선사람의 노력이 필요하다"는 당부를 했다.[2]

또한 1946년 4월 25일에는 "동방문화사의 찬연한 빛을 낸" 조선의 전통을 정리하고 보존, 연구할 목적으로 "민족문화의 전당"인 민족박물관이 개관되었고,[3] 이를 위해 "문화재 애호 주간"이 발표되었다. 그중 1946년 4월 22일부터 마련된 "국보 고적애호주간"은 "우리 겨레의 정신적 바탕이 되는 전래 문화재인 국보 천연기념물 고적명승지를 우리 손으로 애호하자"는 취지에서 열린 것으로, 일반인은 물론, 학생에 이르기까지 각 명승지를 청소하면서 "고적 보물 애호의 취지를 철저히 하는" 등의 활동을 했는데, 이는 조선총독부가 시행한 고적보호 운동과 동일한 동원 방식이었다.

같은 시기에 북한에서도 '보물, 고적, 명승, 천연기념물 보존령'이 등장했다.[4] 북한은 1946년 4월 29일, 임시인민위원회 위원장인 김일성과 서기장인 서양욱이 주도해 이 법령을 만들었다. "역사의 증징 또는 미술의 모범이 될 만한 영구 보존할 필요가 있는 것"을 문화재로 정의하고, 바로 당일 시행 규칙을 제정해 '인민위원회 교육국'에 시행 수속을 마친 것이다. 이후 1948년 조선민주주의인민공화국이 만들어지기까지 고적 보존 수리와 발굴 승인, 물질문화유물보존에 관한 각종 법령의 제정과 함께

2 「國立博物館 今日부터 公開」, 『동아일보』, 1945.12.4.

3 「民族文化의 殿堂」, 『동아일보』, 1946.4.26.

4 '보물, 고적, 명승, 천연기념물 보존령', 1949.4.29. 이 법은 공식적 법령체계로서는 북한 최초의 법령이란 평가를 받았다. 남궁승태, 「남북 통일을 대비한 문화재보호법제에 관한 연구」, 『문화정책논총』, Vol.14, 2002.12, 201쪽.

동년 11월 1일에는 '조선물질문화유물조사보존위원회에 관한 결정서(내각결정 제58호)' 및 규정이 등장했다.[5] 이 규정으로 건설공장에서 유물을 발견했을 때 어떻게 취급해야 하는지, 또한 문화유적을 어떻게 관리해야 하는지 그 가이드라인이 정해졌고, 북한 당국 주도로 문화재 보호가 이루어졌다.

북한 역시 이 시기까지는 조선총독부의 규정과 유사한 방법으로 문화재를 보호했다. 북한은 자신들이 조선왕조를 계승한 '정통성' 있는 정부임을 표방하기 위해 '이조 회화 전람회'를 개최하고[6] '국립중앙해방투쟁박물관'을 건립하는 등 조선 인민의 투쟁 역사를 가시화하는 한편, 김일성의 항일운동을 스토리텔링하여 우상화시켰다. 이러한 활동과 문화재 보호 규정은 1962년이 되어서야 '문화재보호법'을 제정한 한국보다 훨씬 이른 시기에 제도화된 것이다.

미군정이 실시한 문화재 보호 정책을 좀 더 살펴보면, 1946년 1월부터는 '보물 고적 명승 천연기념물 보존위원회'를 설치해 운영하는 방식을 사용했는데, 이는 과거 조선총독부의 법령을 그대로 답습한 것이었다. 특히 한국 내에 문화재 관련 전문가가 부재했기 때문에 조선총독부박물관의 직원이었던 아리미쓰 교이치有光教一를 잔류시켜 박물관 행정을 위한 교육을 담당케 했다.

아리미쓰 교이치는 1931년 9월, 조선총독부의 고적조사 촉탁을 맡게 되어 조선에 왔다. 교토제국대학 출신의 고고학 전공자인 그는 스승이자 조선총독부 고적조사위원인 하마다 고사쿠浜田耕作의 추천으로 조선총독부 촉탁으로 선발됐는데, 이후 일본이 패망한 지 6개월 후인 1946년에

5 남보라・서순복, 「북한의 문화유산 보존 관련 법제의 변천과 내용 분석」, 『법학논총』, 제21집, 제3호, 조선대학교 법학연구원, 2014, 194쪽.

6 「開城博物館에서 李朝繪畵展覽會 開催」, 『동아일보』, 1948.10.17.

일본으로 돌아갔다. 그 사이 조선총독부 고적조사와 조선총독부박물관 경영, 그리고 한국국립박물관 개설에 관여하면서 해방 후 한국의 박물관 운영 체계에 큰 도움을 주었다. 특히 그는 해방 후 국립박물관의 관장으로 임명된 김재원金載元과 매우 친밀했는데, 이들의 교류는 아리미쓰가 일본으로 돌아간 이후에도 이어졌다.[7]

아리미쓰는 일본이 패망한 직후, 조선총독부박물관 업무의 인수인계를 받으러 온 김재원과 면담하고 그 내용을 기록해 놓았는데, 이 기록에는 조선총독부의 박물관 및 문화재에 대한 운영 관리가 어떠했는지 상술되어 있다. 가장 큰 문제는 박물관이나 문화재를 적절하게 다룰 수 있는 조선인이 단 한 명도 없었다는 점이다. 아리미쓰는 김재원을 처음으로 만난 자리에서 조선총독부박물관을 넘겨주며 6개 소항의 주의사항 및 약속을 요구하였는데, 그중에서 세 번째와 네 번째를 소개하고자 한다.

> 3) 그런데 조선총독부 박물관에는 고고학이나 미술사가 전문인 조선인 관원이 한 명도 없다. 따라서 일본인 관원이 떠나간 후에는 전문직 관원이 제로가 된다. 이것은 박물관으로서 중대한 문제이다.
>
> 4) 그래서 우리 일본인 관원이 이 박물관을 떠날 때까지 그 사이에, 지금까지 박물관이 운영된 방법과 고적조사사업의 경과를 조선인 전문가에게 보고해 둘 필요가 있다. 일단, 그 조선인 전문가로

7 김재원은 독일에서 고고학을 전공한 인물이다. 해방 후 '건국준비위원회'의 일원으로 활동하면서 미군정의 요청에 따라 조선총독부박물관을 담당하게 되었다. 이어 초대 한국국립박물관장에 임명된다. 김재원과 아리미쓰와의 교류에 대해서는 본고에서 다루고 있지 않으나, 오랫동안 학문적 교류를 하며 매우 친밀한 관계였음을 여러 기록을 통해 알 수 있다. 그중 하나가 有光教一, 「私の朝鮮考古学」(『朝鮮学事始め』, 青丘文化社, 1997)이다.

서 김재원씨 본인이 직접 담당하도록 한다.[8]

아리미쓰의 활동 외에는 해방 공간에서 문화재 보호를 위한 정책은 기대하기 어려웠다. 물론 구황실의 재산이나 문화재 보호를 위해 1945년 11월 8일, '구왕궁사무청'을 설립하여 과거 이왕직이 담당했던 황실의 재산을 관리하게 했지만,[9] 거의 유명무실했기 때문에 문화재 보존 상황은 파악조차 힘들다.

더욱이 조선 문화재에 대해 미군정은 전혀 전문성이 없었고, 우후죽순처럼 생겨난 정치단체의 난립으로 인해 사회는 매우 혼란했으며, 경제 역시 어려웠기 때문에 문화재는 시급한 문제로 여겨지지 않았다.

한국인들 사이에서도 문화재 보호에 대한 인식을 거의 찾아보기 어려울 정도여서, 특히 경복궁의 근정전, 숭례문 등 목조 건축 고적의 보존 상태에 대해서는 다음과 같은 개탄이 나올 정도였다.

〈崩壞直前의 朝鮮古蹟 우리의 손으로 協力保存하자!〉

서울 동대문(東大門)이 이번 장마에 허무러 졌다는 것은 이미 보도한 바이거니와 이 기회에 국내 건축고적의 상태를 살펴서 보면 서울을 비롯하여 전국 각 지방에 있는 귀중한 유적들은 전부가 오래 동안

---

8 有光教一, 「私の朝鮮考古学」, 『朝鮮学事始め』, 青丘文化社, 1997, 189~190쪽. (이 자료는 박환무 선생님의 도움으로 입수하였다. 이 자리를 빌어 박환무 선생님께 깊은 감사를 드린다.) 본 인용문, 그리고 아리미쓰와 김재원의 만남에 대해서는 선행연구를 통해 보고한 바 있다. 류미나, 「일본의 문화재 '반환'으로 본 식민지 지배의 '잔상', 그리고 '청산'의 허상」, 『일본역사연구』, 제32집, 한국일본사학회, 2010.12.

9 「李王職의名稱 變更」, 법령 제26호, 韓國法制硏究會編, 『美軍政法令總覽』, 한국법제연구회, 1971년, 144쪽.

아무도 돌아보는 사람 없이 퇴락하여 붕괴직전에 임하여 있다 한다. (중략) 지방은 둘째로 제쳐놓고라도 현재 서울 시내만도 크고 적은 것을 합하여 四十여 군데 건축 고적이 있는데 전부가 어떻게 할 수 없이 퇴락하였을 뿐 아니라 그 중에도 이조시대(李朝時代) 목조건축의 대표적 유물인 경복궁 근정전(勤政殿)과 남대문(南大門)까지 지붕으로 물이 스미어 만일 이대로 내버려두면 十년 안에 조선의 목조건축 고적은 전부가 자최도 없이 사라질 우려가 있다 한다. (후략)[10]

위의 문화재가 "사라질 우려"를 토로한 기사 바로 뒤에는, 그 "보존"의 필요성을 호소하는 관계자의 담화가 게재되어 있다.

〈遺趾保存 協力要望 建築家 金元龍氏談〉

대문이 문허졌다 하여 한다름에 비를 마지며 달려가 보니 행인들은 모다 자기와 아무런 관계도 없는 이웃집이나 문허진 것처럼 무심한 태도들이었습니다. 어떠한 민족이던지 고유의 전통을 상실하는 날은 즉 멸망에 대한 첫 발족이니 조선문화의 앞날을 위하여 허무러저 가는 고적을 만난을 제외하며 보존하도록 하여야 될 것입니다.[11]

식민지 지배에서 벗어난 지 얼마 안 되는 상황에서 경제적인 문제가 산적한 가운데 유적지나 문화재 수리에 눈을 돌리기 어려운 것은 당연한 일일 것이다. 동대문이 무너져도 "자기와 아무런 관계도 없는 이웃집이 무너진 것처럼 무심한 태도"를 보인 조선사회는 "민족" "고유의 전통을 상실"할까봐 우려하는 관계자의 안타까움과 대조를 이루고 있다.

10 「崩壞直前의 朝鮮古蹟 우리의 손으로 協力保存하자!」, 『경향신문』, 1947.7.12, 2면.

11 「遺趾保存 協力要望 建築家 金元龍氏談」, 『경향신문』, 1947.7.12, 2면.

그러한 가운데 나타난 '진단학회'의 문화재 반환 운동은 눈여겨볼 만한 것이었다. 원래 진단학회는 1934년에 발족한 단체로 주로 역사학이나 고고학 연구자들이 모였는데, 이들 대부분이 일본에서 공부하거나 혹은 조선총독부의 근대적 교육을 받은 인물들이었다. 1942년 진단학회에 대한 탄압이 본격화되자, 진단학회는 활동을 임시적으로 중단했고, 해방을 맞았다.

미군정청은 해방 전부터 근대식 교육을 받은 인물로 구성된 진단학회에 교육 업무를 맡겼다.[12] 진단학회는 미군정청과의 관계에 힘입어 일본에 반출된 도서와 보물 반환을 요구했는데, 이는 해방 직후부터 매달 15일에 모여 준비해 온 성과물이었다.[13]

해방 직후부터 진단학회는 일본에서 약탈한 도서의 반환은 물론,[14] 임진왜란 때부터 일본에 빼앗긴 문화재,[15] 그리고 양산부부총 유물과 삼국유사 원본, 조선판 불경서 등 수백 권의 고서 목록을 만들어서 미군정청을 통해 일본의 맥아더 사령부에 반환을 요구했다. 이후 맥아더 사령부로부터 반환할 조사보고서를 제출하라는 연락을 받았고, 이에 제1차 조사보고서를 제출했다.

맥아더의 호의적인 연락은 진단학회를 고무시켰다. 그러나 이후 맥아더 측에서는 아무런 움직임도 보이지 않았고, 반환 요구는 별다른 성과 없이 종료되어 버렸다. 그러나 진단학회의 활동을 통해 만든 목록은, 이

12 「진단학회 50년 일지」, 『진단학보』, 57, 1984.6, 250쪽.

13 『한일협정 외교문서 문화재 자료집』, 문화재청, 2005, 99쪽.

14 「속간사(續刊辭)一九四五年一一月」, 『진단학보』, 15호, 진단학회, 1947.5, 裏表紙.

15 「倭土에서 韜光幾年 還國令 바든 槿域文化 壬亂 以後, 日人이 奪去한 佛像, 書畫 其他 寶物 맥 元帥가 推尋해 가라고 軍政廳에 命令」, 『동아일보』, 1945.12.27.

후 1948년에 한국정부가 구왕실재산을 파악하는 데 일조했을 뿐만 아니라, 1951년 10월에는 '구 왕실재산목록에 관한 조사', 같은 달 24일에 외무부 장관을 통해 구 왕실의 재산을 약탈했다는 보고서를 정부에 제출하는 데 역할을 했다.[16]

2. 구황실의 재산에서 국민의 재산으로[17]

조선왕조가 소유한 재산에 대해 민중들이 어떠한 의식을 가지고 있었는지 그를 알 수 있는 자료는 매우 적다. 구한말 관보에 적힌 몇 가지 기사에, "백성들이 왕실 시조인 사공공司空公의 묘지 주위에 몰래 묘를 쓴다"[18]는 식의 우려가 있는 것으로 보아, 조선왕조 소유 재산에 대한 보호의식이 강하다고는 할 수 없다.

이러한 경향은 해방 직후에도 달라지지 않아, 미군정은 '구왕궁사무소'라는 기구를 설립해, 조선총독부의 이왕직이 관리했던 대한제국 황실의 재산을 담당하게 했지만,[19] 도난과 방화, 사기 등으로 인해 구황실 재산은

16 국민대학교 일본학연구소, 『한일회담 외교문서 해제집 I』, 동북아역사재단, 2008. 5, 60쪽.

17 조선왕실의 재산 문제를 다룬 논문은 다수 존재한다. 그중에서 저자가 주목한 연구는 김종수의 「구황실재산 관리제도에 대한 연구—구황실재산의 문화재관리체계 편입 관련—」(『문화재』, Vol. 53, No. 1, 국립문화재연구소, 2020. 3.)이다. 다른 논고가 대부분 식민지시기의 왕실 재산에 관해 분석한 것이라면, 김종수의 연구는 갑오개혁부터 해방 이후까지 조선왕실의 재산이 어떠한 방식으로 변화했는지 시계열적으로 고찰하고, 왕실재산이 어떠한 과정으로 문화재가 됐는지를 분석한 중요한 연구이다.

18 『관보』, 광무 2년 10월 24일.

19 미군정법령 제26호, 1945년 11월 8일.

소실되어 갔다.[20]

이승만정권에서 '구황실재산'과 관련해 국회 안건으로 채택한 것은 총 3회로, 제2대국회 제15회 제43차 국회본회의(1953년 3월 31일), 제2대국회 제15회 제62차 국회본회의(1953년 4월 28일), 제2대국회 제15회 제77차 국회본회의(1953년 5월 30일)이다. 이 시기 구황실 재산의 운용 상황을 보면, 왕실 재산의 매각 및 대여료 등은 국세로 취급됐고, 구황족의 생계비, 재산의 관리처분비, 일시차입금 등은 국세로 지출하도록 정해졌다.[21] 그리고 구황실 재산 관리는 '구황실재산관리위원회'가 담당하게 하고, 1955년에는 이를 '구황실재산사무총국舊皇室財產事務總局'(이하 사무총국)으로 승격시켜 문제를 해결해 보려고 했지만,[22] 기구의 활동 자체가 유명무실하고 허술한 관리로 인해 도난과 화재, 그리고 남모를 매각이 이루어졌다.

또한 정부에서도 문화재 관리에 대한 인식이 부족해 문화재의 수량조차 파악하지 못했으며,[23] 때로는 숭례문과 동대문에 국회의원 선거 벽보를 걸거나,[24] 문화재의 수리와 보존에 들어가는 경비를 제공하지 않는 사례가 속출했다. 서울 시내의 고궁은 오물로 뒤덮혀 횟가루로 마무리하는 것이 예사였고,[25] "정부 수립 후 1955년까지 한 번도 수리받은 적이 없다"고 하소연하는 박물관도 나왔다.[26] 심지어 사무총국 직원들이 빈번

20 「耳目끄는 舊王宮 財產」, 『경향신문』, 1949.2.20.

21 「구황실재산 처리문제」, 제2대국회 제15회 제43차 국회본회의, 1953년 3월 31일.

22 대통령령 제1035호, 1955년 6월 8일.

23 「우리 文化財 國內外에 수두룩 燦! 半萬年의 民族遺產」, 『경향신문』, 1955. 1.25.

24 「選擧에 古宮도 한몫」, 『동아일보』, 1956.5.3.

25 「國寶冒瀆」, 『동아일보』, 1957.12.1.

26 「버림받는 百濟의 遺物 扶餘博物館 補修 안해 倉庫서 하품」, 『동아일보』,

히 도난사건을 일으켰으며,[27] 사무총국의 국장이 황실재산을 함부로 임대하거나 미술품을 내다 파는 일도 다반사였다.[28]

이러한 사실들이 보도되고 사회적 문제로 대두되자, 사무총국에서는 이를 무마하기 위해 증거 인멸을 위한 방화까지 저지르는데, 1960년 6월에는 창덕궁 내에 불이 나 왕실 재산의 대장 및 지적도 등이 모두 소실되었다.[29] 정부가 이를 계기로 전국의 문화재 실태를 다시 조사한 결과, 어린아이들이 놀이를 위해 성곽의 기왓장을 마음대로 훼손할 정도로 관리가 소홀했음이 드러났다.[30] 4·19혁명의 혼란으로 정치가 몰락하고 치안이 불안했다고는 하지만, 이 정도로 왕실재산 관리가 소홀했음이 드러났고, 이는 문화재 관리의 실태를 되돌아보게 하는 계기가 되었다.

박정희정권 아래에서는 총 6회에 걸쳐 국회에서 구황실재산에 관한 논의가 이루어졌다. 모두 제5대 국회에서 이루어졌는데, 그중에 주목할 것은 2번째 열린 제66회 제53차 상임위원회의 회의 내용이다.

이 회의에서 국토의 0.34%가 황실재산이라는 사실이 공유되었고, 이를 구황족에게 양도할 것인지가 이슈화되었다. 비록 이 회의에서는 아무것도 정해지지 않았으나, 현재적 법률로 따진다면, 구황족에게 황실재산이 양도될 수도 있다는 것이 밝혀졌다. 또한 현재는 구황실 재산으로 생계비를 지불하고 있지만 이 역시 중단시킬 수 있음이 드러났다.[31] 이 논의가 끝나고 며칠이 지나지 않은 같은 해 10월 2일, 양도의 한도를 정하고,

---

1959.5.10.

27 「舊王宮 博物舘 陳列品 盜難」, 『동아일보』, 1959.3.14.

28 「엉망진창인 舊皇室財產 管理」, 『동아일보』, 1959.10.29.

29 「昌德宮內 큰 불」, 『경향신문』, 1960.6.6.

30 「各處의 國寶·寺刹保存에 SOS 境內에 無許 建物」, 『동아일보』, 1960.8.7.

31 제5대국회 제66회 제53차 상임위원회 1961년 9월 29일.

구황실 재산 처리의 주무관청을 문교부에서 재무부로 옮기기로 결정되었다.[32] 그리고 회의 석상에서는 국내에 거주하는 4명에게만 생계비를 지불하고 있고, 일본에 거주하고 있던 영친왕에게는 이조차도 지불하고 있지 않다는 보고가 있었다.

흥미로운 것은 그 후에 열린 제55차와 제56차 상임위원회이다. 제55차 회의에서는 구황실의 재산을 황족에게 어느 정도 양여할 것인가, 그리고 양여할 때 구황족이라는 용어를 계속 사용할 것인가의 여부가 논의되었다.[33] 제56차 회의에서는 과연 구황족의 범위를 어디까지로 정할 것인지에 대한 문제, 이국異國 즉 미국에 거주하고 있는 황족의 경우에는, 왕세자이기 때문에 생활비를 지불하는 것인지 아니면 생활 능력이 없어서인지를 묻는 질문이 이어졌다.[34] 그 가운데 손창규 의원은 "이조 500년의 역사를 통해 우리 민족의 피해가 많았다"며, 외국에 있는 황족에게까지 생활비를 지불하는 것에 불만을 드러내기도 했다.

위와 같은 과정을 통해 논의된 구황실재산 문제는 제66회 제23차 상임위원회가 열린 1962년 3월 28일에 마지막으로 '구황실재산법 중 개정법률안'이 통과되면서 구황실 재산은 완전하게 국유화되었다. 그리고 이 과정에서 생계유지가 필요한 구황족의 범위는 '1. 악선제 윤씨(純宗의 夫人), 2. 삼축당 금씨(高宗의 夫人), 3. 광화당 리씨(高宗의 夫人), 4. 사동궁 금씨(李堈의 夫人), 5. 리은과 그 배우자'로 정해졌고, 구황실이 설립한 교육기관이 유지경영 상 재원이 필요한 때에는 황실 재산 중 을종재산에서 그 교육기관에 양여할 수 있게 되었다.[35]

---

32 제5대국회 제66회 제54차 상임위원회 1961년 10월 2일.

33 제5대국회 제66회 제55차 상임위원회 1961년 10월 4일.

34 제5대국회 제66회 제56차 상임위원회 1961년 10월 5일.

35 구황실재산법 (시행 1961년 10월 17일, 일부 개정 법률 제748호), 국가법령정

구황실재산법 (시행 1963. 2. 9, 법률 제1265호)

구황실재산법은 이를 폐지한다.

제1조 (시행일) 이 법은 공포한 날로부터 시행한다.

제2조 (폐지법률 및 경과규정)

① 구황실재산법은 이를 폐지하고, 동법에 규정된 재산에 대하여는 다음에 의하여 조치한다.

1. 영구보존재산으로 지정된 재산은 이를 국유문화재로 한다.
2. 기타재산 중 갑종재산은 국유재산법에 의한 행정재산으로 한다.
3. 기타재산 중 을종재산은 국유재산법에 의한 보통재산으로 하고, 그 중 잡종재산에 해당하는 것은 국유재산법 제20조와 국공유재산처리임시특례법 제3조의 규정에 불구하고 문교부장관이 처분하여 그 대금을 문화재관리특별회계에 전입한다.

   다만, 국공유재산처리임시특례법을 적용함에 있어서 동법 제4조 중 재무부장관이라 함은 문교부장관으로, 동법 중 지방관재국장이라 함은 문화재관리국장으로, 동법 중 본법이라 함은 이 문화재보호법으로 한다.

② 전항의 규정에 의하여 잡종재산을 처분함에 있어서 특히 필요하다고 인정할 때에는 구황실의 기부행위로 설립된 재단법인 숙명학원, 재단법인 진명학원과 재단법인 양정학원에 그 재산의 일부를 양여할 수 있다.

③ 전항의 규정에 의하여 재산을 양여하는 경우에는 그 재산의 종류 및 한도 등에 관하여는 문교부장관이 재무부장관과 협의한 후 각의의 의결을 거쳐 행하여야 한다.[36]

보센터.

36 구황실재산법 (시행 1963년 2월 9일, 법률 제1265호), 국가법령정보센터.

위의 구황실 재산의 처리와 국유화 과정은 1962년 1월 10일에 제정된 '문화재보호법'과 관련이 깊다. 그것은 구황실 재산을 국유화하면서 문교부의 주도로 재산 처리가 이뤄졌고, 이렇게 처리된 구황실 재산을 재원으로 하여 전국에 열악한 상태에 놓여 있는 문화재를 수리하고 보존했기 때문이다.[37] 더욱이 박정희정권은, 군사 쿠데타 전까지 구황실 재산 및 문화재 관리가 허술했음을 지적하며 그 관리 소홀과 부패를 청산하겠다는 의지의 상징으로서 '문화재보호법'을 제정하였고, 이를 정권에 유익한 선전도구로 활용했다. 그리고 당시 국민적 관심을 끌고 있었던 한일회담 역시 문화재를 보호한다는 취지를 잘 보여줄 수 있는 매개가 되었다.

37 「舊皇室財產林野 등 팔아=文化財補修키로」, 『경향신문』, 1962.11.6.

7장

문화재 반환과 한일관계

7장

문화재 반환과 한일관계

1. 한국정부의 문화재 반환 협상의 초기 과정

한일 간의 문화재 반환 협상은 한일회담의 한국 측 협상 관계자인 김용식 공사가 본회담 직전인 1952년 1월 9일에 일본의 지바 히로시千葉皓 참사관을 방문한 때부터 시작되었다. 이때 김용식 공사는 지바 참사관에게 "일본과 한국 간의 분위기를 좋게 하기 위한" 방법으로 문화재 반환을 제시한다.[1]

당시 일본은 김용식 공사의 제안을 가볍게 받아들였다. 회담 분위기를 좋게 하기 위한 일본의 선물 공략은 이전에도 있었고, 김용식의 제안 역시 회담 분위기를 호전시키려는 취지에서 언급된 것이라서 일본 측은 이

1 일본 외교문서 396 : 「(極秘) 金公使との会談要旨」, 1952.1.9.

제안을 고려하겠다고 답했다.

그런데 제1차 한일회담(1952년 2월 15일~4월 25일)이 개최되자, 한국 측은 '재산 및 청구권 문화위원회' 제1차 회의에서 '한일 간 재산청구권 협정 요강'을 재차 제출했다.[2] 거기에는 한국에서 반출된 고서적, 미술품, 골동품, 그 외 국보, 지도원판 및 지금地金, 지은地銀을 반환한다는 내용이 명시되어 있었고, 1952년 2월 23일, 제2차 청구권위원회가 열린 자리에서는 "국보"를 "문화적 정치적인 의미"에서 한국에 반환해 주기를 요청했는데, 이때 한국 측은 유출된 문화재를 "부자연한 즉 탈취 혹은 한국의 의사에 반하여 가져간 것"으로 규정했다.[3]

일본 측은 본회담이 개최되기 전에 한국 측의 조언을 듣고 문화재 반환을 수용했지만, 그것은 어디까지나 회담 분위기를 호전시키기 위한 것이었을 뿐, 청구권과는 무관하다고 판단했었기 때문에 한국 측의 요구에 당황했다. 더욱이 식민지 지배의 정당성을 주장하고 있던 일본으로서는 일본에 반출된 문화재가 "부자연한 즉 탈취 혹은 한국의 의사에 반하여 가져간 것"이라는 규정에 반발했다.

그러나 김용식 공사가 지바 참사관과 나눈 대화는 일본 측 자료에만 있을 뿐, 한국 측에는 아무런 기록이 남아있지 않다. 현재까지 한국정부가 공개한 외교문서에 한해서 볼 때, 지바 참사관의 발언을 한국 측 문서에서는 확인할 수 없기 때문에, 어느 쪽의 주장이 옳은지 알 수 없다.

제2차 한일회담도 별 성과 없이 끝나고 한일 양측은 제3차 한일회담을 맞게 되는데, 이 자리에서 그 유명한 '구보타久保田 망언' 사태가 발생한다.

---

2 「제1차 한일회담 재산 및 청구권 분과위원회 제1차 회의」, 1952.2.20.

3 「제2차 청구권위원회」, 1952.2.23.

1953년 10월 15일, 제3차 한일회담이 개최되고 제2회 청구권 회의가 진행됐을 때, 문화재 반환 논의가 본격화되었다. 이미 지난 제2차 한일회담 당시 한국 측은 '한국 국보, 역사적 기념물, 한국 지도 원판, 원도 및 해도'의 반환을 요구하며 목록을 제시하였는데, 이 자리는 그에 대한 일본의 답변을 듣는 자리였다.

일본은 그동안 한국 측의 목록을 검토했지만, 식민지시기에 조선에서 발굴된 문화재는 원산지에 그대로 두고 왔기 때문에 일본으로 불법 반출했다는 것은 전혀 사실 무근이라고 답변했다. 그리고 국제법상 불법 반출이 아닌 경우, '반환'의 의무도 없다고 덧붙였다. 이에 한국 측의 유태하 참사관은 다음과 같이 발언했다.

> 우리 집은 이른바 고택이라서 보물이 많았는데, 어릴 때 총독부 중추원이 한국의 보물을 조사, 연구한다며 경찰을 통해 전부 제출하게 했다. 우리 집만이 아니라 우리 고향의 고택은 모두 제출하라고 요구받았다. 그 후에 반환해 줄 것을 진정했지만 조사 중이라는 답변만 돌아왔다. 결국 종전 후에 여러 방면으로 알아봤지만, 그 행방은 전혀 알 수가 없었다. 이것은 우리 집의 경험이지만, 이것말고도 경찰이나 관리는 보물을 그냥 가져간다. 제2차 회담 직전에, 이름은 이야기하지 않겠지만 외무성 모 고관이 보물 그 외의 것은 한국에 반환하면 어떻겠냐는 이야기를 했다. 구보타 대표는 전문가의 이야기라고 하면서 한국에 두고 가자는 방침이 있었고 일본에 반출되지 않았다고 하지만, 예를 들어 제국호텔 매점 같은 곳에서 어릴 때 본 것 같은 보물을 팔고 있는 것을 보고 옛 생각이 났다. 이런 일은 여기 앉아계신 분들은 도저히 생각하지도 못할 이야기겠죠. (후략)[4]

---

4 일본 외교문서 2 : 「国交正常化の記録 総説」 回顧録等, 「久保田貫一郎, 「第2

유태하 참사관의 경험담이 시사하는 바는 크다.

앞서 제3장에서 언급했듯이, 조선총독부의 중추원이 중심이 되어 지방 문중의 서적 및 자료를 수집했다는 사실은 이미 확인된 바이다. 경찰을 동원해 지방 문중을 방문하고 이를 "빌리는" 형식으로 중추원이 가져갔지만, 결국 반환하지 않아 불만이 많았다는 총독부 기록과도 일치한다.[5]

한국 측의 반발이 거세지자 수석 대표였던 구보타는, 일본 측에서 조사한 결과 조선에서 발굴된 것은 모두 조선총독부박물관에 소장돼 있다는 말을 반복했다. 그러자 한국 측의 홍진기가 "제1차 회담 때부터 한국 측은 이 문제를 일본에 말할 때 '약탈해 갔다'는 표현을 일부러 사용하지 않았고, 일본 역시 양국의 친선을 위해 청구권과는 별도로 문화재 반환 문제를 고려하고 있기 때문에, 한국 측 표현을 묵인하지 않았느냐"고 되물으면서, "여전히 일본이 반출한 것이 전혀 없고, 반환 의무가 없다는 식으로 나온다면, 지금까지와는 입장을 바꿔 이 문제를 청구권 문제로 올릴 것이며 그럴 경우 36년 간 일본에서 지배했던 실정 상 입수 경로 등의 입증책임을 일본이 져야 한다"고 주장했다.[6]

이에 구보타가 국보 문제는 "법률문제를 떠나서 한국의 독립을 축하하는 견지에서 일본정부가 적당한 것을 드린다"고 했으나, 유태하 참사관이 "적당한 것은 소용이 없다"고 대답 하며 분위기가 다시 험악해졌다. 그러자 홍진기가 "오늘 제출한 리스트의 고전(문학)에는 춘향전, 심청전 원본 같은 1류가 있는데, 한국에서는 매우 귀중한 것"이라며 반환을 요구하자, 구보타는 "일본정부가 복사해서 주게 될지도 모르겠다"는 응답을 했다.

・3次日韓会談の回顧」, 1970.2, 46~47쪽.

5 『제2회 조선사편찬위원회 회의록』, 1923.6.12, 중추원 회의실.

6 일본 외교문서 2 : 「国交正常化の記録 総説」, 앞의 문서, 46~49쪽.

이에 이임도 한국은행 외국부장이 "그걸 반대로 하면 어떠냐"고 하니, 구보타가 개인 소장품은 예산이 필요하다고 하며, 회담을 마쳤다.[7]

제3차 한일회담은 문화재 반환을 둘러싼 양국의 입장을 명확히 보여준 회담이라 할 수 있다. 첫째, 한국 측의 불법 반출 문화재를 반환하라는 요구에 대해 '불법은 없었고, 반환의 의무도 없다'는 일본 측의 주장이 처음으로 드러난 회담이었다. 불법적인 반출이 아니기 때문에 한국에 문화재를 반환하는 것 역시 "독립을 축하하는 의미"에서 진행되는 것일 뿐, 부당한 반출을 했기 때문이 아니라는 논리가 만들어진 것이다.

둘째, 일본 측은 샌프란시스코 강화조약으로 인해, 일본인이 한반도에 두고 온 재산을 몰수당하는 것에 대해 불만이 컸기 때문에, 한국과의 교섭에서도 일본만 양보할 수 없다는 의식이 강했다.[8] 특히 구보타는 36년간의 식민지 통치에 대해 배상을 요구하는 한국 측 주장을 "예상도 못한 일"[9]이라고 비판한 인물로, 1953년 6월 21일 외무성 상부에 한일회담을 결렬시키자고 제안할 정도로 한일회담에 회의적이었다. 그는 비록 한국과 국교를 맺지 못하더라도 미국을 통해 값싼 일본 제품을 얼마든지 한국에 팔 수 있고, 한국과의 교류도 가능하다고 믿었다.[10] 다만, 일본에 거주 중인 조선인들의 '강제 송환'이 어렵기는 하겠지만, 그것은 외교로 해결될 수 있기 때문에 굳이 한국과의 대화를 이어갈 필요가 없다고 판단했다. 결국 구보타는 1953년 10월 15일, "일본의 식민지 통치가 조선에는

7 일본 외교문서 2 : 「国交正常化の記録　総説」, 앞의 문서, 52~53쪽.

8 일본 외교문서 2 : 「国交正常化の記録　総説」, 앞의 문서, 60~75쪽.

9 일본 외교문서 2 : 「国交正常化の記録　総説」, 앞의 문서, 20쪽.

10 일본 외교문서 2 : 「国交正常化の記録　総説」, 앞의 문서, 30쪽. 이 문서에는 구보타가 제안한 '일한회담무기휴회안(사안)日韓會談無期休會案(私案)'이 들어 있는데, 이는 1953년 6월 21일에 외무성에 제출된 문서이다.

은혜였다"는 망언을 했고, 회담은 4년 동안 결렬되었다.

이러한 과정을 보면, 한국이 일본의 식민지 지배를 청산하기 위해 참석한 것과는 달리, 일본은 미국과의 관계를 의식하면서, 아시아 여러 나라와 국교정상화를 하는 과정에서 한국과도 협정을 체결한다는 매우 단순한 인식에서 한일회담에 나선 것임을 알 수 있다. 그렇기 때문에 일본은 식민지 지배로 인해 부당하게 반출된 한반도의 문화재를 돌려달라는 한국의 주장을 처음부터 이해할 수 없었고, 조선 지배를 부당하다고 생각조차 하지 않았다고 할 수 있다.

다만, 제3차 한일회담에서 명백한 것은, 문화재 반환 문제는 한일회담 초기부터 청구권 항목에서 빠져 있었으며, 별도의 정치적 교섭이나 '독립축하금'이라는 명목으로 진행되었다는 것이다. 이상의 선개를 볼 때, 일본정부가 현재도 1965년 한일협정으로 청구권이 '완전하고 최종적으로' 해결되었다고 주장하고 있지만 청구권에 문화재 반환 문제를 포함시켜야 할지의 여부는 재고할 필요가 있다고 하겠다.[11]

2. 떠밀려 개최된 한일회담

한일회담은 한일 양국이 적극적으로 원해서 개최된 회담이 아니라, 어디까지나 미국의 아시아 전략과 미소 냉전이라는 당면과제의 해결책으로 던져진 사안에 불과했다. 한국전쟁 중이었던 한국, 그리고 일본은 양국 모두 미처 화해의 준비도 없이 미국이 만들어준 국교정상화란 목표 아래

11 이러한 주장은 저자보다 '한국 · 조선문화재반환연락회의'의 이양수 선생님이 국외소재문화재재단에서 주최한 '한일 간 문화재 반환 전문가 회의' 석상에서 먼저 발언한 바가 있다(2017년 4월 21일).

서 만났다. 더욱이 한국 측은 식민지 지배에 대한 청산과 보상을 기대했지만, 일본 측은 처음부터 재조일본인의 재산 확보를 목표로 회담에 임했기 때문에 양국 대화는 처음부터 쉽지 않았다. 이런 상황은 당시 회담에 참석한 자들이 남긴 기록을 통해서도 쉽게 접할 수 있다. 제1차 한일회담의 일본 측 수석대표인 마쓰모토 슌이치松本俊一의 회상록에는 한일회담을 앞둔 일본 측의 분위기가 기록돼 있는데, 그 내용을 보면, 한일 양국의 첫 만남이 얼마나 동상이몽의 자리였는가를 알 수 있다.

> 이렇게 저렇게 하고 있는데, 재산청구권 문제를 담당했던 대표 오노 가쓰미大野勝巳군이 '평화조약 제4조 b항의 재한일본재산에 관한 규정은 이해가 안 된다. 아무리 봐도 깔끔하게 납득이 가지 않으니 먼저 이것을 부정해 버리면 어떻겠는가'라고 했지. (중략) 사유재산을 몰수하는 것은 국제법 위반이고 미국이 조선에서 일본 재산을 접수하는 것도 이상하고... 나는 지금도 이상하다고 생각해. '이걸 부정해 버리자'는 말을 듣고 그렇게 제안을 해서 한국 측 콧대를 꺾어 버리게 됐지. 이것이 (회담) 결렬의 원인이 됐어. 내 기억으로는 양대사가 내가 한 말 중에 제일 화가 난 것이 '당신은 그렇게 말하지만 평화조약의 청구권, 그건 남조선만의 것이지. 앞으로 한국은 북한과 함께 할 거잖소. 북의 재산은 어쩌란 말이요.'라고 했을 때였어. 북의 재산이 한국의 관할 하에 있는 것이 아니니까, 이건 그쪽(한국)도 뭐라 할 수 없거든. (중략) 난 교섭을 어떻게 하든 이어가려고 했는데, 대일평화조약의 발효가 다가올 때, 요시다 총리가 '당신은 영국으로 가 있으시오'라고 돌연 말했지. 나는 깜짝 놀라서 '일한교섭은 어떻게 하고요?'라고 하니까, '이승만이 이상한 이야기[12]를 하니까 관둬버리게. 당신이 영국에 가 있으시오'라고 해서

12 요시다가 말하는 '이승만의 이상한 이야기'는 1952년 1월 18일 이승만 대통

'그럼 회담은 일단 중단하죠'라고 해서 그렇게 된 거지. 총리도 그때 화가 나서 '한국과의 교섭은 일본이 독립하고 나서 하지 않으면 안 되겠다'고 하셨어. 그 사이 미국이 이렇다 할 만한 간섭을 한 건 없었지. 오히려 시볼트 대사같은 경우, 한국의 태도를 용납할 수 없다고 했지.[13]

요컨대, 한일회담을 맞이하는 일본 측의 입장은, 샌프란시스코 강화조약 4조의 b항, 즉 "일본은 제2조와 제3조에 언급된 지역에 있는 일본과 일본국민 재산에 대해 미군정청 지침이나 이에 준해서 제정된 처분권의 적법성을 인정한다"는 조문을 부정하는 것이었다. 그리고 이에 반발하는 한국 측에 대해 요시다 총리는 "일본의 독립", 즉 GHQ로부터의 독립과 국제사회로의 복귀 이후에 회담을 하는 편이 유리하다고 판단했다는 것이다. 그렇기 때문에 회담의 결렬을 그리 큰 문제로 여기지 않았다.

일본이 한국과의 대화를 그리 달가워하지 않았다는 것은 제2차, 그리고 제3차 한일회담의 일본 측 수석대표였던 구보타 간이치로久保田貫一郎의 회상록에도 등장한다.

일본 측은 솔직히 일한교섭은 제1차 회담만으로 질려있었다. 그러나 평화조약이 발효되고 여러나라와 국교를 회복하는 중이었기 때문에, 될 수 있으면 한국과 간단한 조약을 맺고, 청구권과 같은 어려운 문제는 뒤로 돌려서 대표부를 교환해 외교를 시작하고 싶었지.[14]

령의 '대한민국 인접해양의 주권에 대한 대통령 선언', 즉 '이승만라인'으로 추정된다.

13 일본 외교문서 1 : 「国交正常化の記録 総説」 回顧録等, 「松本俊一」, 「第1次日韓会談当時の回顧」(1969.11), 8~12쪽.

14 일본 외교문서 2 : 「国交正常化の記録 総説」, 앞의 문서, 3쪽.

이상의 내용에서도 알 수 있듯이, 한일회담은 한일 양국의 과거사를 청산하고 새로운 관계를 구축하기 위해서가 아니라, 미국의 과제였던 '한일 국교정상화'를 위해 시작된 것이었다. 따라서 양국은 대화의 준비조차 제대로 하지 못한 채 한일회담 자리에 앉게 되었다. 구보타가 담당한 수석대표 자리는 제3차 한일회담 시기인 1953년 10월까지였는데, 이때도 일본정부는 회담에 대한 절실함이 전혀 없었다.[15]

이렇게 출발한 한일회담이었기 때문에 식민지 통치 하에 일본으로 반출된 한반도의 문화재를 반환하라는 한국 측의 주장은, 일본 측 입장에서 보면 처음부터 수용이 불가능한 요구였던 것이다.

한국이 일본을 상대로 식민지 통치에 대한 배상을 요구하려는 움직임은 '대일배상청구조서'를 작성하면서 시작됐지만, 구체화하기까지는 시간이 걸렸고, 미흡한 준비로 인해 그 과정도 여러 번 시행착오를 겪어야 했다.

1949년 2월, 한국 기획처 기획국에서는 '대일배상청구위원회'를 조직했는데, 한일회담 중 법률고문으로 활약한 유진오는 이 위원회에서 배상목록을 작성하는 역할을 담당했다. 다음에 인용하는 유지오의 회상문에는 그 과정에 대한 언급이 있다.

> 이순택 기획처장과 나는(유진오 – 저자) 48년 가을, 대일배상청구조서를 작성키로 여러 차례 논의했다. (중략) 당시 법무부 장관 이인(李仁)씨가 국장회의 때마다 각 국장들에게 숙제를 내어 건국에 긴요한 사업 구상을 건의하도록 하여 이 중에서 적절한 것을 이승만 대통령

15 구보타는 회담을 진행하면서 힘들었던 부분 중 하나가 회담에 열의가 없는 일본 당국의 태도라고 회상하고 있다. 일본 외교문서 2 :「国交正常化の記録総説」, 앞의 문서, 6쪽.

> 에게 다시 건의하곤 했다. 이러한 건의의 하나로서 내가 제안한 것이 '대일강화회의준비위원회'의 설치안이었다. 즉, 대한민국이 일본으로부터 독립한 것이니 한일 간의 문제, 즉 한일합병조약・배상・재일(在日)교포・귀속재산 등의 처리를 건의할 자료를 수집, 기타의 준비를 하는 위원회를 두고 그 사무국을 나의 조사국에 두자는 안이었다. (중략) 이 대통령은 점령군 최고 사령관(SCAP) 맥아더 원수가 8・15 건국일에 와서 귀속재산은 한국 것이라고 공개적으로 선포했고, 한미조약(재산협정)도 있으니 이것을 가지고 일본과 가타부타할 것이 없다고 귀속재산 부분에 관해서는 배척했다. 이 대통령은 그러나 배상은 청구할 준비를 하되 공개적으로 할 것이 아니라 기밀히 하라, 위원회는 법무부에 둘 것이 아니라 기획처에 두라는 하명을 했다.[16]

위의 인용문에서 유진오는 한국정부가 대일배상을 위해 자료 수집을 단행했고, 원래는 법무부에서 준비하려고 했지만, 이승만 대통령의 명령으로 기획처에서 "기밀"하게 준비되었다고 토로하고 있다. 왜 기밀하게 준비해야 하는지에 대해서 구체적인 설명은 없지만, 배상 관련 조사를 공개적으로 할 경우에 일본 측의 대응이나 미국 측의 불필요한 간섭이 발생할 수 있음을 염두에 둔 방책이었다고 생각된다.

1949년 3월 15일, 드디어 '대일배상요구조서'가 완성되었다. 이 조서에는 지금地金, 지은地銀, 서적・미술품 및 골동품, 선박, 지도 원판 등에 관한 요구 목록이 기재되어 있는데,[17] 이 목록은 1949년 3월 1일에 조사된 내용으로 채워졌다.[18] 즉 한국정부는 일본에 배상 요구를 한 초기부터

16 유진오, 『한일회담 제1차 회담을 회고하면서』, 외무부 외교안보연구원, 1993, 11~12쪽.

17 유진오, 『한일회담 제1차 회담을 회고하면서』, 앞의 글, 14쪽.

문화재 관련 사안을 포함시킨 것이다. 그리고 반환의 대상이 되는 시기를 "한국병합시기부터 8·15해방 때까지"로 정했지만, 그 이후라도 일본인이 계속 "실권을 장악한 시일 중의 피해를 포함한 것"이면 반환 대상으로 규정했다.[19]

이 목록에는 임진왜란 당시 조선에서 반출된 도서의 소장처가 기록되어 있으며, 이 서적의 반환을 요구해야 한다고 주장하고 있는데,[20] 한국정부는 이러한 요구의 목적을 "일본인의 손에 잃어버렸던 문화를 도로 찾아 새로운 조선 문화를 건설하기 위함"[21]이라고 명기했다.

그런데 한국의 '대일청구권' 요구는 처음부터 쉽지 않았다. 가장 큰 걸림돌은 일본이 패전했을 당시, 한국이 일본의 대전국對戰國이 아닌 식민지였으므로 전쟁을 통해 재산을 약탈당한 것이 아니라는 해석이었다. 예를 들어 1951년 9월, 한일회담 개최 직전에 보고된 '유진오 일본출장보고서'에서는 앞으로 진행될 한국 측의 청구권과 문화재 반환 교섭에 있어서 한국 측 반환 요구의 '법적 근거'가 약할 수 있다는 점을 지적하고 있다.[22]

---

18 이 조서는 총 2권으로 제작되었다. 제1권은 1949년 3월, 그리고 제2권은 동년 9월에 제작되었다.

19 대한민국정부, 『대일배상요구조서 제1부 현물, 반환 요구 설명서』, 16쪽.

20 이 조서에 기록된 소장처는 다음과 같다. 1) 도쿄시 궁내성 도서릉, 2) 도쿄시(나고야시의 오류-저자) 호사蓬左문고, 3) 도쿄시 제국도서관, 4) 도쿄시 마에다前田후작가侯爵家 손케이카쿠尊經閣문고, 5) 도쿄시 도쿠토미 이이치로德富猪一郎 세키도成簣堂문고, 6) 도쿄시 도쿠가와德川 후작가侯爵家, 7) 미토水戸시 쇼코칸彰考館 문고, 8) 하기萩시 도슌지洞春寺, 9) 와카야마和歌山시 사범학교, 10) 내각문고. 이들 소장처는 주로 도쿠가와와 에도시대의 대명大名 모리 데루모토毛利輝元 집안의 도서관, 그리고 '경성일보사'의 감독인 도쿠토미 이이치로의 문고 등이다.

21 대한민국정부, 『대일배상요구조서 제1부 현물, 반환 요구 설명서』, 13쪽.

22 청구권 교섭 상 법적 근거가 약하다는 점은 이미 장박진이 『식민지 관계 청산은 왜 이루어질 수 없었는가』(논형, 2009, 271쪽)에서 지적하고 있으나,

미국의 대일 초기 정책 및 극동이사회의 '대일 기본적 방침'에는 일본은 식별할 수 있는 모든 약탈재산을 즉시 반환할 것이 규정되어 있다. 제2차 대전 중 한국은 일본의 지배 하에 있었으므로 이 규정은 엄격히 말하면 한국에는 그대로 적용되지 아니한다 할 것이다. 그러나 조정을 요하는 한일 간의 관계는 반드시 제2차 대전 기간 중에 발생된 문제에 국한되어야 할 아무런 근거도 없는 것이므로 약탈재산 반환의 문제는 한국의 경우에는 적어도 일청전쟁 시까지 소급해서 올라가야 할 것이다. 중국에 대해서는 이번 강화조약은 일청전쟁의 결말까지 소급해서 시정하라 하고 있다. (중략) 임진왜란 시에 탈거(奪去)한 서화, 귀중품 등은 반환을 요구할 근거가 있다 해도 시간이 너무 오래 되어 좀 이상한 감이 있다. 그러므로 이러한 종류의 문화적 재보(財寶)의 반환에 관해서는 한일 양국 간의 문화존중의 정신 하에 이런 종류의 재보를 상호 반환하는 협약이 체결되기를 희망한다.[23]

다시 말해, 유진오는 당시 미국 및 극동이사회(극동위원회－저자)[24]의 대일방침, 즉 제2차 세계대전 중 일본이 취한 모든 약탈재산을 즉시 반환하라는 규정이 식민지 지배 아래에 있었던 한국에는 적용될 수 없을 것이라고 우려한 것이다.[25] 그러나 그는 한일 간의 문제를 꼭 이 규정에 맞출

저자는 이러한 선행연구를 기반으로 유진오가 제시한 반환시기에 초점을 맞춰 다른 각도에서 이 문제를 논하려고 한다.

23 「주일대표부 유진오 법률고문의 일본출장보고서」, 1951.9.10.

24 극동위원회란 패전한 일본을 관리하기 위해 연합국이 설치한 정책기관을 말한다.

25 유진오의 보고서에 극동위원회의 '대일정책'에 관한 국제법적 근거는 제시되어 있지 않다. 다만, 한일회담 문서 중 '대일 강화조약에 관한 기본태도와 그 법적 근거'를 정리한 자료집에 의하면, 1945년 9월 22일자 '항복 후 미국 초기의 대일 방침'에 따라 "약탈한 재산은 약탈품인 것이 판명되는 한, 그

필요도 없고, 오히려 청일전쟁까지 소급해야 한다고 역설하고 있다.

저자가 주목하는 것은 유진오가 일본이 약탈해갔다고 보는 시기를 '청일전쟁'까지 소급해야 한다고 주장한 부분이다. 비록 위의 보고서에는 그 이유가 구체적으로 언급되어 있지 않지만, 아마도 청일전쟁 당시에는 한국이 일본의 식민지가 아니었기 때문에 이때 일본에 약탈당한 재산은 반환받을 수 있다고 판단한 것으로 보인다.[26]

그런데 유진오의 보고서가 제출된 지 1개월 후에 열린 한일회담에서 한국 측은 문화재 반환 문제를 "정치적으로 해결"하겠다고 일본에 제의했다. 다음은 1952년 2월 23일, 일본 외무성에서 열린 '제2차 청구권 위원회'에서 나온 한국 측 발언이다.

> 제1항[27]의 반환요구에 대해서는 평화조약 제4조에 의하여 요구하겠

일절을 완전히 그리고 즉시 반환해야 한다"고 되어 있다. 이 문서는 1945년 9월 6일, 미국 트루먼 대통령이 승인한 것이다. 동 문서는 1945년 9월 22일, SCAPIN 제39호, 「연합국과 우호관계에 있는 제국 및 그 국민의 재산 보호에 관한 각서」를 정리하고 있다. 유진오의 '대일 정책' 기본 인식은 이 내용에 의거한 것으로 보인다. 「대일강화조약에 관한 기본태도와 그 법적 근거」, 1950.10, 주일대표부 대일강화조사위원회.

26 한국이 일본의 대전국이 아니기 때문에 오히려 청일전쟁까지 소급해서 청구권을 요구해야 한다는 유진오의 판단에는 과연 법률 전문가다운 명석함이 드러나 있다. 유진오에 대한 평가는, 근래 한일회담에 참가한 지식인 관료의 역할에 대한 논의가 진행되며 새로운 시각이 등장하였는데, 대표적인 연구로 김영미의 연구가 있다. 김영미, 「초기 한일회담에서 지식인 관료의 역할과 정체성」, 『진단학보』, 2010.6, 163쪽.

27 여기서 말하는 제1항은 '대일 8항목요구' 중 제1항을 의미한다. 각 항별 내용은 다음과 같다. 제1항은 한국으로부터 가져간 고서적, 미술품, 골동품, 기타 국보, 지도원판 및 지금地金과 지은地銀. 제2항은 1945년 8월 9일 현재, 일본 정부의 대 조선총독부 채무의 변제. 제3항은 1945년 8월 9일 이후 한국으로부터 이체 또는 송금된 금원金員의 반환. 제4항은 1945년 8월 9일 현재 한국에

으되,[28] 이는 법적으로보다 정치적으로 해결되기를 바란다. 법적으로 '기본정책 배상요강'에 의해 반환해달라는 것은 아니나 종전 후 일본은 이 원칙에 의해 각국에 많은 재산을 반환하였다고 들었으니, 과거 일본이 우리나라에서 탈취한 국보 및 문화재를 일본 측이 이에 대해 행한 바와 같이 한국에 대해서도 반환해 주기 바란다.[29]

본사 또는 주된 사무소가 있는 법인의 재일 재산 반환. 제5항은 한국법인 또는 한국 자연인의 일본국 또는 일본 국민에 대한 일본 국채·공채, 일본은행권, 피징용 한인 미수금 기타 청구권의 변제. 제6항은 한국법인 또는 한국자연인 소유의 일본법인의 주식 또는 기타 증권의 법적 인정. 제7항은 전기 제 재산 또는 청구권에서 발생한 제 과실의 반환. 제8항은 전기 반환 및 결제는 협정 성립 후 즉시 개시해 늦어도 6개월 이내로 종료.

28 여기서 말하는 평화조약이란 1951년에 체결된 '샌프란시스코 강화조약'을 의미한다. 제4조의 내용은 다음과 같다. (a)이 조항의 (b)의 규정에 따라, 일본의 부동산 및 제2조에 언급한 지역의 일본 국민들의 부동산의 처분 문제와 현재 그 지역들을 통치하고 있는 당국자들과 그곳의 (법인을 비롯한) 주민들에 대한 (채무를 비롯한) 그들의 청구권들, 그리고 그러한 당국자들과 주민들의 부동산의 처분과 일본과 그 국민들에 대한 그러한 당국자들과 주민들의 채무를 비롯한 청구권들의 처분은 일본과 그 당국자들 간에 특별한 협의의 대상이 된다. 그리고 일본에 있는 그 당국이나 그 거류민의 재산의 처분과 일본과 일본국민을 상대로 하는 그 당국과 거류민의 청구권(부채를 포함한)의 처분은 일본과 그 당국 간의 별도 협정의 주제가 될 것이다. 제2조에서 언급된 지역에서의 어떤 연합국이나 그 국민의 재산은 현재까지 반환되지 않았다면, 현존하는 그 상태로 행정당국에 의해 반환될 것이다. (b)일본의 제2조와 제3조에 언급된 지역에 있는 일본과 일본국민 재산에 대해 미군정청 지침이나 이에 준해서 제정된 처분권의 적법성을 인정한다. (c)본 조약에 의해서 일본의 지배에서 벗어난 지역과 일본을 연결하는 일본 소유의 해저케이블은 균등하게 분할될 것이다. 일본은 일본 측 터미널과 그에 접하는 절반의 케이블을 갖고, 분리된 지역은 나머지 케이블과 터미널 시설을 갖는다. (여기서 말하는 제2조와 제3조에 해당하는 사항은 '한국의 독립을 인정하는 것이며, 또한 지역은 제주도, 거문도, 울릉도'이다.)

29 「제2차 청구권 위원회 경과보고의 건」, 한일대표 제2827호.

한국 측의 "정치적으로 해결"하자는 제안은 일본이 반환해야 할 약탈 재산의 법적 근거가 평화조약 제4조이지만, 앞서 소개한 바와 같이 한국이 일본의 대전국이 아니었다는 이유로 이 규정에 해당되지 못할 경우, 정치적으로 해결하고자 한 것으로 보인다. 이것은 앞에서 인용한 유진오의 의견과 동일하다.[30]

한편 이 시기에 일본은 양국 교섭에 대해 매우 미온적이었다. 외무성의 이러한 태도는 일본이 한국 측 제안 내용을 파악하지 못했고, 어떻게 대응을 해야할지 그 계획을 세우기가 어려웠기 때문으로 보인다. 다음은 일본 측이 한국과 청구권 교섭을 진행한 뒤 외무성에 보고한 내용이다.

> 최초 본건에 대해서는 신뢰할 수 있는 정보가 적어 한국 측 태도의 예상이 어려웠기 때문에 문제점의 이론적 검토와 참고 자료의 정비에 힘을 다함과 동시에 대강적大綱的 대처 요강을 준비했고, 그 방침에 따라 먼저 한국에 제안을 시켜 한국 측 요구의 전모를 제시하게 했으며, 또한 용어 해석을 중심으로 형식적 질문을 해 한국 측 제안의 세목 및 논거를 명백하게 밝히게 하고, 나아가 그러한 가운데 우리 측 생각 및 대책을 한국 측이 알지 못하게 주의를 했다.[31]

위의 인용문에는 일본 측 역시 한국 측의 제안에 대한 정보가 없어서 한국 측에 단순한 용어 및 형식적 질문 등을 던져 시간을 확보하려 한 당시의 상황이 명시되어 있다. 한국 측 자료에 의하면, 이러한 일본 측의

30 한국 측의 정치적 해결 방침이 유진오의 보고서와 어느 정도 관련을 갖고 있는지에 대해서는 더욱 정밀한 분석이 필요하나, 그 분석에 필요한 적합한 자료를 아직 찾지 못했다. 여기서는 다만 그의 연관성만을 언급한 후, 향후의 연구 과제로 남기고자 한다.

31 일본 외교 문서 2035 : 「日韓会談､財産､請求権問題交渉の経緯」.

태도는 1개월 이상 계속됐고, 이로 인해 한국 측이 초조해했던 것을 알 수 있다.[32]

그런데 이렇게 교섭을 이어가는 과정에서, 문화재 반환과 관련하여 한국 측이 제시한 '정치적 해결' 제안은 매우 흥미롭다. 위에서 인용한 것처럼 일본은 한국 측의 제안에 촉각을 곤두세우고 있던 상황이었다. 그런 일본의 입장에서 보면, 한국 측이 약탈재산에 관해 '정치적 해결'을 제안한 것은 매우 의외였을 것이다. 그렇다면 한국 측은 왜 문화재 문제를 '정치적'으로 해결하고자 했을까. 그것은 한일회담을 준비한 한국 측 상황을 살펴봄으로써 그 실마리를 찾을 수 있다.

32 일본의 이러한 태도는 1951년 10월에 개최된 예비회담에서도 동일하게 나타난다. 제4차 회의가 진행되는 동안 일본 측은 한국 측의 제안에 대해 그 자리에서 즉시 답변하지 않으며, 회담 자체를 1952년 봄으로 연기할 것을 제안했다. 「한일회 제2호」, 1951.10.31.; 「한일대 제2555호」, 1951.11.9.

8장

문화재 없는 문화재 반환 협상

8장

문화재 없는 문화재 반환 협상

1. 목록도 없이 시작한 협상

문화재 반환 교섭이 한일회담의 이슈로 본격적으로 등장한 것은 1952년이었으나,[1] 한국이 이를 준비한 것은 1951년 10월 '재일 구왕궁 재산조사' 시기부터였다.

1951년 10월 24일, 변영태卞榮泰 외무부장관 앞으로 발송된 보고서에는 "본 위원회(구왕궁 재산 조사 위원회)로서는 미온한 조사재료가 전무

1 이 시기 한일회담의 문화재 반환 교섭에 대해서는 '박훈, 「한일회담 문화재 '반환' 교섭의 전개과정과 쟁점」, 『외교문서 공개와 한일회담의 재조명2－의제로 본 한일회담』, 선인, 2020, 360쪽; 류미나, 「'한일회담 외교문서'로 본 한일간 문화재 반환 교섭」, 『일본역사연구』, 2009, 123쪽.'을 참조하기 바란다.

하여 조사 불능이옵기에 이에 회보함"[2]이라는 문언이 기록되어 있다. 그리고 이는 다음 달인 11월 5일, 양유찬梁裕燦 주일대사에게 전달되었다.[3] 비록 '재일 구왕궁 재산'이 '문화재'의 전부는 아니지만, 위 보고서의 시기를 볼 때, 한일회담의 예비회담이 시작된 1951년 10월 현재, 한국 측은 반환을 요구할 문화재를 완전히 파악하지 못한 상태였음을 알 수 있다.

한국 측의 이러한 상황은 본회담이 시작된 1952년 2월에도 여전히 지속된다. 예를 들어 앞에서도 소개한 바와 같이, 한국 측은 1952년 2월 23일 '제2차 청구권 위원회'에서 일본에 '탈취한 국보 및 문화재'의 반환을 요구했다. 이에 대해 일본은 '구체적 자료를 제시해 달라'는 말과 함께 역으로 반환목록을 요구했다. 이때 한국 측은 다음과 같이 답변했다.

> 물론 자세한 리스트를 갖고 있으되 구체적인 토의에 들어가기 전에 우리 측(한국 측 - 저자)의 기본적 입장에 대한 일본의 태도의 개진이 있어야 할 것이다.[4]

한국 측은 "자세한 리스트"를 가지고 있다면서도 그것을 제시하지 않았고, 오히려 "일본의 태도의 개진"을 요구했다. 이러한 한국 측의 대답에 일본은 만족하지 않았고, 목록을 제출하라고 요구하며 한국이 반환 대상으로 삼는 시기가 언제부터 언제까지냐고 누차 물었다.

이에 대해 한국 측은 "수치에 대해서는 상호 발견하는 식으로 양측이

2 「재일 구왕궁 재산조사 회보의 건」, 1951.10.24.

3 「외무 제1197호 재일 구왕재산 조사 회보의 건」, 1951.11.5.

4 「한일대표 제2827호 제2차 청구권 위원회 경과보고의 건」, 1952.2.29. 본 건의 제안은 사료에 따라 제출 일자가 다르다. 본 사료에는 2월 23일 제의했다고 나와 있지만, 「한일 간 청구권에 관한 기본 요강」에는 이 내용이 1952년 2월 21일에 제출된 것으로 기록되어 있다.

갖고 있는 자료를 제출하자"는 제안을 하고는, "약탈 문화재"에 해당하는 시기에 대해서는 "의식적으로 대상 시기를 명시하지 않은 것"이라고 설명했다. 그리고 그 이유는 "한일 간 친선 관계를 촉진시키기 위해서"이며, "과거 어느 때이든지 한국으로부터 그 의사에 반하여 가져온 것"은 일본 측이 "권리와 의무가 아닌, 정치적으로 자진 반환해 달라"고 요구했다.[5]

이와 같이 한국 측이 '정치적 해결'을 요구한 이유는 현재까지 명확하게 규명되지 않았다. 다만 제1차 한일회담 당시에 한국이 전쟁 중이었고, 동시에 국내가 정치적 불안으로 인해 몸살을 앓고 있던 상황이었음을 고려하면, 일본 측에 법리적 반환을 요구하기보다는 정치적 유동성을 내세운 해결 방안을 모색한 것으로 유추된다.[6] 물론 한국의 이러한 입장은 제7차 한일회담까지 그 교섭 과정에서 '법적인 반환 요구'로 변경된다. 그러나 여기에서 분명한 것은 한일회담 초기에 한국 측이 먼저 정치적인 타결을 원했다는 바로 그 지점이다.[7]

이러한 한국 측에 대해 일본은 '문화재 반환목록'을 강하게 요구했고, 한국 측은 목록 제시를 주저했다. 구체적 반환목록에 대한 질의・응답은 제3차, 제4차 청구권 위원회에서도 이어졌는데, 1952년 3월 6일, 주일대

---

5 「한일대표 제2827호 제2차 청구권 위원회 경과보고의 건」, 1952.2.29.

6 이 시기 이승만 정권은 국회의원들을 체포하고, 국회 기능을 마비시키는 등 정치적 혼돈 시기를 맞고 있었다. 예를 들어 1950년 거창에서는 양민 학살 사건이 발생했고, 1952년에는 계엄령을 선포하고 국회의원들을 구속시키기도 했다.

7 문화재 반환에 대한 이러한 한국의 입장은 다음 장에서 후술하겠지만, 최근의 연구에 의하면 한일회담에 임하는 한국 측의 태도가 기본적으로 과거 청산을 위한 것이며 동시에 반공을 위한 우호적인 한일관계의 수립에 있었다고 한다. 또한 한국이 과거를 규정할 기본관계 문제와 상관없이 개별 문제만을 해결하려고 했고, 그러한 방향성에 의해 '선 해결 후 국교' 방식이라는 회담의 진행태세가 마련되었다고 한다. 장박진, 『식민지 관계 청산은 왜 이루어질 수 없었는가』, 논형, 2009, 256~257쪽.

표부 공사 김용식金容植은 변영태 외무부장관에게 송부한 보고서에서 반환목록을 둘러싼 상기의 한일 간 공방전을 그대로 전달했다.

> 한국 측 : 방금 제출한 항목표를 보면 잘 알 수 있을 것이다. (중략) 일본 측은 소위 '약탈재산'의 반환이란 원칙 밑에 타국에 대해 해종該種 재산을 반환한 것과 같이 한국에 대해서도 적극 자진하여 반환해 주기 바란다는 것이며, 그 외의 요강 제2항~제6항의 청구권에 대해서도 어디까지든지 공동 발견의 형식으로 상호 소지하고 있는 자료를 제출함이 가장 합리적인 방법이 아닐까 생각한다.
>
> 일본 측 : 구체적으로 설명을 해줬으면 좋겠다.
>
> 한국 측 : 누차 말한 바와 같이 우선 원칙 문제를 결정하고 구체적인 것은 후일로 미루는 것이 순서일 것이다. 귀측은 '리스트'에만 관심을 가지고 있으나, 요는 '리스트'보다는 한국 국민감정에 지대한 영향이 있으니 정치적으로 반환하겠다는 원칙을 결정하기 바란다. 왜 우리 측에만 리스트를 제출하라는지, 그것은 일방적이지 않은가. 일본 측에서도 한국에 반환할 예정 하에 얼마나 조사되어 있는지 그 정도를 알고 싶다.
>
> 일본 측 : 한국 측에서 완전한 자료를 제출하기로 양해하고 있으니 가능한 대로 제출하여 주기 바란다.
>
> 한국 측 : 방금 제출한 항목표를 보면 일목요연할 것이라고 반박.[8]

위를 보면 한국 측은 일본의 반환목록 요구에 직접적으로 대응하지 않고, '양국에서 공동으로 제시할 것'을 제안하고 있다. 이는 당시 한국정

8 「한일대표 제2854호 제3차, 제4차 청구권 위원회 경과보고의 건」, 1952.3.6. 본 자료는 본래 개조형식이 아니라 서술형식으로 되어 있으며, 한국 측과 일본 측의 발언은 큰 따옴표(" ")로 구별하고 있다. 해당 인용문은 가독성을 높이기 위해 저자가 개조식으로 바꾸어 인용했음을 밝혀 둔다.

부가 청구 내용을 완전히 정리하지 못하였고, 그와 동시에 국제 정세를 염두에 두며 '정치적 판단'을 모색하기 위한 하나의 방침이었다고도 볼 수 있다. 1950년 10월, 한국정부는 한국 내 '구 조선총독부 소유 재일 재산'에 대해 법령 제33호에 따라 한국으로 귀속됨을 천명했지만, '재일 재산'에 관해서는 연합국의 '대일 정책'에 따라 변경될 수 있음을 전제하고 있다.[9] 그런데 여기에서 주의해야 할 사항은 일본 측 역시 반환목록에 대해 명확한 제시를 못하고 있었다는 점이다. 실제로 1952년 2월 14일, 외무성과 대장성大藏省이 협의하는 가운데, 양 기관은 한국 측이 제시한 문화재 반환 항목에 대해 개별적 가치 및 유출 경로 등을 조사해야 하는데, 그것은 한국 측에서 해야 할 일이라고 협의했다.

> 이 항목은 이탈리아 조약에 선례가 있다. 이 조약 정도라면 내용도 타당한데 시기는 병합시기부터로 하고 싶다. (문화재보호위원회 관계자의 말에 의하면, 문화적・그 외의 가치가 있는 것은 조선정벌 이전의 것 정도라고 한다) 각 안건마다 가치, 취득경로 등을 검토하지 않으면 안 되는데, 기록해서 남기는 책임(목록 작성 – 저자)은 한국 측에 있다. 이왕가 재산에 대해서는 병합 당시, 조선에서 궁정의 재산과 국가의 재산을 별개로 했는지 어떤지 법제적인 면을 조사할 필요가 있다.[10]

그리고 외무성은 '문화재보호위원회'의 미술공예과장 혼마 준지本間順治[11]에게 한국 측의 문화재 반환 목록에 대한 자문을 청취했다.

9 「대일강화조약에 관한 기본태도와 그 법적 근거」, 1950.10, 주일대표부 대일강화조사위원회.

10 일본 외교문서 538 : 「請求権問題に関する大蔵省との協議会」, 1952.2.14.

11 저자는 기 발표 논문 「'한일회담 외교문서'로 본 문화재 반환 교섭」(『일

따라서 반환 대조(한국측이 제시한 목록과 일본 측이 제시한 목록의 대조 - 저자)가 되기 쉬운 것이 도기류인데 바로 참고가 될 만한 일람표 같은 리스트가 없고, 또한 작성하는 것도 꼭 쉬운 일은 아니다.[12]

이러한 기록 등으로 미루어 볼 때, 한국과 마찬가지로 일본도 역시 명확한 반환목록을 제시할 수 있는 상황이 아니었고, 반환 대상을 상세하게 파악하기에는 시간적 여유가 없었음을 알 수 있다. 그리고 문화재를 직접 관리한 '문화재보호위원회'에서는 반환 대상으로 삼을 시기를 한국병합 이후부터로 하기를 희망하고 있었음을 알 수 있다. 그것은 한일 간의 문화재 반환 협상에서 되도록 문화적 가치가 낮은 것이 논의되길 원했기 때문이다. 더불어 외무성은 반환 대상 목록을 한국 측에 먼저 제시하게 했는데, 그것은 일본으로 반출된 문화재라는 것을 한국측에 입증시키겠다는 방침에서 나온 계획임을 엿볼 수 있다.

문화재 반환 교섭에 있어서 또 하나 모호한 점은 바로 언제 약탈해 간 것을 대상으로 할지 그 시기를 규정하는 일이다. 앞에서 소개한 바와 같이 한일회담 주일대표부의 법률고문인 유진오는 문화재 반환 대상 시기를 '청일전쟁'까지로 제안했다. 그러나 실제 회담이 개시되자 한국 측은 반환 대상 시기를 정확히 지적하지 않았다. 1952년 3월, 제3차, 4차

본역사연구』, 30집, 2009.)에서 '혼마 준지'를 '혼마 스지'로 표기했다. 이것은 당시 저자가 자료로 활용한 일본 외무성 문서에 의한 판단이었으나, 그 문서 자체에 오류가 있었음을 발견했다. 본서를 통해 정정하고자 한다.

12 일본 외교문서 583 :「文化財保護委員会本間氏との会見報告」, 1952.2.18, 6쪽.

청구권위원회의 경과보고를 보면 문화재 약탈 시기에 대해서 한국 측이 명확하게 말하지 않고 있음을 알 수 있다.

일본 측 : 한국으로부터 가져온 시기의 의미를 질문.

한국 측 : 제안 요강에 시기를 한정하지 않은 것은 국보 반환에 있어 한일 양국의 친선 관계를 확립하겠다는 일본 측 성의에 기대하여 의식적으로 규정하지 않은 것이다.

일본 측 : 구체적 시기에 의해 판단한 것이 아닌가 하고 질문.

한국 측 : 이 문제는 법적으로 우리가 당당히 소유권을 주장할 수 있으나, 정치적 시기에 있어서는 전시 중의 약탈 재산이라고 국한하지 않고 고래로 한국에서 일본으로 가져와 그것을 반환함으로써 한일 친선을 두터이 할 것이니 전부 반환하여 주기를 기대하는 것이니, 귀측에서 어느 정도 반환하겠다고 생각한 것이 있으면 알려 주기 바라며, 또 이에 대해서는 작년 말 상층부의 비공식 협의에 의하여 어느 정도 양해를 본 것 같으니 해당 청구에 대해서는 별도 협의함이 가할 것이다

일본 측 : 귀 측은 상층부의 협의 양해가 있었다고 말하나, 마쓰모토松本 고문은 관계하지 않았고 지바千葉 위원이 언급한 것 같으니 그 점 오해하지 말아 달라.

한국 측 : 여하간 쌍방이 성의를 가지고 그 소재지를 알려주면 간단히 해결될 문제이니 쌍방이 관계 자료를 제출하자고 제의.[13]

한국 측은 "고래로 한국에서 일본으로 가져간 것"을 반환 대상으로

13 「한일대표 제2854호 제3차, 제4차 청구권 위원회 경과보고의 건」, 1952.3.6.

삼았고, 반환 형식은 어디까지나 일본의 "자발적 반환"이길 희망하고 있었다.

한편 일본은 1951년 한국의 청구권 요구에 대해 준비 작업에 들어갔다. 한국 측이 '문화재 반환'에 대해 가져간 시기나 재물취득의 형태를 묻지 않겠다고 선언했지만, 일본 측은 한국 측이 정확하게 시기를 제시하지 않은 것을 부정적으로 판단해, 오히려 한국이 광범위한 청구를 계획하고 있다고 평가했다.[14] 그리고 타국의 사례와 비교 분석을 하여 한국 요구를 어떻게 적용시킬지에 대해 고민했다.

특히 일본은 수차례 외무성 내에서 협의회를 열어, 한일 간 문화재 반환의 상정 방안을 토의했다. 그 주된 내용은 식민지시기 조선에 대한 성격 규정인데, 이는 조선을 '영토 분리', 즉 '평화적 영유지'로 성한다면, 문화재 반환에 일본이 유리한 고지를 선점할 수 있기 때문이었다. 이에 대한 외무성의 논의 내용을 살펴보자.

> 전패 점령지에서 반출한 경우에는 그 반환의 범위가 극히 넓고 반출 방법이나 현소유자의 성격 등에 대해서는 일체 불문으로 하고 있다. 이것은 군사 점령지에서 점령국의 권력이 극히 강력하고 또한 변태적인 것이므로 일반적으로 반출의 불법성이 추론되기 때문에 반환 요구자의 반출 사정에 대한 입증 책임이 면제된다고 생각된다. 또한 측면적 사정으로는 배상적 의미와 전시점령의 기간이 통상 너무 길다고 생각한다. 이에 반해 (점령지의 – 저자) 영토 분리 (평화적 영유 – 저자)의 경우에는, 반환의 범위가 반출의 방법 중 무상, 혹은 불법적 방법 이외의 방법에 의한 것으로 정해져 있고, 또한 현소유자가 나라 또는 공공단체의 소유가 된 것에 한한다. 반환 방법에

14 일본 외교문서 1117 : 「世襲的文化財について」, 1953.2.17.

대해서도 군사 점령지의 경우에는 '반환' 혹은 '환부'라는 용어가 이용되는 데 반해, 이 경우에는 이전이라는 용어가 이용되는 것이 대조적이다. 이것은 분리한 지역에 수립된 권력이 일단 평화적인 방법이었다는 것에 의해, 일반적으로 그 반출의 불법성이 추론되지 않고 개별적 케이스에 대해 노멀한 방법에 의한 것이 아닌 것을 입증할 책임이 있다고 결정했다는 취지로 이해된다. 지금 일본의 분리 지역인 조선에 대해 이 선례의 취지를 비춰보면, 멀리 삼한정벌이나 도요토미 히데요시의 조선 정벌 등의 경우는 전시점령의 예이고, 일한합병 이후의 사태는 평화적 영유의 예이다. 단, 한국 측은 후자의 경우에도 병합 조건 무효론의 입장에서 전시 점령의 예에 의한 것이라고 주장한다고 생각된다. 또한 '분로쿠의 역文禄の役'(임진왜란－저자) 이전의 역사적 사건에 대해 아마 별로 문제가 되지 않다고 생각된다.[15]

요컨대 한일 간의 문화재 반환은 반출이 '점령지'에서 이루어진 것인지 아니면 '평화적 영유지'에서 이루어진 것인지에 따라 그 내용이 달라진다는 것이다. 전자의 경우, 문화재를 한국에 돌려줌에 있어서, '반환' 혹은 '환부'라는 용어로 진행되고, 문화재가 부당하게 일본에 반출되었다는 것이 기정사실화되어 한국 측이 별도로 이를 입증할 필요도 없어진다. 일본에게는 매우 불리한 조건이다. 하지만, 후자의 경우, 한국은 문화재가 반출되었다는 사실을 모든 문화재마다 입증해야 할 의무가 있으며, 용어 역시 '반환'이 아닌, '이전移轉'을 사용하게 되어 일본 측에게는 유리하다.

이렇게 볼 때, 한일회담이 개시되자마자 일본 측이 한국에 지속적으로 '반환목록'을 요구한 것은 그 행위 자체로도 한국병합에 대해 '평화적

15 일본 외교문서 1117 :「世襲的文化財について」, 앞의 문서.

영유'로 규정한 인식의 결과라고 할 수 있겠다.[16]

또한 일본은 한반도에서 유출한 문화재를 '삼한정벌 및 임진왜란의 시기'와 '한국병합 이후'로 구분하여, 전자는 '전시 점령'의 사례로, 후자는 '평화적 영유'로 분류했고, 더불어 임진왜란 이전은 문제가 되지 않는다고 언급했는데, 이것은 1951년 9월, 유진오가 문화재 반환의 시기를 '청일전쟁'까지 소급해야 한다고 제안한 것보다 훨씬 앞선 것이다. 일본이 문화재 유출을 시기별로 구분한 것은 한국 측이 매우 광범위한 시기를 상정했다고 판단해, 문화재의 반환 형식을 구별하고 그에 따라 대응하고자 했기 때문이다.

물론 후에 한일회담 협상이 진행되면서 한일 양측은 문화재 반환에 해당하는 시기를 1905년 이후로 규정하고 이에 따라 반환 대상 문화재를 선별했다. 그러나 한일회담 초기에는 양측 모두 구체적인 자료 없이 비생산적인 회의만을 계속했음을 알 수 있다.

2. '표본용 기증품'으로 돌아온 한국의 문화재들

제1차 한일회담이 끝나고 제2차 한일회담(1953년 4월 15일~7월 23일)이 시작되기 전까지 한국 측 문화재 반환 협상자들에게는 큰 고민이 있었다. 한국으로 반환할 문화재의 목록을 제출하라고 일본에 요구했지만, 일본 측은 한국 측이 먼저 목록을 제시하라고 맞섰기 때문이다. 결국

16 이 사료를 통해 문화재 반환에 대한 일본의 입장이 바로 1953년에 결정된 외무성의 논리를 반복한 것에 불과하다는 것을 알 수 있다. 또한 이렇게 일본 외무성이 '반환'이 아닌, '양도' 혹은 '인도'라는 용어를 사용하는 것은 '양도' 혹은 '인도'가 바로 한국병합에 대한 비강제성을 의미하기 때문이다.

제2차 한일회담 중 1953년 5월 14일, 한국 측은 반환 대상의 문화재 목록을 제시했다.

이는 매우 상징적인 의미를 가지고 있다. 왜냐하면 그것이 바로 일본의 조선 지배가 '평화적 영유'로 취급되었다는 반증이기 때문이다. 앞에서도 언급했지만, 국제법상, 전쟁 대상국으로 점령한 경우, 반출된 문화재의 소재와 반출 경위의 입증책임이 점령국에 있고, 원산지로 문화재를 돌려줄 경우에도 '반환'이나 '환부'라는 용어를 쓰지만, 평화적 영유지인 경우에는 반출 과정이나 그 대상에 대한 입증책임이 지배 당한 쪽에 있고, 문화재를 돌려주는 방식도 '이전移轉'으로 정리된다.[17] 일본 측은 이 사실을 충분히 인지하고 있었고, 1년 넘게 목록 제시를 거부한 결과, 결국 한국 측이 먼저 반환받고 싶은 문화재 목록을 내민 것이다.

이 목록을 받아든 일본 외무성은 협상 자리에서는 6월 2일까지 결과를 통보하겠다고 했지만, 조사는 10월까지 이어져 제2차 한일회담에서는 더 이상의 협상 없이 회담이 마무리되었다.[18]

외무성은 도쿄국립박물관은 물론, 일본 각 지역의 박물관과 학교 도서관, 도쿄예술대학, 교토대학, 아이치愛知교육위원회, 세키도成簣堂문고, 손케이카쿠尊経閣문고, 교토국립박물관, 나라국립박물관, 도쿄문화재연구소 등 광범위한 기관에 공문을 보내어, 한반도 출토 문화재의 소장 상황을 파악했다.[19] 조사 요구를 받은 기관의 답변은 모두 '정당한 수단을

17 일본 외교문서 1117 : 「世襲的文化財について」, 앞의 문서. 이에 대한 연구는 류미나, 「일본의 문화재 '반환'으로 본 식민지 지배의 '잔상', 그리고 '청산'의 허상－1958년 일본의 제1차 문화재 반환까지의 교섭과정을 사례로－」(『일본역사연구』, 32집)를 참조하기 바란다.

18 한국 외교문서 723.1 JA 청1953.5 1－3차, 1114~1151 : 「제2차 청구권분과위원회 회의 경과보고서」, 1953.5.19.

19 일본 외교문서 584 : 「韓国関係文化財調査に関する打合」, 1953.5.20. ; 일본

통해 입수한 것이므로 반환 의무가 없다'는 통보였다.[20]

이러한 결과를 듣고 제3차 한일회담에 임한 일본 측은 한국 측에 반환할 의무가 있는 것은 아니지만, 회담을 위해 국유 문화재 중 일부를 '양도'할 마음이 있고, 이를 정부에 의뢰하겠다고 전달했다. 그러나 이 회담은 구보타 수석이 식민지 시기에 '총독의 정치가 좋았다'는 발언을 하고, 이에 대해 한국 측이 맹렬히 비난하면서 결렬되고 말았다. 이후 양측 회담은 약 4년간의 공백 기간이 이어졌다.

이른바 '구보타 망언'으로 불리는 이 발언은 당시 일본 정관계의 인식을 그대로 드러낸 것으로 봐야 할 것이다. 이와 관련하여 1950년대와 60년대 한일회담에 대한 일본 사회의 인식에 대해서는 후술하고자 한다.

양측이 4년간의 단절을 끝내고 회담을 재개한 것은 1958년 4월의 일이다. 그 사이 양국은 공식적인 회담을 가지지는 못했지만, 물밑에서 수차례 접촉을 하며 회담 재개를 위한 협상에 들어갔다. 1957년 봄, 일본 외무성은 구보타 발언을 철회했다. 그리고 동년 12월 31일, 다음과 같은 양해각서를 교환하고 제4차 한일회담(1958년 4월 15일~1960년 4월 15일)이 개최되었다.

외교문서 584 : 「韓国関係文化財調査依頼の件」, 1953.5.19. ; 일본 외교문서 585 : 「朝鮮の美術品､骨董について」, 1953.6.23. ; 일본 외교문서 586 : 「成簣堂文庫について」, 1953.6.5.

20 한국 외교문서 723.1 JA 청1953.10 1－2차, 1385~1406 : 「제2차 재산 및 청구권분과위원회에 관한 보고의 건」(1953.10.21.)

공동성명서

1957년 12월 31일자 주일대한민국대표부 수석 '김유택' 대사와 일본국 외무대신 '후지야마 아이이찌로' 간에 개최된 회담에서 일본정부는 제2차 세계대전 종결 이전부터 일본에 거주하여온 한국인으로서 일본 외국인수용소에 억류되어 있는 한국인을 석방할 것이며 또한 대한민국정부는 한국 내 외국인 수용소에 억류되어 있는 일본인 어부를 송환하고 또한 제2차 세계대전 종결 후 한국인 불법입국자의 송환을 받어드리기로 합의를 보았다.

동시에 일본정부는 1953년 10월 15일 일본수석대표 '구보다 간이찌로'가 행한 발언을 철회하며, 또한 1952년 3월 6일 일본대표단이 행한 한국내 재산에 대한 청구를 1957년 12월 31일자 미국정부각서에 의거하여 철회할 것을 대한민국 정부에게 통고하였다.

그 결과 대한민국과 일본 간의 전면적 회담을 1958년 3월 1일 동경에서 재개하기로 합의하였다.

1957년 12월 31일

서명 : 대한민국대표부 수석 대사 김유택

서명 : 일본국 외무대신 후지야마 아이이찌로[21]

위의 공동선언과 함께 나온 것이 '구두각서(oral statement, 일본어로는 '구두전달사항')'이다.

1957년 12월 30일, 일본 각료회의를 통해 결정된 각서에는 한일회담의 원활한 재개를 위해 즉시 인도할 수 있는 미술품은 한국에 인도하고, 나머지 문화재는 회담을 통해 처리하겠다는 내용이 들어있다.[22]

---

21 한국 외교문서 723.1 JA 예1956－58 V.2, 100, 「제4차 한일회담 재개 합의문서」, 1957.12.31, 1896~1897쪽.

22 일본 외교문서 567 : 「韓国関係文化財参考資料」, 1958.2.6.

이후 일본은 1958년 4월 16일, 도쿄국립박물관에 소장된 한반도 출토 문화재 106점을 한국에 반환했다. 1952년 1월, 한국이 문화재 반환을 요구한 이래 약 7년만의 일이고, 한일 간에 처음으로 이루어진 문화재 반환이다. 다만, 이 문화재 반환 과정에서 다음의 두 가지 사항에 대해서는 주의를 요한다.

첫째, 1958년 4월 16일, 일본의 문화재 반환은 어디까지나 '반환'의 형식이 아닌, '인도'의 형식을 취했다는 점이다. 1957년 6월 15일, 일본 당국은 내부 차관급 회의에서도 이를 확인했다. 이 회의에서는 1953년 이래 결렬된 한일회담 재개를 위해 각 기관의 협조 및 지침을 논의했는데, 당시 외무성 측에서는 일본 총리인 기시 노부스케岸信介가 미국을 방문하기 전까지 수일 내로 한일회담 재개를 위한 일본의 입장을 정리할 필요가 있었다. 그리고 그 결정 사안에 대해 한국과 의견 조율이 되면 각료 회의에 상정할 계획을 갖고 있었다.[23] 이 자리에서 문부성은 '반환'은커녕 '인도'라는 표현조차 사용하기 어렵다는 입장을 보였다.

> **다카쓰지高辻 법제국차장** : 구두전달사항(1957년 12월 30일)의 미술품 인도에 대해, 이것은 약속이 아니다. 일본 측 의향의 일방적 통고라고 해석된다. 인도에 대해 특히 법제 상 조치가 필요한 것은 인도하지 않는다고 할 수 있는지 어떤지.
>
> **다나카田中 문부차관** : 법제적으로 당장 인도 가능한 것은 없다. 증여라면 가능하다. 일본에 있는 것은 가치가 낮지만, 소위 희소가치는 있다. 박물관 등에서는 싫어할 것이다.[24]

23 일본 외교문서 1519 : 「日韓交渉に関する関係各省次官会議議事要旨」, 1958. 6. 15.

24 일본 외교문서 1519 : 「日韓交渉に関する関係各省次官会議議事要旨」, 앞의 문서.

위의 인용문에서 중요한 것은, 각료회의에서 한국에 문화재를 '인도'하자는 결론이 나온다 할지라도, 문부성 입장에서는 문화재를 타국에 '인도'하는 것이 법률적으로 불가능하며, 형식을 '증여'로 한다면 가능하다고 지적했다는 점이다. 결국 1958년 4월 16일, 106점의 문화재가 한국으로 반환되었을 때, 이 문화재들은 '문화재'가 아닌, '표본용 기증품'으로 처리되었다.[25] 한국 역시 이러한 일본 내 사정을 충분히 이해한다는 입장을 보였고, '인도'라는 용어를 사용하는 것에 대해서 거부감을 표현하지 않았다. 물론 한국이 국내용으로 선전할 때는 처음으로 문화재가 반환되었다고 대대적으로 보도했다.

둘째, 일본에서 한국으로 반환된 106점의 문화재에 대해서 일본 사회가 전혀 모르고 있었다는 점이다. 한일 양국은 처음부터 반환에 대해 보도 자료를 내지 않기로 약속했지만, 한국 측이 그 약속을 깨뜨리면서 일본 언론이 이를 보도했고, 국회에서 큰 논쟁거리가 되었다. 1958년 5월 31일, 사회당의 모리 모토지로森元次郎 의원은 외무성 아시아국장인 이타가키 오사무板垣修에게 다음과 같은 질의 공세를 폈다.[26]

모리 모토지로 군 : 또 하나, 지난 국회가 끝날 무렵, 도쿄신문에 잠깐 나왔습니다만, 문화재를 한국에 돌려주는 문제, 그건 그 후 선거

25 일본 외교문서 1118 : 「物品の無償贈与について」, 1958. 3. 10. 이 문서에는 대장성 대신인 이치마다 히사토一万田尚登가 문부성 대신에게, 106점의 문화재를 한국에 보낼 때 이를 '물품의 무상 증여'로 취급한다는 것에 대해 이의가 없다는 것을 증명한다는 내용이 들어있다.

26 아래 인용문에 대해서는 류미나, 「문화재 반환 교섭으로 본 한일회담의 한계 －일본의 한국 문화재 반환 절차를 중심으로」(『일본역사연구』, 제40집, 2014. 12)에서 자세하게 다루고 있다.

와 그 밖의 일로 어수선하여 잊어버렸을지 모르지만, 몇 점 그리고 어떤 물건을 돌려줬다는 발표를 했는지 어땠는지, 그것이 하나의 질문. 그리고 왜 그런 것을 돌려 줄 때 발표하지 않았는가. 작년 12월 31일, 그러한 이해에 이른 것 같은데, 한국은 되찾은 것이니 발표하고 싶고, 이쪽은 돌려주는 것이니 일본 국민에게 알리고 싶지 않아서, 결국 발표하지 않은 것으로 들었습니다만, 나쁜 짓을 하는 것이 아니라면, 그때 발표하는 편이 좋지 않았겠는가, 해야 하지 않았나 하고 생각합니다만, 어떻습니까?

이타가키 오사무 군[27] : 문화재 문제에 대해서는 실은 작년 12월 31일에 협정이 이루어졌을 때, 일본 측에서는 호의적인 제스처로 약간의 것을 지쪽에 증여한다고 구두 신사협정이 이뤄졌습니다만, 이에 대해서는 당시 서로 발표하지 않는 것으로 되어 있었는데, 그 후 지적하신 대로 106점의 증여가 이뤄졌습니다만, 정부로서는 정식 절차로는 발표하지 않았습니다. (후략)

(중략)

모리 모토지로 군 : 그렇다면 나라의 재산을 저쪽에 건네기까지 나라의 재산－그것을 언제인지 모르게 저쪽에 줘 버렸다. 암거래란 것은 이런 것을 암거래라고 생각합니다만, 정부는 그렇게 생각하지 않습니까?

(중략)

모리 모토지로 군 : 아무튼 이미 물건을 건넸으니 전면 회담에서 이렇다 저렇다... 저쪽은 움켜쥐고 만만세를 하고 있으니까, 모르는 것은 우리뿐이다. 그런 이상한 거래는 이건 허용할 수 없는 문제로 기시岸내각의 오점이라고 생각합니다만, 이것은 신중하고 신속

27 이타가키 오사무板垣修는 외교관으로, 1958년 5월 당시 아시아국장으로 근무했으며, 한일회담의 중요한 협상자였다.

하게 발표되어 국민의 이해를 구해줬으면 좋겠습니다.[28]

위의 인용문으로부터 1958년에 반환된 106점의 문화재에 대해서 일본 사회에서는 전혀 모르고 있었고, 외무성은 이를 감추고 비밀리에 진행했음을 알 수 있다. 이는 문부성 및 그 산하기관인 '문화재보호위원회'의 강력한 반대에 직면해 어부 송환과 한일회담 재개가 지연됐기 때문에, 어떻게든 이 문제를 해결하기 위해서는 공개적으로 일을 추진하기 어려웠기 때문이다. 1958년 2월 26일, 외무성의 미야케 참사관은 한국의 최규하 참사관을 만난 자리에서도 "또한 문화재에 대해서는 국내에 커다란 반대와 곤란이 있지만, 그것들을 누르고 어부의 송환이 전부 완료된 시점에 인도하기 위해 국내 절차를 진행하고 있다"고 언급했는데, 그만큼 외무성이 어부 송환 문제를 해결하겠다는 의지가 확고했음을 읽을 수 있다.[29]

한편 외무성에는 또 다른 난관이 있었는데, 그것은 106점의 문화재 반환 이후에도 한국 측이 일본정부가 반환할 수 있는 문화재 목록을 지속적으로 요구했기 때문이다. 결국 외무성은 이 문제 역시 비공식적인 절차로 진행하기로 결정했다.

> 더욱이 상기 106점의 미술품 인도와는 별개로 한국 측은 우리나라에 소재하는 한국 미술품의 리스트를 제시하라고 집요하게 요구하

---

28 국회 참의원회의. 외무위원회(閉1号) 1958년 5월 31일 http://kokkai.ndl.go.jp/cgi－bin/KENSAKU/swk_dispdoc.cgi?SESSION=7242&SAVED_RID=3&PAGE=0&POS=0&TOTAL=0&SRV_ID=2&DOC_ID=15205&DPAGE=1&DTOTAL=7&DPOS=6&SORT_DIR=1&SORT_TYPE=0&MODE=1&DMY=4848 (일본국회의사록 홈페이지 검색일 : 2020.07.23).

29 일본 외교문서 419 : 「三宅参事官 崔参事官会談要旨」, 1958.2.26.

고 있는데, 우리 측으로서는 이에 대해 아무런 코멘트를 건네지 않았지만, 본 건은 사실상 어부의 송환과 관련될 가능성이 높기 때문에, 앞으로 이것을 한국 측에 건넬지 말지에 대해서는 별도로 결정하기로 하고, 이때 별지 제2의 한국 출소 미술품 리스트를 비공식적으로 한국 측에 건네기로 한다.[30]

위의 문서는 외무성이 한국에 문화재를 반환하기 이틀 앞둔 시점에 내린 지침으로, 후에 정작 문화재를 관리하는 문부성과는 협의 없이 진행한 사안이었다. 나중에 이 사실을 알게 된 문부성은 당연히 강력한 항의를 했고, 외무성과 크게 충돌했다. 그러나 외무성 입장에서는 4년 넘게 결렬된 한일회담의 재개가 절실했고, 그에 방해되는 모든 요소들을 해결하기 위해 한국 측의 요구를 수용할 수밖에 없었다. 그러나 이런 식의 반환은 한일 양국 사회의 충분한 대화나 이해를 얻지 못한 채 진행된 결과, 상호 비판의 불씨로 작용했다.

특히 식민지 종주국인 일본으로부터 처음으로 반환되었다는 미명 아래 돌아온 106점의 문화재는 한국에서도 홀대받았다. 무엇보다 문화재로서의 가치가 낮은 것들이었고, 수량적인 측면에서도 106점이라고는 하나 실은 깨진 토기 조각까지도 하나의 개수로 처리한 결과였기 때문에, 전체

30 일본 외교문서 1118 : 「韓国関係文化財に関する大臣説明要領」, 1958.4.14. 이 문서에 대해 저자의 선행연구에서 1958년 4월 16일, 일본 외무성이 106점의 문화재를 비밀리에 한국으로 반환할 때 취한 입장으로 본 적이 있는데, 이는 저자의 오독이었다. (류미나, 「일본의 문화재 '반환'으로 본 식민지 지배의 '잔상', 그리고 '청산'의 허상—1958년 일본의 제1차 문화재 반환까지의 교섭과정을 사례로—」, 『일본역사연구』, 32집, 2010.). 이 문서는 106점의 문화재가 한국으로 반환된 이후, 다시 시작될 문화재 반환 교섭에 대비하여 106점의 반환 문화재와는 별개의 미술품 목록을 비공식적으로 취급한다는 내용이다. 이에 이 자리를 빌려 정정한다.

적으로 수준 미달이라고밖에 할 수 없었다. 이에 대해 반환 과정에서 회담을 이끈 황수영 수석대표는 다음과 같은 평가를 내렸다.

> 1. **고고자료로서의 평가** …106점은 모두가 우리나라 삼국시대에 속하는 고분 1기(창녕군 교동 소재)로부터 1918년 소위 조선총독부에 의하여 발굴된 유물의 총량이온 바 그 종류와 수량에서 판정하여 동대 고분 중에서도 소규모의 것이오며 출토된 유물의 자료 가치도 크다고는 할 수 없나이다. 다만 창녕군에 소재하던 고분 수백기가 일제 시 모조리 일인 수중에 들어가 散逸된 현상에 비추어 이 지방에서 출토된 확실한 고고자료라는 점에서 또 다행히 그에 관한 보고서도 있음으로써 그 학적 자료로서의 가치가 인정되는 바입니다. (중략)
> 2. **금전 평가에 대하여** …106점 전부의 금전 평가는 현재 일본 동경에서 고려자기 우량품 1개의 시가 20만 엔 내지 30만 엔과 비등할 것으로 추정하나이다.[31]

위의 내용으로 볼 때, 일본이 처음으로 반환한 문화재들은 모두 합쳐서 당시 일본에서 매매되고 있는 고려자기 하나 정도의 가치로, 가치가 매우 낮은 수준의 것이었다고 할 수 있다. 물론 일본 역시 이에 대해 충분히 인지하고 있었지만, "희소성 있는 문화재"라는 이유로 한국 측에 반환한 것이다.[32]

---

31 한국 외교문서 723.1 JA 문1958, 0194~0198 : 「문화재관계 전문위원 연구보고 전달의 건」, 1958.7.7.

32 일본 외교문서 1519 : 「日韓交渉に関する関係各省次官会議議事要旨」, 앞의 문서.

3. 청구권 협상과 분리된 문화재 반환 교섭

그런데 제4차 한일회담의 문화재 반환 협상이 매우 중요한 이유는, 이 회담을 계기로 청구권회의에 속한 의제가 아닌, 문화재 반환을 위한 독립적 협상이 진행되었기 때문이다. 바로 '문화재소위원회'가 구성되어 한일 양측의 전문가들이 만나는 자리가 마련된 것이다.[33]

1958년 5월 21일, 한국 측은 새로 구성된 '문화재소위원회'에서 문화재 반환 문제를 타 청구권 의제와 분리시킨다는 방침을 정했다.[34] 그리고 며칠이 지난 5월 29일, 제3차 청구권회의에서 이 문제에 대해 한일 간의 협의가 이뤄졌고, 청구권 문제는 '일반 청구권 소위원회'와 '문화재 소위원회', 그리고 '선박소위원회'로 분리시키는 것에 양측이 합의했다.[35]

이어서 동년 6월 4일, 제1차 문화재소위원회가 열렸고, 1905년 이후 한반도에서 반출된 문화재에 대해 반환 요구를 시작했다. 이 회의에서부터 양국의 문화재 반환 협상이 1905년 이후에 반출된 문화재를 대상으로 이루어지기 시작했다.[36]

이러한 기본 방침을 가지고 한국정부는 1958년 6월 4일, '문화재소위원회' 제1차 회의에 참가했다. 이 자리에서 한국 측은 일본으로 유출된

33 이에 대한 의의와 내용은 류미나의 『한일회담 중 문화재 반환 협상』(국립외교원, 2019.8, 47~50쪽)에서 다룬 바 있다.

34 한국 외교문서 723.1 JA 문1958, 0171~0172 : 「제4차 한일회담 협상을 위한 기본 원칙」, 1958.5.21.

35 한국 외교문서 723. 1JA 청1958 1-3차, 등록번호 104, 「제4차 한일회담 청구권 위원회 회의록, 1-3차」, 1958.5.29, 562쪽.

36 한국 외교문서 723. 1JA 문1958 : 「제4차 한일회담 문화재 소위원회 회의록 및 문화재 반환 교섭, 1958」, 1958.6.4, 11~13쪽.

문화재를 반환하라고 요구했는데, 지난 제3차 한일회담 때와 달라진 점은, 문화재 반환 대상을 과거에 반출된 모든 문화재에서 1905년 이후에 반출된 문화재로 바꾸었다는 것이다. 그리고 앞서 서술한 기본 방침에 따라 일본 측에 반환이 가능한 문화재 목록을 달라고 요구했다.[37] 일본은 이에 대한 답변을 회피한 채 내부 회의에 들어갔다.

일본의 내부회의에서 문화재 반환 협상의 방향이 정해진 것은 1958년 7월 2일이다. '일한회담 교섭방침'이라는 제목의 일본 외교문서에는 문화재의 '증여'는 불가피하지만, '증여'하는 시기는 국교정상화 이후가 될 것이라고 기록되어 있다.[38] 국교정상화 이후에 문화재를 반환하겠다는 이유는 지난 1958년 4월 16일, 106점의 문화재를 한국으로 전달한 후 일본 국내에서 비판 여론이 높았기 때문에, 이러한 여론을 더 이상 감당하기 어려울 것이라는 판단에서였다.

그러나 한국 측은 협상 진전을 위해 압박을 가해갔다.[39] 물론 일본 측은 국교정상화 이후가 아니면 문화재를 반환하지 않겠다는 방침을 세웠기 때문에, 상부 지시가 내려오지 않았다는 이유를 들어 회담을 지연시켰다. 이렇게 지연된 협상은 제12차 회의(1958.12.13.)가 끝날 때까지 아무런 진전을 보지 못했다.

1958년 12월 19일, 양측의 평행선과 같은 협상 분위기에 균열이 가기 시작했다. 일본 측 외무차관인 야마다가 1905년 이후 한반도에서 반출된

---

37 한국 외교문서 723.1 JA 문1958, 0011~0013 : 「문화재소위원회 제1차 회의요록」, 1958.6.4.

38 일본 외교문서 1538 : 「日韓会談交渉方針」, 1958.7.2.

39 한국 외교문서 723.1 JA 문1958 : 「한일회담 협상 진전을 위한 지령」, 1958.9.18. 11쪽에는 일본 측의 협상이 더디면 반환받을 문화재 목록을 1,000개 정도 갖고 있다고 전달하고, 목록은 나중에 주겠다고 말하라는 지시가 있다.

문화재 중에 개인이 소유한 것은 제외하고 국유 문화재를 반환하겠다는 의향을 전달했기 때문이다.[40] 한국 측의 보고서에 따르면, 당일 오후 3시, 일본 외무성 차관인 야마다가 유태하 공사를 만나 협의하는 가운데, 문화재 반환에 대해 언급했다는 것이다.

그런데 이 내용은 한국 측의 외교문서에만 존재하는 것으로, 일본 측은 이에 대해 강력히 반발하고 나섰다. 이는 유태하 공사의 기만책이며, 야마다는 그런 발언을 한 적이 없다는 것이다.[41] 그러나 이와 같은 일본 측의 주장과는 달리, 한국 측에는 1959년 1월 14일자 문서에도 수석 대표인 사와다 렌조沢田廉三 대사의 의견이 기록돼 있는데, 그것은 한국 측이 선박 문제에 대해 일본 측 입장을 지지한다면, 국유 문화재 전부를 반환하겠다는 내용이다.[42] 이와 관련해서는 또 다른 문서가 현재까지 발견되지 않았기 때문에 더 이상의 입증은 어렵지만, 한국 측에 두 개의 문서가 존재한다는 점을 고려하면, 전혀 사실 무근이라고 하기는 어려울 것이라고 생각된다. 다만, 이와 관련하여 한국 측이 일본 측의 반박에 특별한 대응을 하지 않은 것은 의문이다.

일본이 제12차 문화재소위원회 때까지 명확한 입장을 내지 않고 시간을 끈 데에는 또 다른 이유가 있다. 그것은 어업협상의 진행 추이를 살피면서 문화재 반환 협상을 진행했기 때문이다. 1958년 11월 1일자 일본 외무성의 내부 문서에는 일본의 협상 방향을 추측할 수 있는 내용이 들어 있다.

40 한국 외교문서 723.1 JA 문1958 : 「유공사가 대통령, 외무장관에게 보내는 전문(MTB－095)」, 1958.12.19, 0102~0104쪽.

41 일본 외교문서 321: 「山田次官 柳公使 会談要旨」, 1958.12.19.

42 한국 외교문서 723.1 JA 문1958 : 「사와다 제안의 건」, 1959.1.1, 105쪽.

Ⅰ. 한국 측은 선박과 문화재 두 문제야말로 과거 청산에 관한 문제이며, 우리 쪽이 먼저 본 건에 대해 구체적인 성의를 보여줘야 한다고 요구했다. 만약 우리 쪽에서 성의를 보인다면 한국 측의 분위기도 호전되어 어업문제가 원만하게 해결될 조짐도 생길 것이라고 말했다. 선박과 문화재의 선점은 이번 교섭에서 한국 측의 일관된 교섭방침이며, 이러한 방침을 바꾸기란 대단히 어려울 것이다. 한국 측이 어업위원회 개최에 응한 이유는 일단 어업위원회를 열면 위의 두 문제에 대하여 양보할 것을 우리 쪽에 강요할 수 있다고 생각한 데 불과하며, 결코 어업문제에 대한 기본 선線에 관해 우리 쪽에 만족할 만한 양보를 할 의중은 없다. (중략)

Ⅲ. (전략) 문화재와 선박문제에 대하여 선불리 한국 측의 유도작전에 속아 한국 측 제안에 대한 질문 등으로 어업문제에 깊게 휘말리지 않도록, 종래대로 방침이 없다는 입장을 계속 고수하는 방법이 적당할 것이다 (결론적으로는 어업문제에 대해 일본의 원칙을 관철한다면 문화재에 대해서는 대국적으로 양보할 수도 있다).[43]

위의 인용에는, 한국 측이 일본을 만족시킬 만한 조건을 내놓지는 않을 것이므로 되도록 협상을 지연시켜야 한다는 지침이 들어 있다. 또한 한국이 선박과 문화재 협상을 어업협상의 카드로 사용하고 있음을 간파하며, 어업협상이 일본 측에 유리해진다면 문화재는 "대국적으로 양보할 수 있다"는 입장을 갖고 있음을 알 수 있다. 결국 일본이 가장 중시한 안건은 어업협상이었던 것이다. 문화재는 상황에 따라 언제든지 반환할 수 있다는 생각이었던 것으로 보인다.

그 후 일본이 태도에 변화를 보인 것은 제4차 한일회담이 마무리되기 직전인 1960년 4월이다. 동년 4월 11일, 일본은 문화재 반환 협상은 어업

43 일본 외교문서 1541 : 「日韓交渉現況について」, 1958.10.27, 북동아시아과.

협상의 진행 상황에 따라서 처리하겠다는 입장에서 "어업문제의 진행 상황에 구애 받지 않고" 협상을 진행한다고 그 방침을 바꿨다.

> Ⅰ. 일반 방침
>
> (1) 일한 간의 상황이 호전된 이때 신속하게 회담 타결을 도모할 것.
>
> (2) 기존 교섭에서는 한국 측이 어업문제를 양보하지 않는 한, 문화재와 선박 외의 문제에 대해서 일본은 아무런 약속을 하지 않겠다는 방침이었으나, 이번에 이 방침을 바꾸어 어업문제의 진행 상황에 구애 받지 않고 각 문제 별로 해결한다. (중략)
>
> (3) 문화재
>
> 1905년(통감부 설치) 이후 조선에서 들여온 문화재 중 현재 우리나라의 국유물로 존재하는 문화재는 원칙적으로 서적까지 포함해서 국교 정상화 이후 한국 정부에 인도한다.[44]

즉 일본 측은 4·19혁명 직전의 한국사회 상황과 이승만 대통령에 대한 국민적 비판을 두고 상황이 "호전"되었다고 판단하고, 한일회담을 진전시킬 기회라고 생각했다. 따라서 회담을 신속하게 진행시키기 위해, 회담의 전제조건으로 어업협상 타결을 걸었던 것을 철회하고, 협상 가능한 것부터 진행시키고자 한 것이다.

이후 일본의 신속한 회담 진척 의지에 의해, 문화재 반환 협상이 다른 청구권 문제에서 분리됐을 뿐 아니라, 회담 참가 구성원도 달라져 제5차 한일회담부터는 처음으로 문화재 전문가 회의가 개최되었다. 그리고 이 자리에는 문화재보호위원회 소속의 인물들이 참가했다.

이러한 변화가 갖는 의미는 매우 중요하다. 무엇보다 문화재 반환 협상

44 일본 외교문서 1403 : 「日韓全面会談に関する基本方針(案)(閣議了解案)」, 1960.4.11. ~ 4.16.

이 청구권 협상에서 분리돼서 진행되었다는 점은, 한일협정으로 한일 간 청구권 문제가 '완전하고 최종적으로' 해결되었다는 일본의 주장을 정면에서 부정할 수 있다. 다시 말해 한일협정으로 한일 간의 모든 청구권 문제가 해결되었다는 것은 어디까지나 경제적 청구권의 문제로, 문화재 반환 협상은 그 범주에 포함되지 않았는 것이다. 또한 한일 간 '합의의사록'이 작성됐기 때문에 한일협정 이후에도 한국정부는 일본에 문화재 반환 요구와 '합의의사록'의 이행에 대한 권리를 주장할 수 있다.

4. 끝내 합의가 불발된 '합의의사록'

한일회담 중 문화재 반환 협상에서 마지막까지 현안이 된 문제는 일본 내에서 개인이 소유한 문화재를 반환 대상에 넣느냐의 여부였다. 회담이 시작된 이래 일본 측은 개인 재산에 국가가 개입하는 것은 불가능하다는 입장이었다. 양측의 평행선을 달리는 입장 차이는 회담 기간이 길어질수록 더욱 그 괴리가 커져 갔다. 1965년이 되기까지 일본인 개인이 소장한 문화재를 반환받을 방법은 도저히 없는 듯이 보였다.

그러던 1965년 1월, 한국 측이 먼저 움직였다. "사유물에 대하여서는 난관이 예상되지만 그 명목을 '기증'이라는 형식을 취하더라도 반드시 반환을 청구할 것"이라는 방침 아래, 오구라 다케노스케小倉武之助의 수집품, 데라우치 마사타케寺内正毅가 수집한 조선 서화, 일본 국보로 지정된 한국 문화재, 석조물 중 석굴암의 합룡불合龍佛 2구 및 작은 석탑을 대상으로 협상 가안이 만들어진 것이다.[45]

45 한국 외교문서 723.1JA 1965, 등록번호 6888, 제7차 한・일본회담(1964. 12.

석 달 뒤인 1965년 4월 20일, 한국의 이동원 외무부 장관 명의로 한일회담 수석대표에게 '문화재 문제에 관한 훈령'이 전달됐는데, 그 안에는 한일협정 후에 반환될 문화재에 대한 세부 사항이 명기되어 있었다. 그 내용 중 하나가 바로 '합의의사록'이다.

당시 한국정부는 "일본 민간이 보유하고 있는 문화재의 경우, 민간인 유지들의 협력을 얻어 자진 '기증'의 방도로 주요한 문화재의 반환이 가능하도록" 추진하면서, 동시에 일본정부는 이러한 '기증'을 장려한다는 뜻을 합의의사록 등에 규정하도록 교섭하라고 지시했다.[46] 이 지시대로 작성된 '합의의사록'은 일본 개인 소유의 문화재를 반환시킬 한국 측의 마지막 카드였다.

당초 문화재 반환과 관련한 '합의의사록'은 일본에서 한국으로 문화재를 인도할 경우에 어떠한 형식으로 진행될 것인가에 대한 내용을 담는 수준이었다.[47] 그런데 협정 체결 직전인 6월 17일, 한국 측이 "반환 대상 문화재를 일본 국유에만 한정짓는 것은 협상을 진행해온 입장에서 매우 곤란하다"는 의견을 제시하면서 일본인 개인 소유의 문화재를 '인도'할 것을 강력하게 요구했다. 4월 20일에 내려진 이동원 외무부 장관의 지시가 협상 테이블에서 논의된 것이다.

물론 일본 측은 처음부터 "인도는 국유문화재로 한정하기로 했다"는 결정안을 반복하면서 이에 불응했다. 그러나 한국 측이, 국민적 감정을 생각할 때, 개인 소유의 문화재 '인도'에 대해 아무런 조치 없이 협정을 맺는 것은 매우 곤란하다는 입장을 내놓자, 결국 일본 측은 "협정의 약속

3~65.6.22), 문화재위원회 회의 개최 계획, 1965, 5쪽.

46 한국 외교문서 723.1JA 1965, 등록번호 6888, 제7차 한・일본회담(1964.12.3~65.6.22), 문화재 문제에 관한 훈령, 1965.4.20, 19쪽.

47 일본 외교문서 581 : 「文化財小委員会に関する打合せ」, 1965.3.6.

은 전혀 불가능하지만, 그에 관심을 갖고 있다"는 의미의 '합의의사록'을 교환하기로 했다.[48]

일본 측은 '합의의사록의'의 작성을 한국 측이 하라고 의뢰했지만, 일본 측 역시 준비에 들어갔다. 18일 오전, 일본 측은 '합의의사록'의 안이 완성됐는지 한국 측에 독촉했다. 드디어 양측이 각각 작성한 '합의의사록'을 가지고 마지막 담판을 짓기 위해 만났다. 일본 측 협상자는 하리가야 대표, 다지마 사무관, 한국 측은 방희 대표, 김정태 부이사관이었다. 한국이 작성한 '합의의사록의'의 가안은 "사유 문화재를 한국에 기증하도록 일본 정부가 적극적으로 지도할 것을 강력히 요망한다"고 되어 있었다. 일본은 이에 반대하고 결과 없이 회담을 끝낸 후, 일본 내부에서 다음과 같은 수정안을 내놓았다.

> 〈문화재 및 문화협력에 관한 대한민국과 일본국 간의 협정에 대한 의사록(안)〉
>
> 대한민국 측 대표는 일본 국민이 사유한 한국 유래의 문화재가 대한민국 측에 기증되는(되도록 일본국 정부가 가능한 한 알선한다) 것을 희망한다는 취지를 말했다.
>
> 일본 측 대표는 이들 일본 국민이 소유한 문화재를 자발적으로 한국 측에 기증하는 것은 일한 양국 간의 문화협력의 증진에 기여하는 것(으로서 환영해야 할 일)이므로 정부로서는 이를 권장하는 바라고 말했다.
>
> (주) ( ) 안의 내용은 6월 19일에 문화재보호위원회의 의견에 의해 삭제[49]

48 일본 외교문서 461 : 「韓国との文化財・文化協定の条文化についての交渉」, 아시아국 북동아시아과 내 교섭사편찬위원회, 1969.3, 10쪽.

49 일본 외교문서 461, 앞의 글, 36쪽.

위의 "권장하는 바" 부분에는, 당초 단순히 '환영한다'라는 말을 써서 오해 받지 말자고 했었다. 그러나 일본의 아시아국 및 문화사업부가 "그래서는 교섭이 마무리되지 않는다"는 의견을 피력하였기 때문에, 정부의 입장을 의사록에 표명하는 것에 지나지 않는다는 표현이 뭐가 있을지 여러 가지로 생각한 결과 후지사키 조약국장이 내놓은 "권장하는 바"라는 어휘가 채택되었다.[50]

일본 측은 이러한 내용을 한국 측에 전달했고, 이 '합의의사록'이 "사유재산을 제출하는 것은 일본국 헌법 규정상 불가능한 것이고, 또한 사유문화재를 구입할 예산 조치도 문제(안건–저자)가 되지 않을 것"이며, "권장하는 바"라는 표현은 일본정부가 적극적으로 어떠한 "action"을 취한다는 의미가 아니라고 설명했다. 이에 한국 측도 "이 표현이면 좋다"고 했다. 한국 측과의 협상이 끝나자 일본 측은 문화재보호위원회의 미야치 대표에게 전화를 걸어 교섭 내용을 설명했다. 미야치는 권장한다는 말이 들어가는 것에 반대했으나, 이에 대해 하리가이 대표는 "외교상의 말"이니 "그러면 좋겠다"는 의미일 뿐이라고 설명했다. 또한 "개인이 자발적으로 행하는(기증하는–저자) 것을 전제로 하는 것이므로 정부가 적극적으로 나서는 일이 아니"라고 덧붙였다. 이에 약간의 수정을 거쳐 양해를 구했고, 미야치 대표는 6월 20일, 가와하라 문화재보호위원회 회장에게 재차 설명한 후, 이 '합의의사록'이 없으면 한일협정이 마무리되지 않는다고 말했다.[51]

이렇게 해서 정리된 것이 아래의 '합의의사록'이다.

---

50 일본 외교문서 461, 앞의 글, 11~12쪽.

51 일본 외교문서 461, 앞의 글, 12~13쪽.

〈대한민국과 일본국 간의 문화재와 문화협력에 관한 협정에 대한 합의의사록〉

> 한국 측 대표는 일본 국민의 사유(私有)로서 한국에 연유하는 문화재가 한국 측에 기증되도록 희망한다는 뜻을 말하였다.
> 일본 측 대표는 일본 국민이 소유하는 이러한 문화재를 자발적으로 한국 측에 기증함은 한일 양국 간의 문화협력의 증진에 기여하게도 될 것이므로, 정부로서는 이를 권장할 것이라고 말하였다.[52]

그런데 1965년 6월 17일부터 20일 사이에 합의의사록이 만들어지기까지의 기록은 일본 측 외교 사료 기록만 남아있다. 한국 측 외교 사료에는 이 과정이 들어 있지 않다. 문제는 합의의사록에 대해 한일 양국의 입장이 상반된다는 점이다. 한국 측은 합의의사록에 따라 일본 측에 이행하라고 주장하고 있고, 일본 측은 앞서 설명한 과정에서도 알 수 있듯이 합의의사록의 효력이 전혀 없다고 주장하고 있는 것이다.

다음은 합의의사록을 둘러싼 한일 양국의 사후 동향을 정리한 것이다. 먼저 한국 외무부는 1965년 8월, 한일협정에 대한 조문의 의미를 해설하는 참고집을 제작했는데, 이 참고집에는 다음과 같은 내용이 들어있다.

> 1. 일본국 대표는 대한민국 정부에 인도할 문화재를 대한민국에서 일한 양 국가 및 양국 국민 간의 문화 협력 관계 발전에 이바지할 목적에 부합하는 적절한 방식으로 관리하여 주기를 기대한다는 뜻을 전하였고, 대한민국 측 대표는 이에 화답하여 한일 문화 협력 관계를 증진한다는 견지에서 문화재가 합당한 관리를 받아야 한다는 뜻을 전하였다.
> 2. 일본국 측 대표는 일본 국민이 한국에서 유래한 문화재를 대한민국

52 대한민국과 일본국 간의 문화재 및 문화협력에 관한 협정, 합의의사록, 1965.6.22.

측에 기증하는 일은 일한 양국 간의 문화 협력 증진에 기여한다는 점에서 환영할 만하다고 논평하였다.

해설 : 한국 측은 국유, 사유를 막론하고 인도할 것을 주장한 데 대하여 일본 측은 사유재산을 존중하는 민주주의 국가에서는 곤란하다는 것을 주장하여 왔기 때문에 이 문제는 별도로 개인이 자진 기증하도록 일본 정부가 권장하는 것이 양국 간 합의의사록에 규정되어 있음. 실지로 이 문제는 이미 일본 일부에서 실현을 위하여 추진되고 있어 멀지 않은 장래에 세상에 공표할 수 있는 성과가 있을 것으로 전망되는 바이다.[53]

위의 '해설'에는 1965년 8월 현재, 한국정부는 합의의사록에 대해 일본의 이행 의무가 있다고 판단하고 있고, 이를 실현하기 위해 움직이고 있기 때문에 머지 않아 성과를 공표할 수 있을 것이라고 되어 있다. 여기서 말하는 "일본 일부에서 실현을 위하여 추진"되고 있다는 것이 무엇을 가리키는지 명확하지는 않지만, 당시 일본에서 설립된 '재단법인 · 일본WVF협회(World Veterans Federation, 세계 歷戰者<퇴역군인> 연맹)'의 활동을 가리키는 것으로 보인다. 이들은 '일본향우연맹日本鄕友連盟'[54] 소속으로,

53 한국 외교문서 723.1JA 문1965－66, 등록번호 1471, 한일 간의 문화재 및 문화협력에 관한 협정 서명 이후의 문화재 인수(1965. 5. 28)1965－66, 한일회담 문화재 관계 참고집, 1965.8, 18쪽.

54 일본향우연맹에 대해 이 책에서 자세하게 다루지는 않았지만, 간략하게 연혁을 소개하면, 1955년에 설립된 재단법인으로, '애국활동'이라는 미명 아래, 자민당을 지원하는 정치활동을 한 단체이다. 이 단체는 '재단법인 일본WVF협회'뿐만 아니라, '애국운동 확대 침투'를 목적으로 1963년 4월, '전국 히노마루연합회全国日の丸連合会를 결성해, 초대 회장으로 전총리인 요시다 시게루吉田茂를 추대한 바 있다. 뿐만 아니라, 제3대 회장에는 전 관동군 제3사령관이었던 우시로쿠 준後宮淳을 추대하여 대대적으로 '히노마루 운동'을 전개

정재계의 비호를 받고 있는 단체로, 야스쿠니 신사 참배나 러시아의 쿠릴 열도 방문 등을 통해 정치적 메시지를 전달하는 정치단체이다. 특히 '재단법인 일본WVF협회'는 수상인 사토 에이사쿠佐藤栄作를 대신해 세계 평화를 선전하는 활동도 하고 있었는데, 이 단체가 '일한우호조약비준촉진국민회의'를 운영하던 시기가 1965년이고, 더욱이 이 단체의 회장이 자민당 소속의 전 대장성 대신인 가야 오키노리賀屋興宣였기 때문에, 이들의 활동이 한국에서는 호의적으로 보도됐던 것으로 보인다. 실제 1965년 10월 4일 『경향신문』에는 한일협정 비준을 둘러싼 일본 정국의 모습을 보도하면서 "자민당은 이미 가야 국민운동본부장을 중심으로 일한우호조약비준촉진국민회의를 구성, 가두집회와 팜플릿에 의한 선전전宣傳戰을 벌이고 있다"고 보도한 바 있다.[55]

그런데 이러한 일본 내 '국민운동'이 '합의의사록'과는 무관한 것으로 보인다. 왜냐하면 이에 대해 일본국회에서 다음과 같은 질의와 응답이 이루어졌기 때문이다.

> **가메다 도쿠지**亀田得治 : (전략) 문부대신에게 한 가지 묻겠습니다. 문화재 반환과 관련해 이번에 돌려주는 것은 국유만인데, 민간 소유에 대해서는 일본정부가 권장[56]한다고 합니다. 구체적으로 어떤 이야기입니까? 예를 들어 조선 사람들이 매우 원하는 문화재를 민간

하였다.(「郷友連盟の沿革」, http://www.goyuren.jp/ennkaku.htm, 검색일 : 2019.9.14.)

55 「日批准國會 5日開幕 安保波動以來 最大의 攻防戰 예상」, 『경향신문』, 1965.10.4.

56 합의의사록 및 해당 인용문의 발언에서는 '권장'이란 용어가 사용됐지만, 국회 논의에서는 '장려'한다는 용어도 사용하고 있으며, 일본 외무성의 관료 역시 '장려'란 용어를 사용하기도 했다.

이 소유하고 있다면, 그런 것에 대해서는 경제적인 근거를 일본정부가 해서라도, 경우에 따라서는 전부가 아니더라도 특수한 것에 대해서는 거기까지 증거로서라도 조선민족의 것은 조선민족에게 반환한다는 입장에서 노력하는 것까지 생각하는 것인지 어떤지. 단지 입으로만 가능한 한 반환하는 것이 좋겠다는 정도의 것인지, 확실하게 밝혀주시기 바랍니다.

(중략)

국무대신(나카무라 우메키치中村梅吉) : 합의의사록 중에는 사유 문화재에 대해 권장 운운하는 부분이 있습니다만, 그 권장이란 것이 정부가 어떠한 구체적 근거로 하게 되어 있는지, 그런 것의 질문입니다. 이 합의의사록의 의미는 거기까지는 되어 있지 않습니다. 합의의사록의 부분에 있는 문장 있는 그대로이며, 정부가 보상을 하는가, 아니면 어떠한 부담을 지는가, 구체적으로 근거로 하는 의미는 전혀 포함되어 있지 않습니다. 이 문장 그대로입니다. 그것만 말씀드립니다.[57]

위의 국회 발언은 1965년 12월 11일, 第50회 국회에서 사회당 의원 가메다 도쿠지亀田得治가 문부대신이었던 나카무라 우메키치中村梅吉에게 합의의사록에 대해 질의하고 답변한 것이다. 나카무라는 합의의사록은 일본정부의 의무를 요구하거나 어떤 조치를 해야 하는 사항은 아니라고 답변하고 있는데, 이것은 앞서 1965년 6월 18일 한일 양국의 합의의사록 작성 과정에서 일본이 '합의의사록'을 이행하기 위해 그 어떤 조치도 하지 않겠다고 한 것과 동일하다.

문제는 한국 측의 움직임이다.

---

57 第50회 국회 참의원회의 본회의 14호, 1965년 12월 11일.

1966년 4월, 한국의 이동원 외무부장관은 일본이 '합의의사록'을 어떻게 이행하는지 조사하라고 지시했고, 주일대표부는 일본 외무성과 접촉했다. 이 조사는 일본 정부가 개인이 소유 중인 한반도 반출 문화재를 기증하라고 어떻게 권장하고 있는지를 파악하기 위함이었다. 그리고 그 결과에 따라 한국에서 전문가를 파견하여, 한일협정으로 반환될 문화재를 인수하게 하고, 일본의 개인 소장 문화재를 더 찾아내기 위한 것이었다.[58] 만일 한국 측이 합의의사록이 단순한 외교적 문안文案이었음을 인식하고 있었다면, 이러한 조사 행위는 어떻게 설명할 수 있을까.

조사를 위해 일본 외무성을 찾은 주일본한국대사관의 안광호 공사는 문화사업부장인 하리가이 마사유키針谷正之 부장과 만난 자리에서 진척 상황을 문의했다. 물론 이 자리에서도 하리가이는 "일본의 국내법상, (특히 문화재보호법의 견지에서) 합의의사록에서 일본정부의 의향을 표명한 것 그 이상을 하는 것은 불가능하며, 합의의사록을 내놓은 것 자체가 일본정부가 민간에 권장하겠다는 태도를 표명한 것이고, 이 점은 협정을 결정할 때 한국 측도 그대로 이해한 것"이라고 설명했다.[59] 여전히 일본 측 입장은 변함이 없었다.

안광호 공사 역시 이에 물러서지 않고, 1965년 한국의 이동원 장관과 사토 수상이 면담했을 때, 사토 수상이 문화재 기증을 위한 국민운동을 전개하고 있다고 말했다며 약속 이행을 촉구했다. 그러자 하리가이는 사

---

58 발신전보 WJA－04153, 『한일협정 외교문서 문화재 자료집 Ⅱ』, 문화재청, 2005, 613쪽.

59 일본 외교문서 1120 : 「韓国への文化財の引渡について」, 1966.4.15. 이에 대해 보다 상세한 내용은 류미나의 논문 「문화재 반환 교섭으로 본 한일회담의 한계－ 일본의 한국 문화재 반환 절차를 중심으로」(『일본역사연구』, 제40집, 2014.12)를 참조하기 바란다.

토 수상의 말은 민간의 개인적 활동을 의미하는 것이라고 답변했다.[60]

다시 말해 민간이 소장한 문화재를 반환하도록 권장하겠다는 합의의사록에 조인한 일본정부는 문안을 작성한 것 그 자체가 '권장'이라고 주장하며, 실질적으로는 아무 행동도 취하지 않았던 것이다.[61] 한마디로 양측 모두 합의의사록에 대해 서로 다른 확고한 해석과 입장이 있었던 것이다. 또 다른 자료들을 보면, 평행선과 같은 양측의 입장 차이가 더욱 뚜렷이 보이는데, 예를 들어 한일회담 문화재 반환 협상의 담당자였던 황수영 교수는 1973년에 간행된 저서에서 합의의사록에 대해 다음과 같이 회상하고 있다.

> 그리하여 一九六六년에 이르러 文化財問題 또한 會談妥結에 따라 終末을 보게 되었던 것이다. 그러나 結果에 대하여 滿足을 느끼지 못하는 것은 누구보다도 오랫동안 이에 관여하였던 필자 자신이기도 하였다. 더우기 個人所藏品에 대하여서는 따로 兩國 사이에 覺書를 교환(합의의사록－저자)하였음에도 불구하고 그것은 아직도 活用되지 못하고 있다.[62]

협상자의 일원이었던 황수영 역시 합의의사록에 대해 위와 같은 주장을 하는 것을 보면 합의의사록의 이행을 요구하는 한국정부의 주장이 맞을 수도 있다. 그러나 일본 역시 1965년 11월의 국회 자료 외에도 황수영처럼 협상자의 한 사람이었던 마쓰나가 노부오松永信雄 당시 조약과장의

60 여기서 말하는 민간의 개인적 활동에 대해서는 구체적인 설명이 없지만, 저자는 제8장 각주 54에서 언급한 '일본향우연맹'의 활동 조직 중 하나인 '재단법인 일본WVF협회'를 가리킨다고 보고 있다.

61 착신전보 JAW-04274, 『한일협정 외교문서 문화재 자료집Ⅱ』, 문화재청, 2005, 616쪽.

62 황수영, 『日帝期文化財被害資料』, 考古美術資料 第20輯, 韓國美術史學會刊, 1973.1, 3쪽.

회상록에는 이 합의의사록에 대해 다음과 같이 쓰여 있다.

6. 문화재 · 문화협정

마쓰나가 : 문화협정의 합의의사록에서 사유문화재를 한국에 기증하는 것은 '정부로서 이를 권장하는 바이다'라고 되어 있는데, 이 '권장'이란 말은 지금까지 조약 · 협정에 사용된 예가 없었다. 그 때의 교섭 경위는 다음과 같다. 6월 18일 밤 힐튼호텔에서 한국 측 대표인 방공사와 김정태 참사관이 있을 때, 나는 이렇게 설명을 했다. "사유재산권은 전시체제 하에 있는 한국에서는 일본보다 제약이 있다고 해도 일본의 헌법 하에서는 사유재산에 대한 권리는 강하게 보장되어 있고, 침해받을 수 없다. 사유재산은 자연 보호적으로 발생하는 권리란 관념이 원래 그 기초에 있기 때문에 이를 일본정부가 이래라 저래라 조치를 하는 것은 헌법 상 불가능하다. 이것을 한국 측은 인식하고 있는가"라고 했더니, "그건 잘 알고 있다"고 했다. "그러니까 여기서 말하는 '권장한다'는 것은 일본정부로서는 '그러면 좋겠습니다'라는 입장을 취할 수밖에 없고, 이것으로 무슨 조치를 취하는 것은 아니며, 또 할 수도 없는 일이다"라고 설명했다. 한국 측은 "그렇게 하는 것으로 좋습니다. 한국 측도 '한국 측에 기증되는 것을 희망한다'고 하여, 그것으로 시비를 가리지 않으면 안 된다는 요구를 하는 것은 아니다. 일본 측의 설명은 법률적으로 그럴 것이라고 생각하고 이것은 단순히 한국 측이 그걸 희망한다고 표명하고, 일본 측도 '그렇게 되면 좋을 일입니다'라고 하는 것으로 좋다"라고 해서 그런 문장이 되었다. 만약 조치를 취할 것을 약속했다면, 전혀 다른 식으로 써야 한다고 오히려 거꾸로 말할 수 있다고 생각한다. '권장한다'고 하면, 그것을 위해 어떤 액션을 취했는가 하는 것이 문제가 되지만, '권장하는 바이다'라고 하는 것은 '나는 그런 입장을 취하고 있습니다'라는 것만 의미하는 것이다. 이때 이 합의의사록은

발표된 일본정부의 입장이 내외에 알려지게 되는데, 이 이상 일본 정부가 무슨 디클리어(declare－저자)하는 것, 예를 들면 한국 측은 분명 문부대신 성명이나 뭔가를 내달라고 했지만, 그것도 하지 않겠다고 했더니 '그래도 좋습니다'고 하고, 방공사는 '사유재산이니까 일본정부가 이렇게도 저렇게도 할 수 없다는 것은 잘 압니다'고 반복해서 말했다.

야마구치 : 다른 곳에서 사용하고 있는 '~하는 것으로 한다'는 말보다도 이번 '~하는 바이다'라는 말이 더 약하죠.[63]

위의 내용 역시 일본 외교문서에 기록된 1965년 6월 18일의 회담 상황과 동일하다. 합의의사록의 이행은 일본정부의 의무사항이 아니기 때문에, 일본 내에서 개인이 소유한 한반도 출토 문화재를 기증하라고, 정부 차원에서 조치를 취할 것이 아무것도 없었다.

이상의 기록들을 살펴보면, 합의의사록을 둘러싼 한일 양국의 해석은 상반된 지점에 있으며, 양쪽의 외교 사료에 기록된 내용만으로는 진위 여부를 가리기 어려워 어느 한 편의 입장이 옳다고 판단할 수 없다. 다만, 한국정부는 여전히 합의의사록을 토대로 일본정부에 이행의 의무를 요구하고 있으며, 향후 협상에서도 이 카드는 지속적으로 사용될 수 있다. 그럼에도 불구하고 지금까지 한국정부가 이 카드를 사용한 사례는 거의 찾아볼 수 없을 정도이다. 일본 사회를 향한 한국 시민단체의 활동 외에 정부 차원에서 합의의사록 이행의 요구가 미비하다는 것에는 어떠한 의미가 있을까. 앞으로도 이 문제는 한일 양국 관계의 또 다른 도화선으로, 혹은 협력의 통로로 활용될 가능성이 매우 높다고 하겠다.

63 일본 외교문서 5 : 「国交正常化の記録 総説」 回顧録等, 松永課長・山口・熊谷・谷口参事官, 「日韓交渉の回顧－条約課の立場から－」, 1971.11, 69~71쪽.

9장

'양산부부총'을 둘러싼 한일 간의 격돌

9장

'양산부부총'을 둘러싼 한일 간의 격돌

1. 고대 한일 관계의 상징인 '양산부부총'

'양산부부총'은 1920년 조선총독부 고적조사연구회가 발굴한 무덤이다. 조선총독부 고적조사사업의 일환으로 바바 제이치로馬場是一郎와 오가와 게이키치小川敬吉가 발굴한 이 무덤에서는 6세기로 추정되는 신라시대 유물이 다수 발견되었다.

신라시대 유력자의 것으로 보이는 남성의 금관 위에는 나무를 표현한 '출出'자 모양의 장식이 눈에 띈다. 더불어 이 관 안에는 내관이라고 할 수 있는 금동관이 들어있는데, 정교한 것으로 보아 철을 잘 다룬 장인의 솜씨로 추정된다.[1]

1 문화재 검색 http://www.cha.go.kr/korea/heritage/search/Culresult_Db_View.jsp?mc=NS_0403_01&VdkVgwKey=13,00930000,38 (문화재청 홈페이지 검

이 유물은 일본학술진흥회가 연 2만 엔씩 총 6만 엔, 궁내청이 5천 엔, 이왕가에서 3천 엔을 기부받아 발굴되었다. 도쿄국립박물관이 소장하게 된 것도 그에 대한 답례로 기증된 것이다. 또한 이 유물이 발굴된 토지의 소유자에게는 조선총독부가 2년에서 3년 치 작물에 상당하는 돈을 건넸다.[2]

그런데 이 무덤의 유물은 14년간 진행된 문화재 반환 협상 중에서 일본이 가장 민감하게 반응한 대상이었다.

한국사회가 양산부부총을 반환하라고 요구하기 시작한 것은 1949년으로 보인다. 1949년 7월 22일, 『동아일보』에는 사이토 마코토斎藤実 총독이 양산부부총을 다이쇼大正 천황에게 선물로 헌상한 점을 들며, "부정한 수단"에 의해서 "강탈 당한" "우리의 재산"으로 규정하고, 이를 반환하라는 보도가 게재되었다.

> 우리 정부는 맥아더 사령부를 통해서 대마도(對馬島)를 반환할 것을 요구하였고, 대일배상을 요구하고 있다. 강제로 그 침략전쟁에 징■■ 노력에 대해서 이를 배상할 것을 요구하고 있다. 그 밖에 그들이 약탈하여 간 허다한 문화재의 현물을 반환할 것을 요구하고 있으니 멀리는 임진왜란 당시에 풍신수길(豊臣秀吉)이가 약탈하여 간 수 만 권의 서적과 총독 정치기간 중 그들이 대가(代價)를 치루기도 하고 안치루기도 하고 수집하여 간 수천점에 달하는 역사적 고물을 비롯해서 제등齋滕 총독이 대정大正황제에게 선물한 양상부부총梁山夫婦塚의 세계적 일품이라든가 지금 대창집고관大倉集古館에 진열해 놓은 신라 五층탑이라든가에 대해서는 그것들이 배상의 성질의 것

색일 : 2019. 9. 27.); https://www.tnm.jp/modules/r_collection/index.php?controller=dtl&colid=TJ4149(도쿄국립박물관 홈페이지 검색일 : 2019.9.27.)

2 일본 외교문서 581 : 「(極秘) 文化財に関する打合会」, 1965.3.22.

이 아니고 부정한 수단에 의해서 강탈당한 우리 재산에 대한 반환 요구인 만큼 이것은 배상문제와 분리시켜 시급히 찾아와야 한다는 것이다.[3]

실제 한일회담이 진행되는 가운데 제2차 한일회담 제2차 청구권회의 때부터 양산부부총의 반환 문제가 언급되었다.[4] 비록 이 회담은 일본 측이 목록을 조사한 후 다시 의견을 나누자며 정리가 되어 큰 소득 없이 끝났지만, 일본 외무성의 내부 자료를 확인한 결과, 목록에 대한 의견 청취가 신속하게 진행되고 있었음을 알 수 있다. 예를 들어 1953년 6월 23일, 도쿄예술대학의 후지타 료사쿠藤田亮策를 방문해 한국 측 목록에 대한 의견을 청취했는데, 이때 후지타는 양산부부총에 대해 다음과 같이 발언했다.

> 한韓 측 리스트 중에 도쿄박물관에 소장된 양산발굴품이라는 것은 조사 자금이 일본에서 온 관계도 있고, 조선 문화와 일본 문화와의 비교 연구라는 취지에서 동 박물관에 조선실이 설치될 때, 금관을 포함해 하나의 고분 전부를 낙랑의 종과 함께 특히 기부한 것이다. 동 교수의 말에 의하면, 도쿄박물관의 조선 관계 소장품 중에 양산 발굴품과 시모노세키下関의 모로가諸鹿 씨(전 경주박물관장)로부터 구매한 물품(주로 경주에서 발굴된 기와) 말고는 박물관이 시중에 있는 골동품상에게 사들인 것으로 신뢰할 만한 물건이 없고, 정리도 안 되어 있다는 것이다.[5]

3 「賠償 아니다 返還하라」, 『동아일보』, 1949.7.22.

4 한국 외교문서 723.1JA 청1953. 5 1－3차 등록번호 92, 제2차 한일회담 청구권위원회 회의록, 1－3차, 1953.5. 11~6. 15, 27쪽.

5 일본 외교문서 585 : 「朝鮮の美術品､骨董について」, 1953.6.23.

앞에서 언급한 바와 같이, 조선총독부 박물관장을 지낸 후, 도쿄예술대학의 교수로 재직한 후지타는 1922년부터 조선총독부 고적조사위원으로 활동했기 때문에 조선의 발굴 사정에 대해서는 상세하게 알고 있었다. 그만큼 그의 양산부부총에 대한 평가가 매우 중요한데, 그런 후지타가 도쿄박물관의 조선 관련 소장품 중에서 양산부부총이 차지하는 가치가 매우 높다고 평가한 것이다.

1958년 106점의 문화재를 반환한 일본정부는 추가적으로 문화재 반환을 하겠다고 약속했다. 그리고 한국정부에 반환할 문화재의 목록을 전달했는데, 지난번에 반환한 것들에 비하면 매우 가치가 높은 것들이었다.

이 목록 속에 양산부부총이 들어 있었는데, 이러한 결정은 일본 문부성이나 문화재보호위원회, 그 밖의 일본 학계의 의견과는 상반된 것으로, 전적으로 일본 외무성의 판단이었다. 그리고 이 판단은 무엇인가 고의적이었다기보다는 한국정부가 요구하는 것을 그대로 수용한 결과라고 볼 수 있다. 물론 후속적으로 반환하겠다는 일본정부의 약속은 제1차 때와 마찬가지로 일본 사회에는 비밀로 한 채 진행되었다.

아래는 주일대표부가 일본으로부터 두 번째로 받게 된 문화재 목록을 한국정부에 보고한 내용이다. 이 보고서에는 문화재의 가치, 그리고 지난 1958년에 반환된 문화재와 어떤 차이가 있는지에 대한 설명이 있다.

〈문화재 489점(양산고분발굴품)의 평가에 대하여〉

일본측으로부터 제출된 제2차 문화재 목록 489점에 관하여 다음과 같이 보고하나이다

1. 물품의 성질 …고고자료로서 우리나라 삼국시대 신라고분 1기로부터 발굴된 유물의 총량이온바 일본이 제1차로 반환한 문화재 106점에 비하여 종류와 수량이 많고 그중에는 학술자료로서 귀중한 장신구가 포함되어 있나이다.

1. 발굴연대와 원소재지 …1920년 11월, 경남 양산군 양산읍 북정리 제10분

1. 반출경위… 소위 조선총독부에 의하여 발굴 후 이 유물은 당시의 총독부 박물관에 진열되어 있던 바 1938년 3월 31일 일본 동경제실박물관에 운반되었고 현재 동관(현칭 동경국립박물관)에 보관 중임

1. 유물의 종류와 고고자료로서의 가치 …고분 내에는 부부로 추정되는 2인의 유해가 매장되어 있었던 바(따라서 '부부총'이라 명명되었음) 총계 489점에 달하는 이 고분의 유물을 대별하면 다음과 같습니다.

(중략)

1. 시가에 대하여… 귀중품으로서 중요한 문화재라고 지목할 수 있는 장신구로서 금동보관을 비롯하여 순금 이환(귀걸이－저자) 옥제 목거리 금천金釧(금팔찌－저자) 은요대 금동리 등 금공품을 타품과 분리 평가한다면 일화로 최고 2백만 엔 정도로 추산될 것이오며 부장품인 무기류 마구류 토기류 등은 장신구에 비하여 훨씬 저가로 평가될 것입니다. 그 이유로서는 489점 중 상당수를 찾이하는 토기류 같은 것은 단가가 이곳에서 매우 저렴한 시세이오며 무기류 마구류는 年久한 세월에 부식되어 감상용품이 되지 못하고 고고자료로서의 가치를 보유하고 있을 뿐이므로 환가는 곤란하나이다.

1, 일본정부가 제출한 489점의 목록을 정부작성 '피탈미술품목록(1)', '동경국립박물관수장품목록'과 비교검토한 바 상호 부합되어 누락된 것이 없나이다. (이상)[6]

6 한국 외교문서 : 723. 1JA 문1958, 102, 제4차 한일회담(1958.4.15.~60.4.19.) 문화재소위원회 회의록 및 문화재 반환교섭, 1958, 208~212쪽, 「문화재 489점(양산고분발굴품)의 평가에 대하여」, 1958.7.11.

위 보고서의 핵심은 양산부부총의 유물이다. 그야말로 "중요한 문화재"임은 말할 나위도 없고, 그 일부는 당시 시가로 약 2백만 엔으로 추산될 정도였다.[7] 양산부부총은 앞서 반환된 106점의 문화재와 비교해 월등한 수준의 것들이고, 더욱이 종류 역시 다양해서 한국 측은 만족스럽다는 평가를 했다. 다만, 무기류와 마구류는 부식이 심해 평가하기 어렵다는 아쉬움이 있었다.

문제는 뒤늦게 이 사실을 알게 된 일본의 문부성과 문화재보호위원회, 그리고 학계의 강력한 반대가 있었다는 점이다. 과연 어느 정도로 반대했고, 그 이유는 무엇이었는지 살펴볼 필요가 있을 것이다.

2. 결단코 사수해야 할 '양산부부총'

'양산부부총'과 관련된 협상이 본격화된 것은 1965년에 들어서이다.

김종필을 필두로 한국 측에 적극적인 협상 타결의 의지가 있다는 것을 확인한 일본은 1965년 3월 22일 '문화재에 관한 협의회'를 열고, 국교정상화 이후 한국에 돌려줘야 할 문화재에 대해 내부 회의를 진행했다.

이 자리에는 문화재보호위원회 사무국 마쓰시타 다카아키松下隆章 미술공예과장, 도쿄국립박물관 다나카 사쿠타로田中作太郎 고고考古과장, 외무성 하리타니 마사유키針谷正之 문화사업부장, 그리고 북동아시아과의 야나기야 겐스케柳谷謙介 서기관, 모리타森田 사무관, 다지마田島 사무관이 참석했다. 이 협상에서는 외무성과 문화재보호위원회 사이에서 의견

7 8장에서 언급한 바와 같이 1958년 제1차로 반환된 문화재들은 총 시가가 당시 20만~30만 엔 정도로 평가되었다.

충돌이 있었는데, 그것은 다름 아닌 양산부부총 유물 반환과 관련된 문제였다. 일본 문화재보호위원회와 도쿄국립박물관이 이 유물의 반환을 강력하게 거부한 것이다.

문화재보호위원회의 사무국 과장인 마쓰시타는 '양산부부총'이 고대 한일관계를 설명하는 귀중한 자료이므로 절대 반환할 수 없으며, 그 이유에 대해서 무엇보다 이 유물이 '임나'와 일본과의 관계를 연결시키는 중요한 자료이기 때문이라고 주장했다.

> 마쓰시타 과장으로부터 '본 출토품은 임나와 일본과의 관계를 설명하는 귀중한 것인데, 한국에는 이런 종류의 물건이 더 있지만, 일본에는 이것 외에 없다'고 학문적 이유를 들었고, 다나카 과장으로부터 그 입수 경로에 대해 '조선고적연구회'에서 본 고분을 발굴할 당시, 일본학술진흥회가 매년 2만 엔씩 6만 엔, 궁내청이 5천 엔, 이왕가로부터 3천 엔의 돈이 지출된 경위가 있어, 그 답례의 의미로 출토품의 3분의 1이 도쿄박물관에 기증된 것이다. 또한 이 발굴 때 그 토지 소유자에게 2년 내지 3년의 작물 값에 상당하는 돈이 총독부에서 건네져 이 출토품은 총독부의 권력으로 강탈한 물건의 부류에 해당하지 않는다'고 설명했다. 이에 대해 모리타 사무관으로부터 '이에 대해 종래 리스트를 한국에 전한 경위가 있어, 작년 3월 한국의 신문을 보면, 당연히 이것을 반환할 물건으로 적고 있다. 또한 그 3분의 2가 한국에 남아있다고 한다면, 고분 출토품의 일괄 보존이라는 입장에서 한국 측은 반환을 강하게 주장하지 않을까'라고 말한 것에 대해 마쓰시타 과장은 '이번 증여는 일한수호가 목적이다. 고대 일한 문화 교류를 설명하는 귀중한 자료를 잃는 것은 오히려 일본의 조선 연구자의 반박을 사게 된다. 또한 일괄 보존이라는 원칙이라면 오히려 그쪽에 있는 3분의 2도 일본 측에서 받고 싶을 정도이다.'라고 말했다. (생략) 야나기야 사무관이 일한회담

> 전반의 동향을 설명하고 4월에 들어서 문화재 관계의 위원회도 열릴 계획이 있다고 말했다. 마쓰시타 과장이 '문화재의 증여에는 절대 정치적 거래가 있지 않길 바란다. 특히 양산부부총 출토품을 정치적 압력으로 내놓으라는 일이 없도록 해주길 바란다. 만약 그것이 예상된다면 내 쪽에서 부부총 출토품을 분할하여 그 일부를 한국에 건넬 생각도 있다'고 의견을 말했다.[8]

마쓰시타의 '임나' 관련 발언은 그의 학문적 사회적 위치를 고려할 때 매우 중요하다. 그것은 마쓰시타가 문화재보호위원회의 사무국장이기 때문이기도 하고, 또한 그의 경력과도 매우 관련이 깊다. 마쓰시타는 1934년에 도쿄제실박물관에 입사한 이후 일본 미술계 중진으로 활동한 인물로, 1960년에는 도쿄국립박물관의 미술공예과장으로 근무했다. 그의 주장은 단순히 개인의 의견이 아닌, 당시 문화재보호위원회와 도쿄국립박물관, 그리고 일본 미술학계와 고고학계의 의견을 대표하는 의견이라 하겠다. 한일협정이 체결된 후, 당시 아시아국장인 우시로쿠 도라오後宮虎郎는 이날 밤의 상황을 다음과 같이 회상했다.

> 문화재 사무 당국자는 마지막에 부부총 발굴품에 대해서는 총리로부터의 지령이 아닌 한, 인도에 응할 수 없다고 주장하기에 이르러, 본건에 대해서만은 총리를 괴롭혀서라도 문화 당국을 누르는 것 외에는 다른 길이 없는 것이 아닌가 하고 생각한 시기도 있었다. 또한 외무 당국에서는 일한 간의 지리적 접근성에서 볼 때, 고고학에 실로 관심이 있는 자는 한국에 가서 발굴품을 보면 된다고 생각해, 이를 우리나라에 두자고 고집하는 것은 교섭 전반의 균형으로 볼 때 불합리하다고 생각했다. 그러나 우리 문부 당국은 설사 다른

8 일본 외교문서 581 : 「(極秘) 文化財に関する打合会」, 앞의 문서.

품목을 상당수 내놓더라도 이 부부총 발굴품을 구해야 한다고 생각했다. (문부 당국은 해군 군축에 관한 워싱턴 회의를 예로 들어 다른 것을 희생하더라고 '무쓰陸奥'[9]를 구한 것처럼 교섭하고 싶다고까지 주장했다)[10]

위의 인용문을 보면 문화재 관계 당국이 양산부부총을 얼마나 중요시했는지 충분히 알 수 있다. 총리의 지령이 아닌 한 타협을 하지 않을 정도의 각오로 이 유물을 지키려고 했다는 것, 그리고 그 이유가 바로 "임나와 일본과의 관계를 설명"할 수 있는 자료라는 점에는 주목하지 않을 수 없다.

양산부부총을 둘러싼 갈등은 한일협정을 목전에 둔 1965년 6월 18일 새벽까지 이어졌다. 결국 양측의 의견이 좁혀지지 않자, 외무부의 방희 공사가 이 문제는 나중에 처리하는 것으로 정리하고 나머지 품목을 논의하자는 제안을 했다. 일본 역시 한국 측을 설득할 안을 내놓아야 한다고 내부 의견이 모아졌는데, 그것은 양산부부총을 사수하는 대신 다른 문화재들을 추가로 반환하자는 것이었다. 그러나 이러한 추가 문화재 전달에는 단순히 양산부부총 유물을 지키자는 의미만이 아니라, 한국 측이 더 이상 더 가치 있는 문화재들을 요구하지 못하도록 방지하자는 숨은 뜻이 담겨져 있었다. 다음 인용은 도쿄 힐튼호텔에서 진행된 한일회담과 관련한 일본 측의 외교 문서이다.

9 무쓰陸奥는 1917년에 제작하기 시작한 일본의 전함인데, 제작하는 도중인 1921년 '워싱턴 해군 군축조약'에 의해 폐기 위기에 몰렸다. 그러나 일본이 무쓰를 완성시키기 위해 서류를 조작하는 일까지 벌이며 결국 1924년에 완성되었다.

10 일본 외교문서 16 : 「後宮大使「日韓交渉に関する若干の回想」」, 1965.7.

가) 우리나라에서, 한국 고분에서 나온 출토품으로 학술조사에 의한 일괄 유물은, 이전에 한국에 인도한 106점과 부부총 출토품(489) 일괄 유물뿐이다. 오구라 콜렉션 등에 뛰어난 유물이 있지만, 이것은 학술조사의 결과물도 아니며, 일괄 유물도 아니다.

나) 이토 히로부미의 고려자기를 조금만 남기고 나머지는 인도한 것은 질적으로 볼 때 우리 국내에 훨씬 우수한 것이 다수 존재하기 때문이다.

다) 조선총독부가 반출한 것, 그리고 경상남·북도 고분 및 고려시대의 고분 등에서 출토한 것을 당초에 생각한 대로 어느 정도 양보한 것은 오구라 콜렉션 등 민간 콜렉션에 훌륭한 것이 있기 때문이며, 이것은 민간 콜렉션이 인도되는 것을 보호하기 위해서이다.[11]

이 한일 양측의 협상은 양산부부총 대신 창녕 교동 고분 출토품과 경주 황오리 16호 출토품이 반환됨으로써 마무리됐고, 한국 측은 문화재들의 가치가 매우 높아 만족했다.[12] 그러나 이러한 일련의 과정이, 더 가치 있는 문화재들을 내놓지 않으려는 일본측의 계산에서 비롯된 것임을 고려한다면, 일본 측에 유리한 협상 결과였음을 인정하지 않을 수 없다.

실제 일본이 한국에 반환한 문화재 품목에 대해서는 일본 국회에서도 논의가 됐다. 1965년 11월 19일, 제50회 임시 국회에서 문부대신인 나카무라 우메키치中村梅吉는 다음과 같이 답변했다.

---

11 일본 외교문서 1946 : 「文化財 監査官 松下隆章 (秘) ヒルトンホテルでの日韓会談文化財問題に関するメモ」, 1968.9.28, 북동아시아과 일본국교정상화교섭사편찬위원회.

12 「한·일간의 문화재 및 문화협력에 관한 협정 서명 이후의 문화재 인수(1966.5.28.) 1965−66」, 『한일협정 외교문서 문화재 자료집 Ⅱ』, 517쪽.

모리모토 : (전략) 인도되는 물품, 미술품, 도서류의 선정 기준이 도대체 무엇인지. 한국의 요구에 의한 것인지, 일본이 골랐는지. 이번에 분명히 해주시길 바랍니다. (그 물품들 중에서 - 저자) 중요문화재에 지정된 것이 없는 것은 무슨 이유에서인지. 국보에 지정된 것은 없다고 하는데, 일본에는 한국에서 - 조선에서 가져온 것으로 이러한 중요문화재에 지정된 것은 한 점도 없는 것인가, 아니면 있어도 인도하지 않는 것인가, 구체적인 답변을 부탁드립니다. 다음으로는 지난 33년(1958년 - 저자)에 106점의 문화재를 한국에 친선 분위기 조성이란 명목으로 보냈습니다. (중략) 듣자 하니, 그 물품들은 별로 좋은 것이 아니라고 합니다. 장식의 옥이 떨어져 있다든지, 서적을 보면 필사한 복제품이 적지 않다고 하고, 귀중한 것이라고는 할 수 없는 것이었다고 합니다. (후략)

나카무라 : 그리고 문화재 인도에 대해 어떤 기준인가 하는 것인데, 이것은 특별히 기준이 없고, 서로 상의한 결과, 이러한 인도 물품 수 및 품목이 결정된 것입니다. (중략) 한국에 같은 종류의 물건이 있는 것은 그리 반환하지 않아도 되지 않을까 하여, 일본에 있는 것, 또는 한국 측에서 인도를 요구하는 것 중에, 같은 종류의 것이 한국에 현존하고 있는 것은 그쪽(한국 - 저자)에서 문화재 연구가 가능하니까, (반환하지 않아도 - 저자) 괜찮지 않을까 하여 그런 것은 제했습니다. (중략) 그중 국보 및 중요문화재가 없는가에 관한 것인데, 이것은 고의로 그런 것은 아닙니다만, 지금 말씀드린 바와 같이 절충한 결과, 타협에 이른 품목에 대해서는 국보 및 중요문화재로 지정된 것은 한 점도 없습니다.[13]

---

13 제50회 임시 국회 중의원회 본회의 8호, 1965.11.19.
http://kokkai.ndl.go.jp/cgi-bin/KENSAKU/swk_dispdoc.cgi?SESSION=4530&SAVED_RID=4&PAGE=0&POS=0&TOTAL=0&SRV_ID=3&DOC_ID=10662&DPAGE=1&DTOTAL=137&DPOS=6&SORT_DIR=0&SORT_TYPE

위의 인용문에서 알 수 있듯이, 일본이 한국에 반환한 문화재 중에 일본의 "국보 및 중요문화재"에 지정된 것이 하나도 없었다는 것이 일본국회에서도 언급될 정도였다.

한국에서도 이렇게 체결된 문화재 관련 협정에 큰 불만을 나타냈다. 언론은 첫째는 '인도'라는 형식을 취한 점, 둘째는 가치가 낮은 문화재가 반환된 점, 마지막으로는 개인 소유의 문화재가 반환되지 못했다는 점을 들어 이 문제를 보도했다.[14]

이렇게 일본에 사수된 양산부부총은 지금도 도쿄국립박물관에 전시되어 있다. 지금은 유물 설명란에 '임나'에 관련된 이야기가 들어가 있지 않지만, 어떻게 해서 일본이 소장하게 되었는지에 대한 설명 또한 언급되어 있지 않다.

2013년 10월 15일부터 2014년 1월 12일까지 3개월간 경상남도 양산에서 '양산지명 600주년 기념 기획전시'를 위해 '양산유물전시관'과 도쿄국립박물관과의 1년 가까운 협의 끝에, 양산부부총을 한국에서 전시하기로 결정되었다. 당시 양산에서는 "백년만의 귀환"이라는 문구를 사용해 많은 홍보를 했고,[15] 관람객이 10만 명을 돌파하면서 전시관의 위상 역시 높아져 다음 해인 2014년에는 '양산시립박물관'으로 변경되었다. 당시 일본에서 대여한 것은 부부총에서 출토된 대표 유물 68점과 관계자료 등이었는데, 이 유물의 가장 핵심인 금동관은 대여 협의 과정에서 도쿄국립박물관 측이 운송 중 보존 상태가 악화될 것을 우려해 끝내 대여를 거부했다.

=0&MODE=1&DMY=29517(일본국회의사록 홈페이지 검색일 : 2018.10.7.).

14 「反対와 賛成 韓・日協定文에 대한 與野討論(完) 文化協定」, 『경향신문』, 1965.7.2.

15 『백년만의 귀환 양산부부총』, 양산유물전시관, 2013.12.

10장

일본의 문화재보호법과 한반도 출토 문화재

10장

일본의 문화재보호법과 한반도 출토 문화재

1. 일본의 문화재보호법 제정과 외국 유래 문화재의 '국유화'

일본이 약탈해간 문화재는 패전 후 피점령국뿐 아니라 GHQ의 관심의 대상이 되었다. GHQ는 1945년 11월, 일본정부에 국보 및 각종 문화재의 일람표를 요구하며, 일본에 있는 문화재에 대해 조사를 시도했지만, 일본은 매우 미온적으로 대응했다. 예를 들어 일본은 GHQ가 1945년에 요구한 조사 일람표에 대한 답변서를 2년이 지난 1947년 5월이 되어서야 제출했고, 그 내용 또한 매우 빈약한 것이었다. 심지어 이 답변서에는 국보 및 콜렉션의 각종 문화재 일람표에 해당되는 물건이 겨우 1점이라고 보고하고 있어, 일본정부의 대응이 얼마나 소극적이었는지를 알 수 있다.

물론 GHQ는 이러한 보고에 만족하지 않았고, 같은 해 9월, 외국에서 유래된 미술품 목록[1]을 1948년 1월 1일까지 제출하도록 일본정부에 명령했다. 하지만 일본정부는 해당하는 물품은 하나도 없다고 답변할 뿐이었다. 일본정부는 중국정부가 문화재를 반환하라고 요구했을 때도 일관된 태도를 취했다.

일본이 식민지 및 점령지에서 반출한 문화재 중에 패전 이후 가장 주목을 받은 것은 중국의 문화재였다. 중국은 1945년 10월부터 약탈 문화재 조사에 들어갔고, 1949년 1월 '약탈문물문화재목록'을 GHQ의 '민간재산관리국'에 제출했다. GHQ는 일본 외무성 '특수재산국'에 조사를 의뢰했는데, 그 결과 2만 173책의 도서와 고물古物 약 1천 건의 소재가 밝혀졌다.[2] 그러나 일본은 조사된 물건들이 이미 대부분 중국으로 반환됐고, 일부의 물건만이 일본에 소재하고 있다는 답변을 제출했다. 그리고 이 일부의 문화재가 일본에 남아있는 이유는 전란 중에 산실될 것을 우려해 일본이 반출했기 때문이라고 변명했다.

중국뿐 아니라 다른 피해국도 일본이 해외에서 반출해온 문화재를 돌려달라고 요구했다. 예를 들어 한반도에서는 해방이 되자마자 같은 해 10월, 민간학회가 일본정부에 약탈해 간 도서를 반환하라고 요구했고, 그 결의안을 맥아더에게 제출했다. 또한 이들은 1945년 12월, 일본이 약탈해간 도서와 보물 목록을 미군정청에 제출했지만,[3] 이에 대해 특별한

1 이때 외국에서 유래한 미술품이란 1937년 7월 7일 이후 점령 지역에서 획득해 현재 일본에 소재하고 있는 것으로, 당시의 시장 가격이 5천 원 이상의 물건으로 한정했다. GHQ 내 '민간정보교육국'에서 '민간재산관리국'에 전달된 메모에 의하면, 기간을 노구교사건 이후로 정한 이유는 그 이전의 물품인 경우 이미 해외로 반출된 것이 많고, 조사할 대상이 방대하므로 취급하기가 어렵기 때문이라고 한다. (森本和男, 『文化財の社会史』, 彩流社, 2010, 674쪽).

2 森本和男, 앞의 책, 677~678쪽.

조치가 내려졌다는 기록은 찾아보기 힘들다.

미국의 대일정책에 변화가 생기면서, 일본은 식민지 및 점령국에서 반출한 문화재를 반환하라는 요구에 대해 더욱 무책임한 태도를 보인다. 주지하듯이 미소냉전이 심화하고 중국 내부의 정치적 질서가 변화함에 따라, 미국은 그 변화에 영향을 받아, 일본을 군사점령국에서 전략상 주요한 우방국으로 인식전환 하였고, 이는 대일정책 전반에 반영되었다. 특히 패전한 일본을 점령하고 있던 GHQ는 일본에 전쟁 책임이 과도하게 부담되는 것을 막기 위해 '노력'했다. 이러한 GHQ의 대일 정책 방향은 문화재를 둘러싼 배상 문제에서도 드러났다. 예를 들어 GHQ 사령관인 맥아더는 일본이 전쟁 및 식민지 피해국에 배상을 하는 데 있어서 일본의 문화재가 이용되는 것을 반대했고, 일본의 문화재 보호 방침에 적극 '협력'했다.[4] 물론 일본이 중국을 중심으로 한 피해국의 문화재 반환 요구를 완전히 무시할 수는 없었지만, '반공의 방파제'로서 일본의 중요성이 대두된 이상, 굳이 이러한 요구에 적극적으로 대응할 이유는 더욱 없었다.

비록 일본이 식민지와 점령국에서 반출한 문화재의 반환을 외면했지만, 이 문화재의 처리문제로 고민한 흔적은 역력하다. 특히 1950년에 제정된 '문화재보호법'은 식민지와 점령국에서 반출한 문화재들을 어떠한 논리로 '일본의 문화재' 혹은 '일본의 재산'으로 규정짓는가라는 물음에 답하는 장이었다.

일본의 '문화재보호법' 제정은 패전 직후부터 논의 되었다. 패전 이후 일본이 내건 대표적 슬로건은 '민주주의 실현'과 '평화국가', 그리고 '문

3 『한일협정 외교문서 문화재 자료집 I』, 문화재청, 2005년, 99쪽.; 류미나, 「'한일회담 외교문서'로 본 문화재 반환 교섭」(『일본역사연구』, 30집, 2009.)을 참조하기 바란다.

4 森本和男, 앞의 책, 652쪽.

화국가'의 건설이었다. 전쟁에 가담하여 막대한 인명 피해를 초래한 국가 이미지를 민주주의와 평화, 그리고 문화라는 이름으로 덧칠하고, 새로운 국제사회의 일원으로 복귀하기 위해서라도 문화재에 대한 보호 정책은 불가결한 행보였다. 또 한편 이러한 국가적 과제와 더불어 일본에서 문화재 보호가 시급한 이유는, 극심한 식량난과 경제난으로 인해 고미술품이나 골동품은 물론, 국보급의 문화재까지 외국으로 유출되거나 소장처가 수시로 변경되는 상황이 발생했기 때문이다.

그런데 이러한 문화재 보호가 더욱 절실해진 사건이 일어났으니, 바로 1949년에 발생한 호류지法隆寺의 화재 사건이었다. 호류지는 7세기에 만든 사찰인데 세계에서 가장 오래된 목조건축물군이라는 점이 높이 평가받아, 1949년 당시에도 일본에서 중요한 문화재였고, 현재는 유네스코 세계 유산에 등록되어 있다. 그런데 1949년 1월, 이 호류지에 화재가 발생해 금당 내부에 있던 벽화가 소실되었다. 이 화재는 일본 전역을 충격에 빠뜨렸고, 이를 계기로 문화재에 대한 보호 정책 논의가 본격적으로 시작되었다.

당시 '문화재보호법' 입안을 진행하면서 가장 먼저 선결해야 하는 문제는 크게 두 가지였다. 하나는 문화재 소유자에 대한 과세 여부였고, 또 다른 하나는 외국에서 들여온 문화재의 처리 방법이었다. 먼저 과세 문제와 관련해서 이야기하자면 패전으로 인해 식량 문제 하나도 해결하기 어려운 상황에서 문화재 소유자에게 과세한다는 것은 일본 국민들의 원성을 사기에 충분했다. 더욱이 소유한 문화재를 수리해야 할 경우에 수리비의 지출 책임을 어디에 두느냐가 민감한 사안이었다. 문화재 소유자가 수리비 등의 경비를 지출하는 것을 꺼려서 문화재를 은닉하는 일들이 빈번하게 발생했기 때문에, 결국 중요미술품에만 비과세한다는 방침으로 일단락을 지었다. 그러나 여타 문화재에 관한 과세가 여전히 문제로 남아 소장자가 문화재를 감추거나 유출해버리는 일이 발생했다.

한편 외국에서 들여온 문화재에 관한 문제는 보다 복잡한 양상을 띤다. 무엇보다 이러한 문화재를 '일본의 것'으로 규정하는 일은, 일본이 이들 문화재의 출토 지역을 어떻게 점령했는가에 대한 정당성과 직결되는 문제였다. 그렇기 때문에 각 문화재에 대한 구입과 반출 과정에 대해 논의가 요구됐고, 일본은 외국에서 들여온 문화재와 일본 국민과의 관계성을 증명해야 할 입장에 놓였다. 특히 외래 문화재가 '국보'로 지정되어 있거나 혹은 '국보'로 지정될 가능성이 있는 경우에는 그에 대한 명확한 사유가 있어야 하는데, 문화재보호법 제정으로 인해 이러한 사유를 일본 스스로가 증명해야 할 상황에 놓인 것이다. 일본 국회에서도 법 제정을 위해 이와 같은 논의를 하지 않을 수 없었고, '국보'의 범위 안에 이들 외래 문화재를 어떻게 포함시키고, 어떻게 보호해야 하는가를 놓고 연일 공방이 이어졌다. 예를 들어 1949년 4월 19일, 일본 국회 참의원 문부위원회 문화소위원회에서 이와마 마사오岩間正男는 '문화재보호법' 중에 '국보'의 의미가 지닌 한계와 외래 문화재들 간의 관계성에 대해 다음과 같은 의문을 제시한다.

> **이와마 마사오岩間正男** : 나는 제2조의 보존 대상이고 할까요? 그런 점에 대해 잠깐 묻고 싶은데, 이에(문화재보호법 가안–저자) 따르면, 제2조 제1항에 '예부터 국민이 전해온 건물, 회화, 조각, 공예품' 등이라고 이야기 하고 있는데, 이렇게 국민이 예부터 전해온 것만으로 한정한다면, 이전에도 문제가 있었다고 생각합니다만, 메이지 이후 외국에서 일본으로 유입된 미술품이 상당히 있다고 생각합니다. 그리고 그중에는 세계적인 문화재란 면에서 보더라도 매우 중요한 것이 있습니다. 이러한 것의 처리를 어떻게 하느냐, 그것을 완전히 이 한정에서 제외해 버려서 그것을 국보로

지정하지 않는, 그래서 일본으로서 일본 국민이 소유하고 있는 우수한 문화재가 산일散逸된다든지, 보존이 잘되지 않는 실정이 나오지 않을까. 이런 생각이 들어서 이것을 어떻게 생각하시는지 의견을 듣고 싶습니다.

전문원(이와무라 시노부岩村忍) : (전략) 예를 들어 이런 사례가 있습니다. 스미토모住友의 스미야 세이료住屋清慮에는 중국의 청자기 콜렉션이 있는데, 이것들은 말씀하신 것처럼 대개 메이지 중기 이후에서 다이쇼에 걸쳐 매우 중요한 것이 (일본에-저자) 들어왔는데, 그 가운데에는 상당히 중요미술 등에도 지정되어 있는 것도 있을 것이고, 가장 최근의 예를 들자면 20여 년 전에 송판통전宋版通典이라는 것이 일본, 중국을 통해 하나는 궁내성의 소장으로 또 하나는 덴리天理대학에 들어왔는데, 북송판이라고 하는 것부터가 언제나 중요한 물건으로, 중국에서 메이지 이후에 도래한 것입니다. 이런 것들을 도대체 어떻게 해야 하는가, 구체적 문제로서 어떻게 될까 하고 생각하고 있지만, 이런 점에 대해서는 실은 '예부터 국민에 전해져 온'이라고 되어 있으니, 국민에 전해져 온 것으로 하면 3년도 5년도 상관없겠지만, 그것은 너무 궤변을 늘어놓는 것처럼 되니, 실은 이 점에 관해 매우 고민하고 있고 이것을 포함시키는 적당한 문구가 없나 생각하고 있습니다. 정신으로 말하자면, 저는 이렇게 믿고 있습니다. 그것은 일본에 있는 중요한 문화재를 보호한다, 매우 귀중한 것을 보호한다, 그것은 대개 일본의 국민 사이에 예부터 전해져 왔고, 일본 국민의 생활이라든가 정신이라든가와 함께 녹아 있는 것으로, 아마 거의 대다수가 그렇지 않나 생각합니다. 하지만 지금 말씀드린 것 같은 소수의 예외가 있다고 생각하는데, 그것은 오히려 예외적인 것으로 '국민에게 전해져 온' 것 안에는 그런 예외적인 것이 포함된다고 해석하는 것 외에 어쩔 수 없는 것이 아닌가 하고, 실은 생각하고 있습니다. (후략)

> 전문원(다케우치 도시오竹內敏夫) : (전략) 제1조의 '문화적 유산'에 대해서인데, '문화적 유산'이란 용어를 쓰면, 일본 국민이 만든 문화적 소산으로 한정되는 것은 아닌지, 그러면 이번 제2조의 '국민에게 전해져 온'이란 말과 어떤 관계가 있는가는 실은 제1조, 제2조는 좀 더 논의할 필요가 있습니다. 아직 자신은 없습니다만, 그것은 더불어 일본 국민이 만든 것이 아니어도 메이지 이후에 들어온 서양 문화에서 중요한 것도, 되도록 일본이 보존을 강구하는 것이 법적 목적이라면 역시 포함해야 할 필요가 있고, 문화재행존법文化財行存法이 일본 국민이 만든 문화적 유산만을 중심으로 한다면, 메이지 이후에 외국에서 도래한 귀중한 것은 없어져도 뭐 어쩔 수 없다는 식의 매우 크게 다른 견해가 나타나는 것입니다.[5]

위의 논의에는, 외국에서 들여온 문화재 중에 가치가 높은 것들을 일본 '문화재보호법'에 포함시켜 보존하기 위해서는 일본 국민과의 구체적 관계가 증명되어야 하고, 양자의 관계성을 자연스럽게 보이게 하기 위해서는 외래 문화재와 일본 국민 간의 역사성보다는 소유하고 있는 현재성을 부각시키는 것이 중요하다는 논리가 내포되어 있다. 그리고 메이지시대 이후 해외에서 반출해온 문화재가 "일본 국민"에게 "전해져 온" 재산임을 표방하기 위해서는 논리의 전환과 적합한 용어의 선택이 필요하다는 결론이다.

이러한 논의를 거친 이후, 외국에서 들여온 문화재와 일본 국민과의

---

5 제5회 국회. 참의원회의. 문부위원회 문화소위원회. 1949년 4월 19일 http://kokkai.ndl.go.jp/cgi-bin/KENSAKU/swk_dispdoc.cgi?SESSION=7242&SAVED_RID=1&PAGE=0&POS=0&TOTAL=0&SRV_ID=1&DOC_ID=5103&DPAGE=1&DTOTAL=23&DPOS=17&SORT_DIR=0&SORT_TYPE=0&MODE=1&DMY=7842(일본국회의사록 홈페이지 검색일 : 2014.7.8.).

관계성을 설명하기 위해서, '문화재'의 의미 및 내용을 "국민이 소유한" 혹은 "국민이 갖고 있는" 재산으로 수정하자는 의견으로 발전했다. 또한 "내셔널"적인 의미를 나타내면서도 외국에서 들여온 문화재들을 끌어안을 수 있는 방법을 모색한 결과, 문화재보호법의 방점을 문화재 그 자체에 대한 성격 규명보다는 '보호'에 두는 것으로 바꾸어, 법률 제정 목적의 가닥을 잡게 되었다.[6] 즉, 문화재보호법의 목적을 "문화재를 보존하고, 또한 그 활용을 도모함으로써 국민의 문화적 향상에 이바지함과 동시에 세계 문화의 진보에 공헌하는 것"으로 규정한 것이다.[7] 그리고 그 문화재에 대한 정의를 일본에 "역사상 또는 예술상 가치가 높은 것", "고고학 자료", "무형의 문화적 소산", 그리고 "국민 생활에 추이를 알 수 있는 민속자료, 나아가 학술상 가치 있는 기념물"로 정했다.

이 법률이 제정되는 가운데 외국에서 들여온 문화재와 일본 국민과의 관계성에 대한 고민은 부칙으로 정한 '문화재 지정 기준'에서 처리됐는데, 이러한 문화재를 "도래품渡來品"으로 간주하고 일본과 밀접한 관련이 있으면 중요문화재 및 국보로 지정될 수 있다고 정리했다.[8] 다시 말해, 일본의 '문화재보호법'은 그 문화재에 담겨진 유래나 역사보다는 그것을 "보존"하고 "활용"하여 "국민의 문화적 향상에 이바지"하며 "세계 문화

6 제5회 국회. 참의원회의. 문부위원회 문화소위원회. 스즈키 겐이치鈴木憲一. 1949년 4월 19일
http://kokkai.ndl.go.jp/cgi-bin/KENSAKU/swk_dispdoc.cgi?SESSION=7242&SAVED_RID=1&PAGE=0&POS=0&TOTAL=0&SRV_ID=1&DOC_ID=5103&DPAGE=1&DTOTAL=23&DPOS=17&SORT_DIR=0&SORT_TYPE=0&MODE=1&DMY=7842 (일본국회의사록 홈페이지 검색일 : 2014.7.8.).

7 일본 「문화재보호법」, 1951년 12월 24일, 법률 제318호.

8 일본 「문화재보호법 부 문화재지정기준」, 「국보 및 중요문화재 지정기준」, 「특별사적명승천연기념물 및 사적명승천연기념물 지정기준」, 1951년 5월 10일, 문화재보호위원회 고시 제2호.

의 진보에 공헌하는 것"을 중시하는 법률이며, 그러한 범주에 포함된 외국 문화재들 중에 일본과 관련이 있다면 어떠한 경로로 일본에 유입되었든지 '중요문화재' 혹은 '국보'로 지정한다는 것이다.

이렇게 만들어진 일본의 문화재보호법은 한일회담을 통해 한국이 한반도에서 유출된 문화재를 반환하라고 요구하자 다시 한번 그 실효성을 점검받는다. 법률 시행 후 약 2년 만에 외국에서 반입해 '일본의 문화재'로 규정한 문화재, 그 정당성의 여부가 시험대에 오른 것이다. 과연 일본은 이러한 '일본의 문화재'를 어떠한 절차를 통해 반환했을까. 다음 절에서 그 내용을 살펴보고자 한다.

2. 일본의 '문화재보호위원회'

문부성 '문화재보호위원회'는 1950년 8월, 문화재보호법의 시행으로 발족되었다. 이 위원회는 문부성의 외국外局 기관 중 하나로 문화재 관리 및 보호에 관한 업무를 관장하며, 1968년 6월, 문부성 내부 부국部局인 문화국과 통합되면서 지금의 '문화청文化廳'으로 개편되었다.

먼저 여기서 외무성이 문화재 관련 부처에 대해 조사한 자료를 소개하고자 한다. 외무성은 한국이 문화재를 반환하라고 요구하자, 이에 대응하기 위해 일본 내 문화재 관리에 대한 정확한 책임부처를 조사했고, 그 결과 다음과 같은 보고서를 작성했다.

> 문부성은 본건 재산문제에 관해서는 별로 강력한 발언권이 없다. 특히 원칙적인 반대의견을 말하는 것은 물론 적극적인 처분을 추진하는 지위에 없다고 보인다. 본건에 관해 문부성 내의 연락자적

> 지위에 있는 것은 대학학술국(국장 이마이 세이스케今井清助)인데, 그의 직접 관할 하에 있는 것은 도쿄 및 교토 대학 소속의 고고학품, 미술공예품뿐이다. 도서관과 관련해서는 사회교육국(국장 데라나카 사쿠오寺中作雄)인데, 내각문고나 궁내청 서릉부 등에 대해서는 거의 관계가 없다. 내각문고 및 궁내청 서릉부는 모두 국회도서관 지부인데 국회도서관은 기술적 운영의 지도에 해당할 뿐 소장품에 관한 권한은 각각 내각 및 궁내청에 있다.[9]

위의 외무성 조사에 따르면, 문화재에 관한 문부성의 권한이 매우 제한적이었음을 알 수 있다. 또한 조직상으로는 문부성이 통괄하고 있지만, 고고학과 도서 등 그 종류에 따라 각각 책임 소재가 달랐다. 그렇다면 과연 문화재에 관한 관리 책임과 그에 상응하는 발언권은 어디에 있었을까. 그것은 다름 아닌 문부성 내 외국外局 기관인 문화재보호위원회에 있었다. 여기 외무성의 또 다른 보고서를 보면, 문화재보호위원회에 대해 다음과 같이 기록하고 있다.

> 문부성의 외국外局이면서 거의 독립 기관에 가까운 지위를 갖고 있다. 위원장은 다카하시 세이이치로高橋誠一郎, 위원은 야시로 유키오矢代幸雄, 호소카와 모리타쓰細川護立, 이치마다 히사토一万田尚登, 우치다 요시카즈内田祥三 등 네 명이고, 사무국장은 모리타 다카시森田孝이다. 문화재보호위원회는 전문위원에 학계, 미술계의 유력자를 다수 두고 있고 전문위원의 발언권이 극히 강하다. 고서적, 미술골동품을 불문하고 본건 관계 문화재의 처리에 관해서는 이들 전문위원을 무시해서는 곤란하다고 보인다. 또한 도쿄 및 나라奈良의 국립박물관은 문화재보호위원회의 소관에 속한다.[10]

9 일본 외교문서 568 :「文化財関係主管官庁に関して」, 1953.

위의 보고서에 의하면, 문화재보호위원회는 한국 문화재 반환에 관해 실질적 발언권을 행사할 수 있는 기관이다. 이와 같은 문화재보호위원회가 한일회담의 문화재 반환 문제로 주목을 받기 시작한 것은 1953년 제2차 한일회담 시기부터이다. 문화재보호위원회와 문부성과의 관계는 앞에서 인용한 보고서에서도 알 수 있듯이 조직상 문부성 산하의 외국 기관이지만, 실제로는 상하관계로 보기 어렵다. 더욱 중요한 것은 문화재보호위원회가 가진 위상인데, 문화재보호위원회는 내각문고나 궁내청과는 또 다른 위치에서 문화재 취급에 상당한 실력을 행사할 수 있었다. 특히 문화재보호위원회의 위원으로 활동한 인물을 보면 일본 내에서도 사회적으로 상당히 높은 지위에 있었음을 알 수 있다. 아래에서 그 인물들에 대해 개괄해 보고자 한다.

○ 다카하시 세이이치로高橋誠一郎

다카하시는 1884년에 태어나, 1920년 게이오慶応대학의 교수로 임명되었다. 1947년에는 요시다吉田내각의 문부성 대신을 역임했고 또한 '일본학사원' 회원이 되었으며, 1948년부터 76년까지는 일본예술원 원장을 지냈다. 또한 1950년부터 56년에 걸쳐서는 문화재보호위원회의 위원장을 역임했으며, 이 시기에 한일회담 문화재 반환 문제와 관련하여 활동했다. 그리고 1973년에는 일본의 훈장의 하나인 훈일등勲一等 욱일대수장旭日大綬章을 받았고, 79년에는 문화훈장을 수여받았다.

○ 호소카와 모리타쓰細川護立

호소카와는 1883년 10월 21일, 메이지시대(1868~1912)의 후작이면서

10 일본 외교문서 568 :「文化財関係主管官庁に関して」, 앞의 문서.

귀족원 의원인 호소카와 모리히사細川護久의 네 번째 아들로 태어났다. 미술수집가로도 유명한 호소카와는 1914년에는 귀족원 의원으로 활동하면서, 국보보존회회장, 도요東洋문고 이사장을 역임했다. 메이지시대 이후 궁내성(전후 궁내부)이 관할하게 된 정창원正倉院 평의회의 평의원으로 활동했으며, 문부성 문화재보호위원회의 위원으로도 이름을 올렸다. 특히 호소카와는 조선총독부 고적조사와도 관련이 깊은데, 1925년에는 낙랑고묘의 발굴 조사에 기부금을 냈고,[11] 1932년에는 기부금 6천엔을 조선총독부에 전달했다. 이 기부금 역시 낙랑시대 유물 발굴에 쓰였다.[12]

○ 야시로 유키오矢代幸雄

야시로는 1890년에 태어나 다이쇼시대(1913~26)와 쇼와시대(1926~89)에 활동한 저명한 미술사가이다. 1930년 도쿄국립문화재연구소의 전신인 미술연구소 발족에 공헌했으며, 1936년에는 동 연구소의 소장으로 취임했다. 전후에는 문부성 문화재보호위원회 위원으로 일했다. 1970년에는 문화공로자로 수상한 바 있다.

○ 이치마다 히사토一万田尚登

이치마다는 1893년에 태어났고, 쇼와시대의 재력가이자 정치가로 유명한 인물이다. 1918년 닛폰日本은행 입사 후 교토지점의 지점장을 역임한 후, 1944년 이사로 승진했다. 전후에도 시중 은행을 통해 산업계에 큰 영향력을 미치며 '법황'이라는 별명을 가질 정도로 유력한 재

11 梅原末治, 「日韓併合の期間に行なわれた半島の古蹟調査と保存事業にたずさわった一考古学徒の回想録」, 『朝鮮学報』, 51집, 1969.

12 原田淑人外, 『楽浪』, 東京帝国大学文学部, 1930.; 藤田亮策, 『朝鮮学論考』, 藤田先生記念事業会刊, 1963, 84쪽.

력가였다. 1954년에는 하토야마鳩山 내각의 대장성大藏省 대신을 역임했다.

○ **우치다 요시카즈**内田祥三

우치다는 1885년에 태어나 메이지시대(1868~1912) 후반에서 쇼와시대(1926~1989)에 이르기까지 건축가, 건축학자로 유명했다. 일본학사원의 회원이기도 한 우치다는 도쿄제국대학에서 건축학과 교수로 재직했으며, 1943년에는 동 대학 총장까지 역임했다. 도쿄제국대학 건축학과는 한국통감부시대부터 문화재를 발굴하기 위해 조선을 방문한 세키노 다다시關野貞가 재직한 곳으로, 한반도에서 출토된 유물이 다수 소장되어 있다. 우치다는 그 후 도쿄대학의 대강당과 도서관을 설계했으며, 1972년에는 문화훈장을 수상했다.[13]

위와 같은 인물 구성을 볼 때, 문화재보호위원회는 일본 내 정계와 재계는 물론이고 문화계의 핵심인사들로 구성되어 있다고 해도 과언이 아니다. 더욱이 문부성 대신을 역임한 다카하시, 문화재 관련 기구의 장을 재임한 호소카와, 야시로의 경력을 볼 때, 외무성이 조사한 문건의 내용, 즉 "문화재 처리에 관해서는 이들 전문위원을 무시해서는 곤란하다"[14]고 보고한 의견은 매우 설득력이 있다. 더욱이 호소카와가 조선총독부 고적조사에 거액의 기부금을 냈다는 사실을 고려하면, 문화재보호위원회가 한국에 문화재를 반환하는 데 반대한 것은 어쩌면 당연한 결과였다.

13 이상의 인물 조사는 『日本近現代人名辞典』(吉川弘文館, 2001)을 참조했다.

14 일본 외교문서 568 : 「文化財関係主管官庁に関して」, 앞의 문서.

위에서 언급한 인물 외에도 제5차 회담에서 전문가 회의에 참가한 도쿄박물관 문화재조사원인 사이토 다다시斎藤忠는 1918년부터 조선총독부의 고적조사사업에 관여한 교토대학 고고학연구실 출신으로, 조선총독부 고적조사사업에 직접 참여하기도 했다. 요컨대 이러한 경력의 문화재보호위원회 위원 및 한일회담 참석자들이 중심이 되어 한국에 문화재를 반환하는 것에 반대하고 나선 것이다.

그럼 이들 문화재보호위원회 위원들이 한일회담 중에 문화재 반환을 어떻게 반대했는지 구체적으로 살펴보도록 하자.

1953년 5월, 외무성으로부터 한국과 관련된 문화재를 조사하라는 의뢰를 받은 문화재보호위원회는 같은 해 10월 도쿄국립박물관에 소장된 한국 관련 문화재에 대해 다음과 같은 답변을 제출했다.

> 도쿄국립박물관 소장 한국 관계 문화재는, 거의 모두가 구 제실박물관 당시 고대 일선 관계의 문물을 국민 일반에게 주지시켜 문화교류를 도모하려는 목적으로 수집한 것으로, 그 수집한 것은 별첨 리스트에 기재했는데, 모두가 구입, 기증, 교환 등에 의해 정규 수속을 밟은 것이다.[15]

다시 말해, 이들 수집된 문화재는 “고대 일선 관계”를 “국민”에게 “주지”시키기 위한 것이었고, 이를 위한 수집은 지극히 정당한 수단으로 이뤄졌다는 것이다. 이러한 인식은 외무성에 직접 전달되기도 했는데, 예를 들어 1960년 4월 6일, 문화재보호위원회의 전 사무국장 오카다岡田와 동 위원회의 서무국장인 니시모리西森는 외무성의 이세키伊関 아시아국장을

15 일본 외교문서 584 : 「韓国関係文化財調査依頼に関する回答について」, 1953. 10. 15, 문화재보호위원회.

방문해, 한국 문화재에 대해 다음과 같이 말했다.

> 문부성 측에서 학자의 의견으로 문화재의 대부분이 총독부 시대에 한국(조선)의 박물관에 있었고, 종전 후에도 대부분은 남기고 왔기에 오히려 일본 측에서 돌려받고 싶을 정도라고 하고 있다.[16]

요컨대 문화재보호위원회는 애당초 한국 문화재를 반환할 의사가 없었음은 물론이고, 식민지시기에 조선에서 수집한 문화재에 대해서도 정당성을 주장했다. 이 의견을 들은 이세키 아시아국장이 "이렇게 반대가 심하다면 대학 소장의 문화재가 아닌, 박물관 소장의 문화재만이라도 해결의 방법을 찾고 싶다"고 문의했는데, 동 위원회는 이 제안에 대해서조차 난색을 표했다.

이와 같이 문화재위원회 위원들은 일본에 소재한 한국 문화재에 대해, 식민지시기 조선에서 수집했을 단계부터 매우 정당하고 합법적이었다고 주장했다. 또한 호소카와와 같이 기부금을 통해 식민지시기에 조선에서 진행된 문화재 발굴에 참여한 위원들도 있었기 때문에, 이들이 한국으로 문화재를 반환한다는 것에 극도로 부정적이었음을 알 수 있다.

3. '문화재보호위원회'와 한일회담

1952년 2월 외무성은 한국 측이 제안한 문화재 반환과 관련하여 구체적인 조사에 들어갔다. 그 조사 과정에서 외무성이 협조를 요청한 곳이

16 일본 외교문서 570 : 「(極秘) 韓国文化財問題に関する件」, 북동아시아과.

바로 문부성 내 외국外局 기관인 '문화재보호위원회'이다. 같은 해 2월 18일, 외무성은 문화재보호위원회의 미술공예과장 혼마 준지本間順治를 불러 한반도 문화재에 관한 의견을 청취했다. 이때 혼마는 "출토품은 본래 출토 지역에 보관되는 것이 원칙이기 때문에 조선총독부에서 출토한 유물은 한반도에 존재할 것"이라고 답변했다. 그와 더불어 "만약 일본에 보내진 것이 있다면, 그것은 문화재의 가치가 낮은 것에 지나지 않고, 일본으로 유입된 시기도 불분명하여 반환해야 하는 물건인지 어떤지 그 선별이 매우 곤란하다"는 의견을 냈다.[17] 그리고 "가능한 한 문화재가 조선(한국－저자)으로 송환되는 것은 피하고 싶다"고 주장했다. 그 이유는 "문화재가 한국에 있는 것보다 일본에 있는 편이 더 안전하다고 생각하기 때문"이라는 것이다. 이 의견을 들은 외무성은 한국 측에 문화재 문제에 대한 명확한 답변을 피한 채, "현재 전담자와 조사 중"이라고 대답했다. 이것은 외무성 입장에서는 문화재보호위원회가 문화재 반환을 반대하고 있는 상황을 그대로 전할 수 없었고, 문부성과의 협의 시간이 필요했기 때문으로 보인다.

1953년 5월 20일, 외무성은 문부성, 문화재보호위원회의 관계자와 한국 문화재 조사에 대해 협의했다. 여기서도 문부성, 문화재보호위원회가 외무성과 다른 입장에 서서 문화재 조사에 임하고 있음을 볼 수 있다. 당시 외무성이 문부성에 한일회담의 경위와 한국의 입장을 설명하고 협력을 구하자, 관계자들은 "한국 측에 반박하기 위해서 자료를 정리할 필요가 있다"며 이 요구에 찬동했다. 그리고 도쿄박물관은 박물관에 있는 문화재를, 문부성은 서적 및 학교에 보존된 문화재를 각각 조사하

17 일본 외교문서 583 : 「文化財保護委員会 本間氏との会見報告」, 1952.2.18, 일본외무성.

고, 이에 따른 "형식적 연락"은 문부성 및 문화재보호위원회로 전달하기로 하였다.[18]

또 다른 장면에서도 외무성의 입장은 문부성과 온도 차이를 보이는데, 예를 들면 1958년 2월 21일, 한국의 김용식 공사가 외무성의 나카가와도루中川融 아시아국장에게 청구권 문제와 관련하여 문화재에 대해서 언급하자, 나카가와 국장은 "이 문제는 의무가 아니라 한국의 독립을 축하하는 의미에서 약간의 국유 조선고미술품을 기증해도 좋다"는 의견을 밝혔다. 그리고 이어 "일한회담의 의제와는 별도로 될 수 있는 대로 빠른 시기에 일본정부는 한국 미술품(중에 인도될 수 있는 것)을 한국정부에 보내고 싶다"는 뜻을 알렸다.[19] 비록 문화재 반환을 당연한 "의무"로 인정하진 않았지만, 외교적 차원에서 반환 의사를 밝힌 것이다. 그리고 외무성은 문부성 관료들을 만나 이에 대한 구체적 협의를 시도했다.

1960년 9월 19일, 일본 외무성의 북동아시아과에서는 문부성 관료들을 참여시켜 한일회담의 문화재 반환 문제에 대해 논의했다. 외무성의 사와다沢田 대사를 비롯하여 이세키 유지로伊関佑二郎 아시아국장, 마에다前田 북동아시아과장, 문화재보호위원회의 시미즈 고헤이清水康平 사무국장과 세키노関野 차장, 그리고 니시모리西森 서무과장이 참석한 이 회의는 문화재 반환 문제에 있어서 내부 협의를 끌어내고자 외무성이 마련한 자리였다.

회의 석상에서 외무성의 사와다 대사는 같은 해 10월에 개최될 제5차 한일회담을 어느 정도 매듭짓겠다는 의지를 강력하게 밝혔다. 그리고 이

18 일본 외교문서 584 : 「韓国関係文化財調査に関する打合」, 1953.5.20, 일본외무성.

19 일본 외교문서 535 : 「(極秘)日韓会談問題別経緯(6) (文化財問題)」, 1962.7.1, 일본외무성 북동아시아과.

어 문화재 반환이 그 동력이 될 것임을 시사하며 문부성의 협조를 요구했다. 그러나 문부성 측의 문화재보호위원회는 다음과 같은 이유로 부정적인 답변을 내놓았다. 첫째, 1958년 한국에 처음으로 문화재 106점을 반환했을 당시, 한국이 문화재 반환을 당연하게 받아들였다는 것이다. 문화재보호위원회의 시미즈 사무국장은 한국의 이러한 태도가 "일한조약병합무효론에 입각한 것이 아닌가"하는 의문을 제기했다. 그리고 만약 그렇다면 정당한 수단으로 입수한 문화재를 한국 측에 반환하는 것은 고려해야 할 문제라고 결론지었다. 둘째, 일본 내 국립대학에 소장된 문화재에 대해서는 손쓸 방법이 없다고 하였다. 특히 문화재보호위원회의 야시로矢代 위원장은 지난번에 106점을 반환했을 때도 강력한 반대론자였기 때문에 협조 요청이 어렵다는 것이었다. 셋째, 현재 일본 내 박물관 및 연구소에는 조선 문화재가 존재하지 않기 때문에, 결국 도쿄국립박물관에 소장된 조선 문화재를 반환할 수밖에 없는데, 그렇게 되면 앞으로 일본에는 조선 문화재가 전혀 남지 않게 될 것이라는 우려를 들었다. 또한 한국에 넘겨진 문화재가 한국에 가면 2류, 3류 정도의 수준이겠지만, 일본은 그나마도 소유할 수 없게 된다고 주장했다. 더욱이 일본의 중요문화재로 등록된 문화재의 경우, 법률 개정을 하지 않으면 반환할 수 없다는 것도 이유로 들었다. 이에 대해 외무성의 사와다 대사는 현재 국제적으로 '베르사이유 조약'에 의해 구 종주국이 구 식민지의 문화재를 반환한 사례가 있음을 설명하고, 국내법 개정을 거치지 않고 반환할 수 있는 방법과 궁내청에 소장된 조선 고문서에 대해 조사할 것을 명했다. 문화재보호위원회의 시미즈 사무국장은 개인이 소유한 문화재의 경우에는, 구입하여 반환하는 방법을 고려해보겠다고 설명한 후, 현재 한국에 있는 오타니 고즈이大谷光瑞의 수집품, 즉 조선총독부 시기에 입수된 오타니 탐험대의 서북아시아 발굴품[20]은 일본으로 반환되어야 한다고 주장했다. 그리고 비록 공식

적인 한일회담 석상에는 출석하지 않겠지만, 이러한 비공식적 자리에는 참가할 것을 약속했다.[21]

이 회의 다음 날인 9월 20일, 일본 외무성 북동아시아과는 법규과에 다음과 같은 사항을 문의했다. 첫째, 문화협정과 같이 한국 문화재의 열거적 또는 포괄적인 인도를 규정하는 조약이 한일 간에 체결될 때, 국내법 개정의 조치를 취하지 않아도 인도될 수 있는지, 둘째, 조약체결과 동시에, 또는 그 이후에도 별도의 특별법과 같은 입법조치를 필요로 하는지의 문제였다.[22] 이에 대해 9월 22일, 법규과는 다음과 같이 통보했다. 첫째, 문화협정에 의한 반환 문제를 따지기에 앞서 국회 승인을 거친 협정 또는 조약체결이 필요하고, 둘째, 만약 국회 승인을 거친 협정이 국내법과 배치될 경우, 특별법 조치를 취할 필요가 있다는 것이다.[23]

이와 같은 결과를 얻은 외무성은 수차례에 걸쳐 기관 내 교섭에 들어갔다. 1960년 10월 6일, 제1차 한국 문화재 문제에 관한 기관 회의에서 외무성은 일련의 한일회담 과정, 그리고 문부성과의 입장 차이를 설명했다. 이 자리에 참석한 기관은 조약국과 아시아국의 북동아시아과였는데, 조약국에서는 문부성의 태도에 대해 "반환하고 싶지 않은 구실에 지나지

20 '오타니 콜렉션'이라 불리우는 이 수집품들은 일본의 종교단체 정토진종 혼간지파浄土真宗 本願寺派의 제22대 문주門主 오타니 고즈이大谷光瑞가 불교 전래의 경로를 조사하면서 수집한 유물들을 말한다. 이 수집품들은 1916년 조선총독부박물관에 들여와 전시 및 보관됐으며, 현재 국립중앙박물관에 소장되어 있다.

21 일본 외교문서 571 : 「(極秘) 韓国文化財に関する文部省当局との懇談に関する件」, 1960.9.19, 일본외무성 북동아시아과.

22 일본 외교문서 572 : 「(極秘) 韓国文化財の引渡しに関する件」, 1960.9.20, 일본외무성 북동아시아과.

23 일본 외교문서 572 : 「(極秘) 韓国文化財の引渡しのための協定に関する件」, 1960.9.22, 일본외무성 북동아시아과.

않는다"고 지적하며, 국회의 승인을 얻는 것이 바람직하다는 의견 교환을 했다. 그리고 결론적으로 한일 간의 문화재 반환은 "문화협정을 통한 문화교류" 형태가 가장 적절하다는 의견으로 일치했다. 다만 문화교류를 할 경우에는 한국이 일본에 "일방적인 반환"만 주장하는 것은 납득할 수 없으니, 한국에 소장된 "오타니 콜렉션", 다시 말해 오타니 고즈이의 수집품과 교환하는 방법을 취한다면 한층 명확한 반환이 이뤄질 것이라는 의견을 교환했다.[24]

한편 외무성이 문화재를 반환하겠다는 의지를 보인 것과는 달리, 문부성은 반대의견을 굽히지 않았다. 1961년 1월 26일 문부성 문화재보호위원회의 니시모리 서무과장은 외무성의 아시아국장 앞으로 조회문을 전달했는데, 이 조회문에는 문부성 대신 및 사무차관이 문화재 반환에 대해 우려하고 있다며, 다음과 같은 입장을 밝혔다. 첫째, 도쿄국립박물관에 소장된 문화재는 정당한 방법으로 구입했으므로 반환할 의무가 전혀 없고, 학술적 측면에서도 중요한 문화재이므로 한국에 넘길 수 없다는 것, 그리고 1958년에 반환한 106점의 문화재 역시 특별한 정치적 배려에서 비롯된 "증여"라는 것, 둘째, 앞으로 한국이 반환을 요구해도 본 위원회는 이에 응할 의사가 전혀 없다는 것이었다.[25] 이러한 내용의 조회문을 받은 외무성은 문부성의 의견을 고려하여 한일회담을 하겠다는 회신을 보냈다.

그런데 바로 그 다음날인 1961년 1월 27일, 문부성 문화재보호위원회의 시미즈 사무국장이 직접 내방하여 또다시 아시아국장과의 면담을 요

24 일본 외교문서 573 : 「(極秘) 韓国文化財問題に関する第1回省内打合せ会に関する件」, 1960.10.6, 일본외무성 북동아시아과.

25 일본 외교문서 574 : 「(極秘) 文化財保護委庶務課長来訪の件」, 1961.1.26, 일본외무성 북동아시아과.

청했다. 이러한 긴박한 문부성 측의 행보는 바로 며칠 전인 1월 23일, 『요미우리讀売신문』에 발표된 문화재 반환에 관한 기사 때문이었다. 그것은 일본 외무성이 한일회담에서 협상유인책으로 문화재 반환을 들고 나왔다는 내용이었다. 이 기사를 본 문부성은 자신들이 반대하는 입장이라는 것을 밝힐 필요가 있다고 판단하여 외무성 측과 접촉을 시도한 것이다. 이에 대해 외무성의 이세키 아시아국장은 "기밀이 누설된 것"이라고 해명한 후, 문화재 반환에 대해서는 아무것도 결정되지 않았다고 답변했다. 그러면서도 외무성은 문부성에 한국과의 전문가 회의에 참석해 줄 것을 요청했다.[26] 그러나 이러한 요청에 대해 문부성은 비협조적이었고, "만약 한일회담 석상에 참가한다고 해도 반환 문제에 대해서는 언급하지 않는다는 조건"을 내걸었다.[27] 물론 이러한 일본의 내부 상황은 한국에 알려지지 않았기 때문에, 한국에서는 이홍직이 지적하듯 "일본 측이 문화재 문제를 가지고 시간적으로 늑장을 부린다"고 인식하게 되었다.[28] 이후에도 일본 외무성은 수차례에 걸쳐 문부성이 회담에 참석하도록 종용했다. 이러한 외무성의 '노력'에 의해 결국 1961년 11월, 문부성은 '한일회담 전문가회의'에 문화재 전문가를 참석시키게 된다. 그러나 이 역시 큰 실효를 거두지 못했다.

같은 해 12월 21일까지 총 6회에 걸친 전문가회의에서 일본 측 전문가로 참가한 문화재보호위원회 미술공예과장 마쓰시타 다카아키는, 현재

26 일본 외교문서 574 : 「(極秘) 文化財保護委員会清水事務局長アジア局長来訪の件」, 1961.1.27, 일본외무성 북동아시아과.

27 일본 외교문서 574 : 「(極秘) 韓国文化財に関する文部省局との打合に関する件」, 1961.11.14, 일본외무성 북동아시아과.

28 일본 외교문서 578 : 「(極秘) 日韓会談文化財小委員会主査非公式会談記録」, 1962.2.1, 일본외무성 북동아시아과.

문화재가 어디에 있는지 그 소재를 묻는 한국에 다음과 같이 답변한다. 첫째, 이른바 소네본曾禰本, 통감본統監本은 현재 궁내청 내 도서료圖書寮에 보관되어 있는데, 그 목록 및 내용에 대해서는 전혀 모른다는 것. 둘째, 데라우치寺内문고는 현재 야마구치山口여자단기대학에 보관되어 있는데 그 내용은 파악할 수 없다는 것. 셋째, 가와이河合문고는 조사 중이라는 것. 넷째, 오구라小倉 콜렉션은 현재 문부성 내 문화재보호위원회 산하에 있는데, 약 1,000여 점이 소장되어 있다는 것. 다섯째, 이치다市田 콜렉션에 대해서는 알 수 없다는 것. 여섯째, 석조미술품에 대해서는 석굴암의 석탑, 불국사 다보탑의 사자상은 그 행방을 알 수 없고, 일본에 있다는 증거도 명확하지 않다는 것. 일곱째, 지도의 원판은 과거 한일회담에서 설명한 바와 같이 전쟁으로 인해 소실되었다는 것. 여덟째, 체신문화재는 현재 체신박물관에 보관되어 있다는 것이었다.[29] 이러한 답변은 이미 한국에서도 어느 정도 파악하고 있었던 수준이었기 때문에, 문부성 전문가가 참석했다고 해서 문화재에 대한 새로운 조사가 이뤄진 것이라고 보기는 어려웠다.

그런데 1962년 2월에 들어서 문화재보호위원회가 태도에 변화를 보인다. 그것은 다름 아닌 외무성이 설득했기 때문인데, 같은 해 2월 14일, 외무성 북동아시아과의 보고에 따르면, 지금까지 문화재 반환에 반대 입장을 고수해 온 문부성이 "(문화재 반환이) 권리와 의무가 아닌, 증여의 형식을 갖추고, 그것이 국가 정책으로 결정 되면 어느 정도의 국유문화재 제공은 어쩔 수 없는 것"이라는 태도를 보였다.[30] 실제로 이로부터 5일

29 일본 외교문서 577 : 「(極秘)日韓会談双方主張の概要(文化財問題)」, 1962.8.20, 일본외무성 북동아시아과.

30 일본 외교문서 576 : 「(極秘) 文化財問題の解決方針に関する件」, 1962.2.14, 일본외무성 북동아시아과.

후인 2월 19일, 외무성 아시아국장실에서 '성내省內회합'이 열려, 한국과 일본의 회담 과정, 그리고 문부성의 협조 내용에 대한 논의가 있었다.[31] 이 자리에서 외무성은 "문부성의 문화재보호위원회 사무국을 설득해 회담에 참석하게 되었다"고 발표했다.[32] 이후 외무성은 문부성 내 문화재보호위원회를 시작으로 도쿄국립박물관, 그리고 궁내청 등과 활발한 접촉을 벌였다.

지금까지 설명한 일본 외무성과 문부성 간의 교섭 내용을 보면, 종래 한국 문화재 반환에 대한 외무성의 태도, 즉 "문화재 반환을 두고 소극적이고 늑장을 부린다"는 인상과는 거리가 있었음을 알 수 있다. 물론 그렇다고 해서 외무성이 한반도에서 출토된 문화재를 한반도로 돌려줘야 한다고 인식한 것은 아니었다. 외무성이 문화재 반환에 '적극적'인 태도를 취한 것은 어디까지나 외교적 차원에서 한국과의 한일회담을 성공적으로 매듭짓기 위한 목적이 있었기 때문이다. 더욱이 문화재 문제 뒤에는 국교 정상화, 나포 어부의 석방 문제 등이 포진하고 있었기 때문에, 외무성 입장에서는 신속히 한국과의 국교를 정상화시켜야 했던 것이다.

4. '식민지 시혜론'의 주창자

일본인 연구자들이 조선에서 진행한 연구는 고고학, 역사학, 인류학, 민속학, 종교학, 언어학 등 그 분야가 매우 다양했다. 이들은 패전 이후 일본에 돌아간 후 연구는 물론이고 취업도 어려워 큰 경제난을 겪었다.

31 이 회합에는 외무성 내 아시아국, 조약국, 그리고 정보문화국이 참석했다.

32 일본 외교문서 578 : 「(極秘) 日韓会談文化財問題に関する省内打合会」, 1969.12.19, 일본외무성 북동아시아과.

더욱이 과거 식민지에서 근무한 관료들을 '군국주의의 주구'라고 비판하는 식민지 정책 비판론이 대두되자 이들의 행보는 조심스러울 수밖에 없었다.[33]

귀환자들은 이러한 비판을 잠재우기 위해 "총독부의 정책이 식민지에 유익했다"는 점을 강조했다. 이렇게 식민지 지배를 정당화하는 것은, 단순히 패전에 대한 책임을 회피하려는 것뿐만 아니라, "귀환자들의 갱생 및 권익 보호"를 위한 선택이었으며, 동시에 조선에 두고 온 재산에 대한 권익을 주장하기 위함이기도 했다.[34]

이러한 상황 속에서 일본 학계의 재건도 시작된다. 특히 일본정부가 귀환한 연구자들에게 패전 이전에 일본이 해외에서 어떤 정책을 폈는가를 조사시키면서 학계에 지원금을 보조하게 됐고, 이를 계기로 '일본민족학협회'와 같은 학회들이 재기할 수 있었다.

저자가 '일본민족학협회'에 주목하는 것은 이 협회가 당초 중일전쟁과 아시아·태평양전쟁이 심화됨에 따라 일본 내 국책연구기관을 설립해야 한다는 사회적 요구로 만들어진 조직이고,[35] 전쟁 중에 문부성의 직할연구소였던 '국립민족연구소'와 함께 일본정부의 해외 조사 업무를 수행했기 때문이다. 이 해외 조사는 중국, 조선, 만주, 동남아시아의 특수 언어 및 각 민족의 역사, 사회, 경제, 문화 등 다방면에 이른다.

---

33 이연식, 「전후 일본의 히키아게(引揚) 담론 구조-해외 귀환자의 초기 정착 과정에 나타난 담론의 균열과 유포-」, 『日本思想』, 24, 2012, 84쪽.

34 이에 대한 연구로는 정병욱의 논문에서 자세하게 다루고 있다. 정병욱, 「조선총독부 관료의 일본 귀환 후 활동과 한일교섭-1950, 60년대 동화협회(同和協會)·중앙일한협회(中央日韓協會)를 중심으로-」, 『역사문제연구』, 14, 역사문제연구소, 2005, 92~93쪽.

35 「日本民族学会の成立」, 『民族学研究』 29-1, 1964, 59쪽. 이 협회는 1942년에 국책연구소인 '국립민족연구소'의 설립을 위해 만들어졌다.

일본민족학협회는 설립 당시부터 일본 학계와 재계, 그리고 관계官界를 총망라한 인물들로 구성되었다. 언어학자이자 교토제국대학 교수를 지낸 신무라 이즈루新村出가 회장으로 추대됐고, 부회장으로는 문부성 관료인 기쿠치 도요사부로菊地豊三郎와 시부사와 게이조渋沢敬三[36]가 추대되었다. 이사장은 만주국 문교부 총무사장을 지낸 니시야마 마사이西山政猪가, 상임이사는 문부성 관료인 나가이 히로시永井浩와 동아연초東亞煙草의 이사인 모치즈키 이쿠조望月郁三, 이사는 일본 민족학을 이끈 오카 마사오岡正雄 등이 맡았다.

일본민족학협회는 일본이 아시아 침략에서 얻은 지식을 공공의 자산으로 활용하고, 일본의 '대동아공영권' 주창에 적극 동원되면서 일본을 중심으로 한 아시아의 민족연구가 이뤄져야 한다는 논리에 따라 움직였다. 그리고 이 협회의 활동 내용을 발신하는 기관지 『민족학연구』에는 조선고적조사사업의 촉탁이었던 우메하라 스에지 등이 조선의 유물 발굴 동향이 어떠한지에 대해 여러 차례 투고하기도 했다.

패전 후, 일본민족학협회는 식민지 지배를 통해 확보한 지식을 기반으로 일본의 민속학, 문화인류학 등의 기초를 만드는 데 영향을 끼쳤다. 1949년에는 과거의 대만과 류큐琉球, '지시마千島' 사할린, 조선, 만주, 몽골 등 일본인 학자의 발길이 닿은 지역 전체에 대한 연구 성과를 총괄하는 작업에 착수했는데, 이 작업에는 문부성의 조성금이 투입되었다.[37]

일본 문부성이 일본민족학협회를 지정하여 연구비를 지원한 이유는 패전으로 인해 '국립민족연구소'가 폐쇄됐지만, 그 일부라도 존속시키겠다는 의지의 표명이었다. 그리고 일본의 해외 조사 활동이 결코 해당 지역

36 시부사와 게이조는 시부사와 에이이치渋沢栄一의 손자이자, 당시 닛폰日本은행 부총재로 일한 인물이다.

37 「日本民族学会の成立」, 앞의 글, 61쪽.

에 손해를 입히는 것이 아니라, 그 지역을 보호하기 위한 일이었음을 드러내고자 했기 때문이다. 그래서 패전 이전에 활동한 연구자들이 일본의 연구 성과를 총괄하는 데 동원된 것이다.[38] 물론 이 활동에는 우메하라 스에지, 하네다 도루羽田亨, 미시나 쇼에이三品彰英 등 조선 관련 연구자들이 포함되어 있었으며, 연구 성과를 발표하면서 일본의 조선 연구가 단순한 학술적 성과임을 어필하기도 했다.[39]

일본으로 귀환한 연구자들이 정부의 요구로 활동하게 된 계기가 또 하나 있다. 바로 일본의 문화재 보호 관련 기구의 출현이다.

1949년 목조건축물로 유명한 사찰 호류지法隆寺가 화재로 금당벽화를 잃게 되자, 일본 의회는 그동안 미뤄왔던 문화재보호법을 통과시키고, 1950년 '문화재보호위원회'(이하 위원회)와 '문화재전문심의회'(이하 심의회)를 마련했다.[40] 이 위원회와 심의회에 선발된 인물들을 보면, 호소카와 모리타쓰細川護立, 쓰지 젠노스케辻善之助, 후지타 료사쿠, 우메하라 스에지, 하라다 요시토原田淑人 등 대부분이 조선의 고적조사사업을 지원하거나 혹은 직접 고적조사사업에 참가한 연구자들이다. 조선총독부의 요구로 식민지 조선에서 고적조사사업을 진행한 인물들이 다시 일본정부의 기관에서 활동하게 된 셈이다. 이들의 활동은 1951년부터 더욱 활발해지는데, 그것은 한일회담에서 문화재 반환 문제가 부상하며 이들 전문가의 도움이 필요했기 때문이다. 그러나 이 위원회와 심의회는 한일회담 막후에서 문화재 반환과 관련하여 압력을 행사한 단체로서, 일본정부까지 압박했으며 한일 양국의 협상에 지대한 영향을 끼쳤다.[41]

---

38 「日本民族学会の成立」, 앞의 글, 61쪽.

39 「資料と通信, 日本民族学協会関西支部の設立」, 『民族学研究』 16－2, 1951, 93쪽.

40 법률 제214호, 「文化財保護法」, 1950년.

5. '조선학'의 기반 '조선학회'

앞서 소개한 '일본민족학협회'와 함께 식민지 조선에서 활동한 연구자들이 참여한 단체로 '조선학회'가 있다. 조선학회는 일본민족학협회처럼 다양한 지역의 연구자들이 모인 곳은 아니었지만, 조선학과 관련한 전문가들의 모임이었으며, 패전 이후 일본 내 조선학 발전에 가장 큰 기반이 된 단체이다.

1950년 10월 18일, 당시 일본에서 유일하게 조선어 및 조선과 관련된 강좌를 개설한 덴리天理대학은 "경성제국대학의 교수진이 일본에 귀환한 후 사산四散"되는 것을 우려해, "덴리대학을 기반으로 계속 조선문화를 연구하고 일선문화의 교류 발전에 기여할 것"을 기대하며 조선학회를 설립했다.[42]

저자가 조선학회에 주목하는 이유는, 이 학회의 주요 임원이 다카하시 도루高橋亨, 시데하라 다이라幣原坦 등 경성제국대학 교수, 또는 조선총독부의 관료를 지낸 인물들이 다수 포진되어 있기 때문이다. 이 외에도 미시나 쇼에이三品彰英, 스에마쓰 야스카즈末松保和, 가나자와 쇼자부로金沢庄三郎, 아키바 다카시秋葉隆, 이케우치 히로시池内宏, 시카타 히로시四方博 등, 당대 조선학과 관련된 최고의 연구자들이 임원으로 등록되었다.

조선학회의 발족은 일본의 조선학 연구 기반을 확보했다는 점에서 그

41 이에 대해서는 다음의 류미나의 연구를 참조하기 바란다. 「'한일회담 외교문서'로 본 한일 간 문화재 반환 교섭」, 앞의 글.; 「한일회담 문화재 반환 교섭 관련 인물 연구－일본 측 문화재 반환 교섭 담당자들과 일본의 조선학 연구자들을 중심으로」, 『한국학연구』, Vol. 63, 2017.

42 中山正善, 「巻頭言」, 『朝鮮学報』, 第1輯, 朝鮮学会, 1951.

의의가 매우 크다. 패전으로 인해 황급히 조선을 떠난 조선학 연구자들이 지속적인 연구를 할 수 있게 만든 조선학회는 지금까지도 그 명맥을 지켜오고 있다.

저자 역시 조선학회가 일본의 조선학 발전에 큰 공로가 있고 지금도 그 영향력이 절대적임을 부인하지 않는다. 다만, 이 학회가 출발할 당시 구성원들이 식민지 조선에서 진행한 학술활동을 어떻게 인식하고 있었는지에 대해서 한 번쯤은 고민할 필요가 있다고 생각한다. 그것은 조선학회를 계기로 생산된 수많은 연구성과 그리고 연구자들의 출발을 되짚어보는 기회이기 때문이다.

조선학회의 학술지인 『조선학보』에는 제1집부터 조선 고적조사사업에 대한 평가가 실려 있다.

> 소문에는 국경의 호랑이라고 불리는 김일성 장군도 평양 입성과 함께 일본인이 남긴 고적보존사업과 박물관을 즉시 계승하고 보호했다고 한다. 미국의 하지 장군은 경성에 진주한 다음 날 아침, 경복궁의 박물관을 정밀하게 시찰하고 난 뒤, 매우 안심하는 얼굴을 보였다고 한다. 종전 후에도 박물관원들만은 정연하게 매일 똑같이 마지막까지 근무했고, 제일 빨리 개관할 수 있었다. 고의적인 선전이나 악의적인 말로 일본의 반도 통치에 대해 어떤 말을 하더라도 사실이 이미 이러하거늘, 문화 사업을 위해서 바친 긴 세월의 노력과 그 공적에 대해서는 그 누구도 한 마디 말할 여지가 없을 것이라고 믿고 있다. 이 일에 대해 일본인보다도 구미 학계의 인식이 깊다는 것이 이상하기는 하지만, 고적도보·고적조사보고 등의 큰 학술서가 조선에서 먼저 출판됐기 때문에 (그렇게 생각하는 것이니－저자) 문화 사업에 대한 구미인의 날카로운 감각에도 주의해야 할 것이다.[43]

위의 글을 쓴 후지타藤田는 비록 "일본의 반도 통치"가 비판받는다 할지라도 조선에서 벌인 일본의 고적조사사업만큼은 김일성도 계승하고 있고, 남한의 미군정도 인정하는 바이며, 이미 서양에서는 큰 평가를 받고 있다고 하였다. 그리고 서양사회가 "문화 사업을 위해서 바친 긴 세월의 노력과 그 공적"을 평가하는 것은, 이미 조선총독부 시절부터 고적도보나 고적조사보고 등으로 학술적 활동을 해 왔기 때문이며, 그야말로 조선에서 진행된 고적조사사업은 "그 누구도 한 마디 말할 여지가 없는 공적"이라고 주장하는 것이다.

흥미로운 것은 이러한 주장을 증명하기 위해 후지타가 구미 학자들의 평가를 차용하고 있다는 점이다. 이는 앞서 언급한 바와 같이, 일본이 패전 후 조선뿐만 아니라 아시아 각국에 대한 전쟁 배상과 식민지 지배에 대한 보상을 줄이기 위해 일련의 담론을 생산해온 흐름과 일맥상통하다.[44]

나아가 '군국주의의 주구들의 폭정' 때문에 패전했다는 비판을 극복하기 위해서라도, 후지타와 같은 '식민지 정책 옹호론'은 필요했을 것이다. 조선의 고적조사사업 역시 '조선의 문화를 보호했다'는 논리로 귀환자들 사이에서 확산되었다고 하겠다.[45] 조선학회의 임원인 우메하라 스에지가

43 藤田亮策, 「朝鮮古文化財の保存」, 『朝鮮学報』, 第1輯, 朝鮮学会, 1951.5, 246쪽.

44 이 논점은 미야모토 마사아키의 논문이 대표적이다. 미야모토는 패전 이후 일본의 해외 활동 보고서를 작성하는 과정을 면밀히 추적한 바 있다. 宮本正明, 「敗戦直後における日本政府·朝鮮関係者の植民地統治認識の形成 –『日本人の海外活動に関する歴史的調査』成立の歴史的前提」, 『研究紀要』, 11, 世界人権問題研究センター, 2006.

45 정병욱은 이러한 논리 확산에 불을 지핀 것은, 한일 양국의 국교정상화를 논하는 한일회담에서 일본 수석대표인 구보타 간이치로久保田貫一郎가 "조선의 식민지 통치가 유익했다"라고 발언한 것이었고, 이후 '식민지 시혜론'이 더욱 힘을 받았다고 지적한 바 있다. 정병욱, 「조선총독부 관료의 일본 귀환

한일회담 당시 한반도에서 일본으로 반출된 문화재를 두고, 한국정부의 반환 요구는 '전혀 근거 없는 이야기'라고 비판하며 고적조사사업의 정당성을 주장하고, 그리고 그러한 주장을 『조선학보』를 통해 발표한 것도 이러한 맥락에서 나왔다고 할 수 있겠다.[46]

이상의 경위를 보면, 조선학회의 출발은 식민지 조선에서 활동한 일본인 연구자들이 재기할 수 있었던 장이자, 조선 고적조사사업에 대한 긍정론을 펼칠 수 있었던 곳임을 부정할 수 없다. 저자가 특히 주목하는 지점은, 『조선학보』 제1집부터 지금까지 일본의 조선 통치에 대해 진지하게 논쟁한 흔적을 찾아볼 수 없다는 사실이다. 특히 14년에 걸친 한일회담 동안 양국 사회가 많은 논쟁을 하며 들썩였음에도 불구하고, 후지타와 우메하라 이외에는 조선학회를 통해 그와 관련한 글을 게재한 적이 없다. 물론 이러한 침묵이 학문을 더 이상 정치적으로 이용당하지 않게 하려는 의지의 표명일 수도 있지만, 그들의 과거의 활동과 무관하다는 것을 의미하지는 않는다. 그런 면에서 조선학회의 침묵이 과연 어떤 의미였는지 심히 의문이다.

後 활동과 한일교섭－1950, 60년대 동화협회(同和協會)·중앙일한협회(中央日韓協會)를 중심으로－」, 앞의 글, 97~98쪽.

46 梅原末治, 「日韓併合の期間に行なわれた半島の古蹟調査と保存事業にたずさわった一考古学徒の回想録」, 앞의 글, 95쪽.

11장

한일 간 문화재 반환 협상의
조언자들

11장

한일 간 문화재 반환 협상의 조언자들

1. '데라우치寺内문고'의 반환 – 스에마쓰 야스카즈末松保和와 다가와 고조田川孝三

스에마쓰 야스카즈末松保和는 한일회담이 진행되는 가운데 '데라우치寺内문고'와 관련하여 등장한다. 그는 도쿄제국대학을 졸업한 후, 1927년 한반도로 건너와 1933년 경성제국대학의 조교수, 1939년부터는 교수로 재직한다. '조선총독부조선사편수회'에서도 활동한 그는 조선고대사, 고대일조관계사 등을 전공했다. 해방 후 1947년에는 가쿠슈인学習院의 교수로 부임하여, 1949년 가쿠슈인대학의 설립에 따라 문정학부文政学部 교수로 임명되었다. 이후 조선에서 들여온 자료와 중국 자료를 기반으로 '가쿠슈인 동양문화연구소'를 설립했다. 그의 저서인 『임나흥망사任那興亡史』[1]는 지금도 연구자들 사이에서 많은 논쟁을 불러일으킬 정도로 이슈가 된 책이다.

이 스에마쓰가 1965년 3월 16일, 데라우치문고 중의 일부를 한국에 기증하는 문제로 외무성의 요청을 받고 회의에 참석하는데, 여기에서 데라우치문고가 가진 성격을 설명한 바 있다. 이 자리에는 훗날 도쿄대학 교수로 부임하는 다가와 고조田川孝三 역시 동석했는데, 이 두 인물의 의견이 데라우치문고의 반환 처리를 결정하는 중요한 열쇠가 된다.

주지하다시피, 데라우치문고는 식민지시기 조선의 초대 총독이었던 데라우치 마사타케寺內正毅의 개인 문고를 말한다. 그는 평소 고서적에 큰 관심을 가졌으며, 조선에서 총독으로 재임하던 시기에도 관련 사료를 수집했다. 이렇게 수집한 자료는 훗날 그의 고향인 야마구치山口현에 설립된 '데라우치문고'에 보존되었는데, 이 자료가 한일회담에서 반환 논의의 대상으로 떠오르게 되었다.

1965년 3월 16일, 스에마쓰는 일본 외무성과의 협의에서 데라우치문고가 소장하고 있는 자료를 한국에 돌려 줘도 문제없다는 의견을 내놓았다. 심지어 문고 자료 중에 데라우치 집안이 야마구치현립도서관에 기탁한 사유 소장품들은 한국에 "되도록 많이 전달해도 좋다"면서, 조선 서화 중에는 데라우치 총독이 조선에서 재임할 때 조선인들에게 기증받은 것이 있으니, 당시의 서한들도 동봉하여 한국에 돌려주면 좋겠다고 했다. 그는 이러한 기증 사실을 공개하면, 오히려 데라우치문고의 자료가 부당하게 수집되었다는 한국의 주장을 반박할 수 있다고 생각했다.[2] 그가 외

1 末松保和, 『任那興亡史』, 大八洲出版, 1949.

2 일본 외교문서 1116 : 「文化財打合わせ」, 1965.3.16, 북동아시아과.

무성과 나눈 대화를 살펴보자.

〈문화재 협의회 1965년 3월 16일, 북동아시아과〉

출석자 : 스에마쓰 야스카즈(가쿠슈인대학 교수), 다가와 고조(도요東洋문고 사서)

하리가이(외무성 문화사업부장), 모리타(외무성 북동아시아과 사무관), 다지마(외무성 북동아시아과 사무관)

하리가이 부장으로부터 최근 회담의 동향에 대해 언급이 있었고, 상황에 따라서는 문화재소위원회가 3월 하순에 열릴 가능성이 있다는 설명이 있었다.

| 데라우치문고에 대해

모리타가 한국 측이 요구한 리스트 중에서 데라우치문고본에 대해 두 박사의 의견을 듣고 싶다고 말했고, 데라우치 총독 관계 도서에 대해 현재

(1) 데라우치 가문이 야마구치현립 야마구치도서관에 기탁한 것
(2) 야마구치현립 야마구치도서관의 어부인칠서
(3) 야마구치여자단기대학도서관에 있는 것

등, 3종류로 나뉘어져 있는데, 이 중 (1)은 사유이므로 별도로 하고, (2), (3)의 목록을 두 박사에게 전달했다.

스에마쓰 박사는 이런 것들이 상대방 측에 건네져도 일본 측으로서는 문화적으로 큰 손실이 아니므로 되도록 많이 건네주어도 좋다는 의견을 표했다.

(2)에 대해서는 두 박사가 판본이 새로운 것이어서 일본에도 많이 있으며, 총독부의 관인官印이 찍혀져 있는 것이라면 기증하면 더욱 좋겠다는 의견이 있었다.

(3)에 대해서는 모리타가 말하길, 목록에 의하면 7,029부 19,036책, 서화 및 사진첩 245종, 511점이 있는데 그 중 한국으로 증여할 대상은 '지나支那(371부 4,083책)' '조선朝鮮(104부 1045책)' 서화 및 사진장(245부, 511점)이라고 하면서, 두 박사는 이 중에서 '지나'의 물건 중에 조선에서 인쇄한 조선본이나 혹은 예전부터 조선에 있었음을 나타내는 장서인藏書印이 있는 것을 보낼 것, '조선'의 물건 중, 일본의 것(조선국경환일기朝鮮國徑還日記, 조선통교기朝鮮通交記 등), 병합 이후 간행한 것(고려사절요, 동척십년사東拓十年史 등), 또한 수량이 너무 많은 것(증보문헌비고增補文獻備考, 경전) 등이 있으니 이것은 제외시킬 것.

서화 중에서는 조선의 것만을 고르는 것이 좋다고 말했다.

스에마쓰 박사는 도서 중에는 당시 조선인이 데라우치 총독에게 헌상한 것도 있는데, 그러한 내용을 적은 편지 같은 것이 있으니, 이런 것들도 약탈품이 아니라는 의미에서 그대로 돌려주는 것이 좋다고 했다.

다가와 박사는 도서 중에 희소본稀少本은 그다지 없지만, 「기언記言」은 다른 곳에는 없는 것이므로 이것들과 그 외 몇 개는 마이크로필름을 찍어두는 것이 좋다고 했다. 혹은 탁본 중에는 진귀한 것이 있을 수도 있으니, 여하튼 실물을 보지 않고서는 확실하게 말할 수 없다고 말했다. 3월 하순이나 4월 초순까지 야마구치에 가서 이들 도서를 조사해달라고 두 박사들께 협조를 구했는데, 스에마쓰 박사는 일정이 있어 어렵다고 하였고, 다가와 박사는 지금 상황에서는 가능하다고 했다.

॥ 한국 요구 리스트 이외 도서의 사진 복사 증여에 대해

하리가이 부장이 일본 측이 '반환'이 아닌, '증여'를 자주적으로 행하는 것을 원칙으로 해서 본 건을 고려하고 있다고 설명한 것에 대해 '이것이 적극적인 문화교류를 명백히 하는 취지라면 좋다'고 말했다.

그 도서들은 도요東洋문고만이 아닌 호사蓬左문고(나고야)에 있는 것 외에 개인 소장품도 있어, 이에 대해서는 외무성의 예산 방침이 정해지는 대로 두 박사에게 선정 및 그 외 협조를 의뢰하기로 했다.[3]

위의 자료에 따르면, 스에마쓰는 데라우치문고에 소장된 사료를 모두 한국 측에 넘겨도 일본 학계에는 아무런 문제가 없을 것이라고 주장했다. 그는 이러한 사료가 데라우치 총독이 "정당한" 절차를 거쳐 수집한 것임을 강조하며, 이를 뒷받침하기 위해 조선인으로부터 기증받은 증거 자료를 한국 측에 함께 보내야 한다고 주장했다.

실제로 데라우치문고의 자료 중에는 스에마쓰가 주장하는 대로 조선인들이 데라우치 총독에게 바친 서적들을 어렵지 않게 확인할 수 있다. 예를 들어 당시 데라우치문고를 조사한 다가와 고조田川孝三의 보고서에는, 대한제국 당시, 중추원의장과 황실제도국총재를 역임한 김윤식金允植이 『봉서집鳳棲集』 4책을 기증했고, 1914년 평양의 기로사箕老社 기성서화회箕城書畫會[4]라는 단체가 축첩지문예祝捷之文藝를 기증했다고 되어 있다.[5] 기로사, 기성서화회가 어떤 인물들로 구성되었고, 어떠한 활동을 했는지에 대해서는 구체적으로 밝혀지지 않았지만, '기성'이 평양의 옛 지명임을 고려한다면, 평양을 중심으로 한 서화회이며, 어느 정도 영향력 있는 단체로 활동했기에 데라우치에게 기증을 하였으며, 이를 통해 돈독한 관계를 맺으려 했던 것으로 추측된다.

3 일본 외교문서 1116 : 「文化財打合わせ会」, 1965.3.16, 앞의 자료.

4 1914년 평양에서 윤영기尹永基가 조직한 단체로 당시 유명한 서화가인 노원상, 임청계 등이 활약했다.

5 일본 외교문서 1116 : 「桜圃寺内文庫朝鮮書籍調査報告」, 1965.4.5.~1965.4.8, 북동아시아과.

스에마쓰는 조선인들이 데라우치 총독에게 기증한 사실을 충분히 알고 있었으며, 오히려 이러한 기증 사실을 드러내는 것이 데라우치 총독이 한반도에서 부당하게 유물과 서적을 취했다는 오해를 풀 수 있는 방법이라고 여겼다. 그의 발언 중에 "도서 중에는 당시 조선인이 데라우치 총독에게 헌상한 것도 있으며, 그러한 내용을 적은 편지 같은 것도 있으니, 이런 것들이 약탈품을 아니라는 의미에서 그대로 돌려주는 것이 좋다"는 대목은 이를 잘 보여 주는 사례이다.

하지만, 이 회의가 있고 나서 4일이 지난 3월 20일, 스에마쓰는 돌연 외무성에 연락해, 데라우치문고가 개인 소장품이며, 당시 한반도에서는 다른 사람들도 이 정도의 수집은 하고 있었기 때문에 한국에 반환해서는 안 된다는 의견을 내놓았다. 문화재 반환 문제에 데라우치문고를 연루시켜서는 안 된다는 설명이다. 그중 『어부인칠서』는 총독부가 소장한 부본副本 중에서 기증한 것이므로, 총독부 관인이 찍혀져 있는 바, 이는 한국에 돌려 줘도 무방하지만, 나머지는 개인의 소장품이기 때문에 반환 대상이 아니라는 것이다.[6]

> 가쿠슈인대학 교수 스에마쓰 박사는 16일(3월 16일) 회합에서 데라우치문고에 관해 일본 측이 '한국에 되도록 많이 건네줘야 할 것'이라고 발언했는데, 20일 모리타에게 전화를 걸어 다음과 같이 의견을 수정했다.
> 데라우치문고 중 야마구치山口단기대학도서관에 있는 도서의 목록을 검토해 보니, 이것은 분명히 데라우치 총독이 관권官權으로 모은 것이 아니라 완전히 개인적으로 수집했다고밖에 볼 수 없다. 이

6 일본 외교문서 1116 :「寺内文庫本の韓国への寄贈に関する末松博士の意見」, 1965. 3.20, 북동아시아과.

> 정도의 도서 수집은 데라우치 총독만이 아닌 많은 사람들이 행했던 일이다. 이런 점을 한국 측에 설명하고 본 도서를 문제화해서는 안 될 것이다.
> 데라우치문고 중 야마구치현립도서관에 기증된 어부인칠서는 쇼와 5년(1930년－저자) 고다마 히데오 정무총감이 총독부 소장의 부본副本 중에서 기증한 것으로, 각 책마다 총독부 관인이 찍혀져 있는데, 야마구치단대에 있는 것과 성격이 다르다는 점에서 볼 때, 본서를 증여해도 문제가 없을 것으로 생각된다.[7]

스에마쓰의 주장이 바뀐 이유는 아직 밝혀지지 않았지만, 결국 한일회담 당시에는 이 문고 중에서 데라우치 총독이 관권官權으로 가져간 장서만 반환되었고, 개인적으로 수집한 서적은 1996년에 이르러서야 한국으로 반환되었다.[8] 한일회담에 문화재 협상 전문가로 참석한 이홍직 교수는 이에 대해 매우 안타까운 심정을 토로했지만, 스에마쓰가 외무성에 연락해 데라우치문고 반환에 영향을 끼쳤다는 사실은 알지 못했다. 이홍직은 후에 데라우치문고 중에 일부가 반환된 것은 "일본이 과거의 한국지배에 대한 적극적 사죄를 표시한 것"이라고 평가했다.[9]

한편, 스에마쓰와 더불어 데라우치문고에 대해 조사한 연구자는 후일 도쿄대학 교수로 재직하는 다가와 고조이다. 다가와는 식민지시기 조선에서 출생해, 경성제국대학에 입학한 후 조선사를 연구했다. 해방이 되자

7 위의 각주 6 자료.

8 이 서적들은 1996년 경남대학교 도서관에 기증된 후, 현재는 경상남도의 유형문화재로 등록되어 있다. 이 과정에서 '기증'인가 '반환'인가 하는 문제로 갈등을 일으키기도 했다.

9 일본 외교문서 389 :「日本から持ち帰った文禄慶長の役以前の韓籍複写本－宮内庁書陵部および内閣文庫本－」, 1967.7.23, 북동아시아과.

도요東洋문고에서 사료 수집과 정리, 그리고 조선시대 양반에 대한 연구를 이어갔다. 그 후, 일본의 주오中央대학을 거쳐 도쿄대학의 교수로 재직한 바 있다.

다가와는 한일회담이 진행되는 동안 외무성의 자문 역할을 수차례 담당해 왔다. 예를 들어 1963년 3월, 한국 측이 요구하는 가와이河合문고, 도요東洋문고, 궁내청도서, 데라우치문고 등에 대해서 반환할 필요가 없다며 그 이유를 상세하게 전달하였고,[10] 외무성과의 협의를 거쳐 스에마쓰와 함께 1965년 4월 6일부터 8일까지 데라우치문고의 성격, 소장 자료의 종류, 일본으로 도래한 경로를 조사하기도 했다.[11]

다가와는 데라우치문고 조사를 마친 후 외무성에 보고서를 제출했는데, 이후 외무성은 스에마쓰와 다가와를 재차 불러 다음과 같은 의견을 청취했다.

출석자 : 다가와 고조(도쿄대학 강사), 스에마쓰 야스카즈(가쿠슈인 대학 교수)
하리가이 마사유키(외무성 문화사업부장), 야나기야 겐스케(외무성 서기관)
모리타 요시오(외무성 북동아시아과 사무관)
마쓰시타 다카아키(문화재보호위원회 사무국 미술공예과장)

다가와 박사 발언 요지

별첨 보고서에 대해서 요점을 설명. 보고서에 쓴 대로 (데라우치문고본은－저자) 기증되었거나 구입한 것이 명백하다. 데라우치 총독

10 일본 외교문서 592 : 「東洋文庫田川博士との懇談記録」, 1963.3.18, 북동아시아과.

11 일본 외교문서 1116 : 「桜圃寺内文庫朝鮮本調査報告」, 앞의 문서.

이 문화애호가였기 때문에 자연스럽게 이만큼이나 수집된 것이다. (데라우치문고본의 – 저자) 내용을 보면, 척독법첩류尺牘法帖類 중에는 귀중한 것이 적고, 대부분이 후세에 만들어진 모사품이다. 책본문서册本文書에도 판본이 새롭게 만들어진 것이 많고, 당시 자유롭게 구입하여 현재 한국에 많이 있는 것도 있어, 학술적으로 귀한 것이라고는 할 수 없다. 그런 의미에서 가령 이것을 한국에 건넨다 해도 일본 학계의 손실이 있다고는 할 수 없다. 그러나 현재 일본에는 한국의 고본古本이 들어오지 않는다는 것을 생각할 때, 이러한 책들은 귀중하고 고가의 것이다.

(약 2줄의 먹칠 부분 – 저자) 야마구치현립 야마구치도서관에 있는 이른바 어부인(어부인칠서 – 저자) 활자본의 삼경사서대전三經四書大全 중에 「제실도서지장 조선총독부 도서지인帝室圖書之章 朝鮮總督府 圖書之印」이 찍힌 것뿐이다. 이것 역시 당시 조선에는 15부에서 30부의 중복본이 있고, 그중에서 보내진 것이다.
한국 측이 왜 데라우치본을 요구하는 것인가. 그 이유를 밝혀서, 만약 그것이 총독부의 권한으로 강탈한 것이라고 한다면, 그것이 타당하지 않다고 반박하고 적절할 때에 마땅한 조치를 생각해야 할 것이다.

스에마쓰 박사 발언 요지

그 당시 규장각(이왕가의 도서관)에 있던 중복본은 내게도 증여된 것이 있기 때문에 만약 그런 것이 있다고 해도 그것이 불법적으로 강탈했다고는 할 수 없다. 이 목록은 그대로 한국 측에 보여줘도 될 것이다. 데라우치 총독이 자신의 의지로 한국의 양서를 수집했다고 한다면, 그런 게 아닌, 더 좋은 것을 수집했을 것이다. 이것은 데라우치총독이 한국 서적을 싫어하지 않았기 때문에 자연스럽게 모아진 것이다. 이런 책들이 일본에서 없어진다 해도 일본 학계의 손실이라고는 할 수 없다. 한국 측에서 볼 때에도 대단한 문화재를 수확했다고도 할 수 없다. 그러나 서책의 수량이 많기 때문에 한국 측에게는 좋은 선물이 될 것이다.

부기付記 보고회 종료 후, 마쓰시타 과장과의 대화

"나는 그 책 전부를 (한국 측에 – 저자) 건네줘도 좋다고 생각한다. 일본 문화의 손실이 되지 않는 것을 많이 주고 박물관에 있는 귀중한 문화재를 가능한 지키고 싶다"[12]

다가와는 데라우치 총독이 "문화애호가"였기 때문에 자연스럽게 조선 관련 서적들이 수집될 수 있었다고 주장하면서 데라우치문고의 가치가 높지 않다고 평가하였다. 이는 데라우치문고를 한국에 반환해도 일본 학계에 아무 손실이 없다는 스에마쓰의 의견과 같다. 그는 여기에 덧붙여 데라우치문고가 질적으로는 그리 좋지 않지만, 양적으로 많기 때문에 한국 측 교섭자들을 설득할 수 있을 것이라는 견해를 내놓았다. 한국 측과의 교섭에서 일본 측에 도움이 될 수 있는 지점을 제시하고 있는 것이다.

이것은 다가와, 스에마쓰가 한국 측 문화재 교섭자인 이홍직에 대해 이미 잘 알고 있었음을 시사한다. 이홍직은 '일본 근대사학의 아버지'라고 불리는 구로이타 가쓰미黒板勝美의 제자로, 다가와와는 교류가 있었다. 그렇기에 다가와는 교섭 자리에서 어떤 자료로 한국 측을 설득하면 좋을지 잘 알고 있었을 것이다.

그런데 위의 인용문에서 흥미로운 것은 문화재보호위원회의 미술공예과장이었던 마쓰시타 다카아키의 발언이다. 그는 차라리 학술적으로 별다른 손해를 입지 않는 데라우치문고를 내 주고, 일본 박물관에 소장된 문화재들을 지키고 싶다는 내심을 드러냈다. 요컨대, 가치가 낮은 데라우

12 일본 외교문서 1116 : 「田川孝三調査報告」, 1965.5.17, 북동아시아과.

치문고를 한국 측에 건네주고, 그것으로 마무리하고 싶다는 심산이다. 이를 보면, 일본 내 문화재 전문가들이 문화재 반환에 대해 얼마나 큰 거부감을 갖고 있었는지를 미루어 짐작할 수 있다.

이러한 과정을 보면, 다가와, 스에마쓰와 같은 조선학 연구자들의 자문이 한일회담 문화재 반환 교섭에 직접적으로 영향을 미쳤다는 것을 알 수 있다. 또한 이들이 기본적으로 데라우치 총독이 조선 식민지 통치 기간 중에 한반도 문화재를 취득한 것에 대해 어디까지나 '정당했다'는 견해에 서 있음을 알 수 있다.

다음 절에서는 실제 한일회담의 문화재 전문가로 참석한 인물 중에서 문화재보호위원회의 관계자들을 살펴보고자 한다.

2. 전함 '무쓰'가 된 '양산부부총'[13]

-미야치 시게루宮地茂와 마쓰시타 다카아키松下隆章

한일 간의 문화재 반환 교섭이 막바지에 이르렀을 때, 일본 측에서는 문화재보호위원회 소속의 두 인물, 미야치 시게루宮地茂와 마쓰시타 다카아키松下隆章가 중심이 되어 협상 테이블에 앉았다. 이들은 문화재 반환 교섭에서 창구 역할을 했을 뿐 아니라, 한국으로 문화재를 반환하는 그

13 '무쓰陸奧'는 일본 해군의 전함이다. 이를 건조 중이던 1921년 '워싱턴해군군축조약'을 체결하게 되었는데, 당시 조약의 기본 조건이 아직 미완성된 함선은 폐기하기는 것이었다. 그러나 일본은 서류상의 완성일을 위조하여 무쓰가 이미 완성되었다고 속이고, 미국, 영국은 일본이 무쓰를 보유하는 것을 인정했다. 그리고 결과적으로 일본이 무쓰를 폐기하지 않고 보유하는 대신 미국과 영국도 각각 복수의 전함을 건조할 수 있게 되었다.

결정 과정에서 목록을 작성하고, 협상에서 나온 내용을 일본의 문화재보호위원회에 전달하는 연락책으로도 활동했다.

문화재보호위원회의 사무국장으로 활동한 미야치 시게루는 반환 문화재의 목록을 결정하는 데 중요한 역할을 담당했다. 그가 속한 문화재보호위원회는 일본 문화재 전반을 관리하고 감독하는 중요한 기관으로, 문화재 반환 교섭에 강력한 영향력을 미쳤다. 이 기관이 한일회담의 문화재 반환 교섭을 얼마나 지연시켰는가에 대해서는 선행연구를 통해 이미 잘 알려져 있다.[14]

문화재보호위원회는 한일회담이 시작된 이래 시종일관 회담 참석을 거부하거나 회담 내용을 인정하지 않는 태도를 보였지만, 일본 국내의 정치적 판단과 한국과의 국교정상화를 재촉하는 미국의 압력으로 1964년부터 마지못해 문화재 반환 교섭에 참석하게 되었다. 이때 중요한 역할을 담당한 인물이 미야치이다.

미야치는 한국으로 문화재를 반환하는 것을 강력히 반대해 왔다. 그러다가 한일 간의 정치적 교섭이 타결되면서 문화재 반환 문제에 직면하자, 목록 선정에 있어서는 전적으로 일본이 주도해야 한다고 주장하였다. 즉, 한국에 무엇을 건넬 것인가는 일본이 결정한다는 것이다.[15]

1965년 3월 15일, 미야치는 '문화재문제협의회'에서 도쿄국립박물관 소장품 중에서 한국에 넘길 문화재 목록을 건네며, 다음과 같이 발언한다.

14 류미나, 「'한일회담 외교문서'로 본 문화재 반환 교섭」, 『일본역사연구』, 30집, 2009.

15 이에 관련한 연구는 류미나 「문화재 반환 교섭으로 본 한일회담의 한계–일본의 한국 문화재 반환 절차를 중심으로」(『일본역사연구』, 40집, 2014)를 참조하기 바란다.

문화재보호위원회 사무국으로서는 외무성과 흥정하고 싶지 않기 때문에 양도할 수 있는 최대한의 목록으로 정했다. (중략) 이 목록에 관해서는 문화재보호위원회 가와라河原 위원장과 내가 책임을 지겠다.[16]

위의 발언으로 미루어보아, 문화재 목록을 작성하는 데 있어서, 그의 발언권이 강했음을 알 수 있다. 반환 문화재 목록 선정을 두고, 다른 의견을 수용하지 않겠다며 이렇게 강한 어조로 말한 데에는, 그가 소속된 문화재보호위원회에서는 한국에 더 이상의 문화재를 내놓지 않겠다는 뜻이 포함되어 있다. 뿐만 아니라 이는 내부적으로 1958년에 반환한 106점의 문화재 역시 반환하지 말았어야 한다는 의견이 있었기 때문이다.[17] 다음은 1965년 4월에 있었던 한일 간의 교섭 내용이다.

미야치 대표는 "일본 측은 안을 내놓은 뒤에도, 다시 추가로 하나 더 내놓고 두개 더 내놓고 하는 식이 아니라, 이것만은 내놓을 수 있다는 안을 제출한다는 의미이다"라는 취지를 말했다. 방 대표가 "협의를 해나가야 하니 최종안이라는 말은 이상하지 않은가?"라고 말하자, 그에 대해 하리가이 대표는 "일본 안을 낸 다음에 한국 측 의견도 듣고 서로 논의하는 것이 협의이니, 지금 하고 있는 회의도 협의가 아니겠는가?"라고 대답했다. 또 이 대표가 "품목은 원만하게 합의하여 정했으면 하니, 전문가 간의 비공식 회의를 열었으면 하는 바람도 있다"라고 말하자, 미야치 대표가 "요컨대 일본 측은 찔끔찔끔 내놓지 않겠다는 의미이다"라고 말했다. 그러자 방 대표가 "일본 측의 의중은 대체로 이해했다. 최종안이라는 말에 방점이 찍혀 있었

16 일본 외교문서 581 : 「文化財問題打合せ会」, 1965.3.15, 북동아시아과.

17 한일회담과 일본의 문화재보호위원회와의 관련 연구는 류미나 「한일회담 외교문서로 본 문화재 반환 교섭」, 앞의 논문을 참조하기 바란다.

다"고 말했다.[18]

위의 인용에서 미야치는 어떤 문화재를 반환할지는 한국 측의 의견과는 상관없이 일본의 주도로 목록을 선정하겠다고 주장하고 있다.

미야치와 함께 문화재보호위원회의 관계자였던 마쓰시타 다카아키松下隆章 역시 한일회담에서 중요한 역할을 담당했다. 그것은 '양산부부총' 유물이 한국에 반환되는 것을 저지하는 일이었다.[19] 마쓰시타는 일본 문화재보호위원회 사무국 소속의 미술공예품과장으로 근무하고 있었는데, 한일회담에서 처음으로 열린 '제1차 문화재전문가회의'(1961.11.17)에 참가한 이래, 한일회담이 끝날 때까지 문화재 반환 교섭에 큰 영향력을 행사한 인물이다.

그는 1965년 당시 문화재보호위원회의 사무국에서 일했고, 문화재 반환 교섭 초기부터 협정이 체결되기까지 문화재 반환과 관련한 사안을 담당했는데, 이후에는 문화청의 문화재보호부에서 활동하면서, 협정 체결 이후 회고기록을 남겼다. 마쓰시타의 여러 기록을 살펴보면, 그가 한일회담에서 비교적 한국 측의 문의와 교섭에 긍정적인 태도를 보였음을 알 수 있다.

예를 들어 1961년 11월 28일, '제3차 문화재전문가회합'에서는 마쓰시타가 7천 건에 달하는 지정문화재의 목록을 모두 한국 측에 전달하고 싶다는 의견을 내놓았다.[20] 결국, 이 의견은 실현되지 못했지만, 한국의

18 일본 외교문서 457 : 「第7次日韓会談文化財委員会第2回会合」, 1965.4.28, 북동아시아과.

19 한일회담에서 '양산부부총'이 어떠한 이유와 경로로 반환되지 못했는가에 대해서는 류미나의 「'한일회담 외교문서'로 본 문화재 반환 교섭」, 앞의 논문을 참조하기 바란다.

문화재 반환 요구를 철저하게 무시하거나 혹은 강력하게 반대해온 문화재보호위원회의 미술공예과장으로서 취한 태도임을 감안한다면 매우 인상적이다.

마쓰시타는 같은 해 12월 21일, '제6차 문화재전문가회합'에서는 교토京都대학 도서관에 소장되어 있는 가와이河合문고에 대해, 도서관 출납과장이 지인이라며 "이홍직 위원이 직접 조사하길 원한다면 소개장을 써주겠다"는 의사를 밝힌 바 있다.[21]

이렇게 마쓰시타와 미야치는 문화재 반환 문제 있어서 매우 다른 자세를 보였으나, 그들이 모두 한국에 반환되는 것을 끝까지 거부한 문화재가 있는데, 바로 양산부부총 관련 유물이다. 마쓰시타는 한일협정이 체결된 이후, 자신이 참석한 한일회담에서 있었던 일화를 기록으로 남겼는데, 양산부부총을 반환하지 않으려는 노력이 곳곳에 보인다. 다음은 한일협정이 체결되기 하루 전날 밤인 1965년 6월 17일의 기록이다.

> 6월 17일 밤, 양국 대표의 회의가 끝난 다음, 구체적인 품목 검토가 있었고, 한국 측에서는 이홍직, 황수영 씨, 일본 측에서는 마쓰시타 전문가가 검토했다.
> 처음 한국 측은 일본 측이 제시한 인도引渡 품목에 대해 의견을 말했는데, 그중 양산부부총 출토 유물이 들어 있지 않다면서 강하게 비난했다. 이에 대해 마쓰시타는 부부총 유물은 우리나라에 있는 한국 고분 출토품 중 유일하게 유물 전체가 남아있는 케이스임과 동시에 내용적으로 볼 때에도 우리나라와 한국과의 밀접한 관계를 나타내는 좋은 예이다. 나아가 한국에는 이것보다 더 좋은 일괄

20 일본 외교문서 268 : 「文化財専門家会合(第3回)」, 1961.11.28, 북동아시아과.
21 일본 외교문서 268 : 「文化財専門家会合(第6回)」, 1961.12.21, 북동아시아과.

유물들이 많은데, 만약 한국이 이 양산부부총 유물에 집착한다면, 오늘의 교섭은 끝낼 수밖에 없다고 말했다. 마침 동석하고 있었던 한국의 방 대표는 양산부부총 문제는 일단 나중에 처리하고, 일본 측이 제시한 인도 품목을 중심으로 이야기를 진행하자고 제안했다. 이(이홍직－저자), 황(황수영－저자) 두 사람도 할 수 없이 승낙했는데, 마쓰시타는 방 공사의 발언 중, 암암리에 일본 측이 다른 품목을 조금 양보하면, 한국 측은 양산부부총을 단념해도 좋다는 뜻을 읽었다.

처음에 이러한 회의를 한 뒤, 마쓰시타는 미야치 시게루宮地茂 문화재보호위원회 사무국장, 히라마平間 동 위원회 차장과 저녁을 먹으며 상기의 견해를 미야치 국장에게 전달한 바, 미야치 국장은 부부총 일괄 유물을 분리해서 인도하는 것으로 이 교섭을 해결할 수밖에 없다고 말했다. 그 때 마쓰시타는 저들 도쿄국립박물관으로부터 '특히 부부총의 인도는 설사 분리해서 인도한다 하더라도 피하고 싶다. 그를 위해 다른 분야의 것을 다소 양보해도 어쩔 수 없다'는 강한 희망을 전했고, 미야치 국장도 일단 수긍했다.

(중략)

ㄱ) 우리나라에는 한국 고분에서 나온 출토품으로, 학술조사에 의한 일괄 유물은 이전에 한국에 인도한 106점과 부부총 출토품(489) 일괄 유물밖에 없다. 오구라 콜렉션 등에 뛰어난 유물이 있지만, 이것은 학술조사의 결과물도 아니며, 일괄 유물도 아니다.

ㄴ) 이토 히로부미의 고려자기를 소량만 남기고 나머지는 인도한 것은, 질적으로 볼 때 우리 국내에 훨씬 우수한 것이 다수 존재하기 때문이다.

ㄷ) 조선총독부에서 반출한 것, 그리고 경상남・북도 고분 및 고려시대의 고분 등에서 출토한 것을 당초에 생각한 대로 어느 정도 양보한 것은 오구라 콜렉션 등 민간 콜렉션에 훌륭한 것이 있기 때문이며, 이는 민간 콜렉션이 인도되는 것을 보호하기 위해서이다.[22]

위의 인용문에는 양산부부총을 둘러싸고 한일 간에 치열한 공방이 이어졌고, 결국은 일본이 이를 지켜냈다는 내용이 서술되어 있다. 특히 양산부부총이 중요한 이유는 다른 유물에 비해 질적으로 우수할 뿐 아니라, 도굴되지 않은 분묘에서 출토된 것이어서 유물이 온전하게 존재하며, 그리고 이 부부총의 유물에 대한 학술적 조사가 끝나 그 가치가 더욱 높아졌기 때문이다. 흥미로운 점은 이토 히로부미가 소장했던 고려자기 등을 한국에 많이 반환한 이유가 일본에 있는 개인 소장품 중에는 이보다 더 좋은 것들이 많기 때문이었다는 것이다. 이런 차원에서 본다면, 경상남도와 북도의 고분 및 고려시대 고분 등에서 출토된 것 역시 일본 국내에 있는 민간인 콜렉션을 보호하기 위해 많은 부분 양보했다는 사실이 드러난다. 문화재의 특성을 파악하여, 한국에 반환해도 좋을 것을 선별하고, 결과적으로 일본에 이익이 되는 방법을 모색하고 있었음을 알 수 있다.

그런데 이들이 양산부부총은 절대로 한국에 넘기지 않겠다는 이유가, 이 유물이 고대 한일관계를 알 수 있는 일괄 유물임과 동시에, '임나'와 일본과의 관계를 설명해 줄 수 있는 유물이기 때문인 점[23]을 생각하면, 이들 의식 속에 잠재된 식민지주의를 배제할 수는 없을 것이다.

22 일본 외교문서 1946 :「文化財　監査官　松下隆章　(秘) ヒルトンホテルでの日韓会談文化財問題に関するメモ」, 1968.9.28, 북동아시아과 일본국교정상화교섭사편찬위원회.

23 일본 외교문서 581 :「(極秘)文化財する打合会」, 1965.3.22, 북동아시아과.

3. 우메하라 스에지梅原末治의 굴절된 문화재 '보호' 인식

우메하라 스에지梅原末治는 식민지 시기에 조선에서 고고학 발굴자로 정평이 나 있던 인물이다. 1921년부터 조선총독부 고적조사위원으로 활동한 우메하라는 1929년 지금의 교토대학 인문과학연구소에서 활동한 후, 1933년에 교토제국대학의 조교수로 임명되어 고고학을 담당하게 된다. 그 후 1939년부터 교토대학 문학부 사학과의 교수로 재직하다가 패전을 맞게 되는데, 이때까지 조선에서 진행된 발굴 조사와 관련하여 지속적인 활동을 했다.

특히 그는 교토대학 고고학과의 창시자격인 하마다 고사쿠浜田耕作의 제자이자 후계자로서 교토대학 고고학과를 대표하는 인물이었으며, 그의 계보를 이은 제자들과 함께 '고고학 교토학파'를 만드는 데 큰 기여를 했다. 그는 한일회담 문화재 반환 교섭이 진행되면서 일본 외무성과 여러 번 접촉 했으며, 한국정부의 문화재 반환 요구에 크게 반대한 인물로도 유명하다.

우메하라는 한일회담과 관련하여 문화재 반환을 요구하는 한국정부에 대해 큰 반감 섞인 발언을 하고 있다. 그는 자신이 활동한 조선총독부의 유적발굴사업, 즉 고적조사사업이 큰 평가를 받아 마땅하다는 주장을 펼쳤는데,[24] 그의 이러한 인식이 한일회담 문화재 반환 교섭에 대한 비판적 시각으로 이어진 것이다.

> 그러나 길었던 남북의 쟁란이 거의 38도선을 중심으로 중지 상태인

24 梅原末治, 『朝鮮古代の文化』, 高桐書院, 1946.12.

채 일본이 독립국이 됐을 무렵 형세가 변했다. 이 사변으로 경성[25]에 남겨진 많은 관련 조사 기록물이 소실되었다는 것을 들었는데, 내게 있는 많은 양의 관련 자료들은 미국의 록펠러 재단의 조성에 의해 이용을 겸한 정리와 부본 제작이 시작되었다. 이때, 젊은 한국의 학도, 김원룡씨 등의 참여가 한국 측으로부터 거절됨은 물론, 새롭게 시작한 일한 양국 간의 국교 조약의 체결에 있어, 말도 안 되는 (한국정부에 의한) 일본 내 반도 유품의 반환 요구가 당초 일본 측 관계자(일본 외무성－저자)의 안일한 일부 출토품의 반환(1958년의 106점 반환－저자)으로 문제가 됐고, 끝내 조사(조선총독부 주도의 유적 조사－저자) 그 자체의 비난마저 그 땅에서의(조선에서의－저자) 정책 때문일 것이라는 주장이 나오게 되었다.[26]

우메하라는 한국정부의 문화재 반환 요구는 "말도 안 되는 것"이며, 일본 외무성의 주도로 이뤄진 1958년 106점의 문화재 반환 때문에 이런 요구가 증폭되었다고 주장한다. 더욱이 양국 관계의 정치적 판단으로 인해, 한국 내 학자들과의 협력 작업을 거부당했는데, 이는 식민지시기에 조선에서 진행된 유적발굴사업을 비판적으로 본 시각에 기인한다고 주장한다.

위의 인용문에서 또 하나 흥미로운 사항은, 양국 간에 정치적 갈등이 존재하는 중에도 학술 차원의 교류가 어느 정도 진행되고 있었다는 것, 그런데 이것이 한일회담 기간에는 거부된 적이 있었다는 사실이다. 물론, 양국의 학술적 교류가 한일회담의 영향으로 중지된 것인지는 확실하지

25 우메하라는 1969년에 이 글을 쓰면서도 서울이 아니라 '경성'이라는 명칭을 사용하고 있다.

26 梅原末治, 「日韓併合の期間に行なわれた半島の古蹟調査と保存事業にたずさわった一考古学徒の回想録」, 『朝鮮学報』, 第51輯, 1969, 146쪽.

않으나, 시기적으로는 분명히 중복되어 있다.

실은 그는 해방 이후에도 한국 고고학계와 계속 교류해 왔으며, 1964년에는 한국미술사학회의 학술지 『미술사학연구』에 「익산출토의 용씨작 반룡경益山出土の 龍氏作 盤龍鏡」이라는 제목으로 한漢나라 시대의 거울과 한반도와의 관계를 소개하기도 했다. 그런 그가 한국 고고학자들과의 교류를 거부당하고, 식민지 시기에 조선에서 진행했던 유적 발굴 사업들이 비판 받는 상황에 직면하게 되었던 것이다.

그는 결코 쉽지 않은 고적조사업에 조선총독부가 깊은 "열의"를 가지고 있었다며, 다음과 같이 주장한다.

> 반도를 병합한 이후 진행된 고적조사와 보존 사업은, 쇼와 20년(1945년－저자) 8월 15일, 일본의 무조건 항복에 의해 종지부를 찍게 되었다. 이 사업과 관련하여 무엇보다도 먼저 되돌아본 것은 이 문화 사업이 경과하는 가운데, 다이쇼시대(1912년~1926년－저자) 전반기에 눈부실 만큼 훌륭한 땅속의 유보遺寶가 출현하여 고분 사굴私掘이 성행하게 되었고, 이에 따라 유적 발굴에 치우친 결과, 조사 후의 처리가 미흡해진 측면도 있다. 그러나 동시에 이 사업은, 당시 일찍이 선학이 시작한 유적의 학술 발굴을 통해 매장된 고문물을 새롭게 세상에 출현하게 함으로써, 박물관 시설을 설비하고 유구遺構를 보존하도록 발달시켰다. 이러한 측면에서 당연히 높이 평가되어야 하고, 일본 본토의 동종 사업보다 앞섰던 것이다.[27]

우메하라는 조선총독부를 중심으로 진행된 고적 유물 발굴 사업이 오히려 조선 내의 도굴을 조장한 면이 있으나, "매장된 고문물"을 "새롭게

27 梅原末治, 「日韓併合の期間に行なわれた半島の古蹟調査と保存事業にたずさわった一考古学徒の回想録」, 앞의 논문, 146쪽.

세상에 출현"시킴으로써 결과적으로 박물관 설비 등의 분야를 발달시켰다고 주장한다. 또한 이러한 조선의 고적조사사업은 일본보다도 앞선 것이었다며, 조선총독부의 고적조사사업을 높이 평가해야 한다고 역설한다. 이러한 업적에 기반하여 고적조사사업을 평가한다면, 한일회담을 진행하면서 한국 측이 조선총독부 시절에 이루어진 발굴조사를 비판하고 한반도에서 유출된 문화재를 반환하라고 요구하는 것은 잘못된 것이라고 주장하는 것이다.

주의할 점은 그가 교토대학의 명예교수이고, 1963년에는 '문화공로상'을 수상할 만큼 큰 영향력을 갖고 있었다는 것이다. 이러한 경력의 소유자인 그가 조선총독부 고적조사사업의 '정당성'을 역설하고 한국의 문화재 반환 요구에 대해 강력히 반대하는 것은, 일본 학계의 전반적인 인식을 대변하는 것이었다고 봐도 무방하다.

그러나 "열의"가 있었던, 그리고 "일본 본토의 동종 사업보다 앞선" 조선총독부의 고적조사사업은 한국 연구자들 입장에서 볼 때, '일본본위요 정책본위'였을 뿐이다. 또한 그러한 고적조사사업이 "일본 본토보다 발전할 수밖에 없었던 것은 조선이 일본인 학자들의 실습지였고, 한반도의 문화재가 그들의 실습 재료였기" 때문이다.[28] 우메하라의 문화재 '보호'는 종주국 중심의 굴절된 형태의 것이었다고 하겠다.

---

28 梅原末治, 「日韓併合の期間に行なわれた半島の古蹟調査と保存事業にたずさわった一考古学徒の回想録」, 앞의 논문.

12장

한일 국교정상화에 대한 인식

12장

한일 국교정상화에 대한 인식

1. '일본의 내습來襲'으로 인식한 한일 간 국교정상화

한일회담에 대한 한국 학계의 인식은 어떠했을까.

거칠게 말하자면 '일본의 문화적 · 역사적 내습來襲'으로 본 흔적이 매우 짙다. 한국 학계의 저변에는 한일협정이 체결되고 일본과의 교류가 시작된다면 해방 이후에 식민사학을 극복하기 위해 노력해온 것들을 위협할 수 있다는 의식이 있었기 때문이다. 예를 들어 김용섭은 다음과 같이 토로한다.

> 일제 치하에서 식민사학을 청산하는 문제는 사상의 문제이자 선학의 학문을 비판하는 문제였으므로 최소한의 학계의 세대교체가 이뤄져야 한다. 따라서 학계에서는 이런 일이 추진되기까지의 세월이

> 필요하게 되었다.
>
> 1960년대를 기다려야 했던 것은 그 이유이다. 그런 가운데 직접적인 계기가 된 것은 전에도 언급한 한일회담의 재개이다. 한일회담이 재개되고 한일 간 국교조약이 체결되는 변화가 생기면서 한국사학과 학계에 일본제국주의 망령의 과거사를 상기시키고, 이들의 새로운 내습에 대비해야 한다는 위기의식이 고조되고 있다.[1]

위의 인용문을 볼 때, 해방 이후 한국의 역사학 연구는 식민지시기에 만들어진 식민사학을 극복하기 위한 노력이 수행되고 그 과정에서 발전했는데, 한일회담으로 양국의 국교가 정상화되면 다시 한번 일본의 학문적 '내습'이 있을 것이라는 위기감을 가지고 있었음을 알 수 있다.

김용섭의 발언을 뒷받침하듯, 1960년대를 전후로 하여 한국의 역사학계에서는 일본식 명칭을 한국식으로 바꾸는 등의 작업을 통해, 과거 일본의 그림자를 지우고 한국사의 새로운 정립을 위한 노력이 활발하게 진행되었다. 예를 들어 1959년에는 국립박물관에서 일본식 명칭을 모두 다른 용어로 교체했고,[2] 1962년에는 '문화재보호법'이 제정됐다. 또한 언론들은 한국의 유적에 주목하기 시작했다. 예를 들면 『동아일보』는 '국보 순례'라는 기획 기사를 연재하기 시작했는데, 이는 한국에 있는 국보, 보물, 유적지 등의 사진을 소개하면서 관련 역사와 전승된 이야기를 풀어가는 것으로, 그 목적은 문화재 보호에 대한 관심을 증대시키기 위함이었다. 이 '국보 순례'는 1962년 11월 14일부터 다음 해인 1963년 5월 15일까지 게재되었다.

---

1 김용섭, 『김용섭 회고록－역사의 오솔길을 가면서－해방 세대 역사 연구자의 역사 강의』, 지식산업사, 2011.3.

2 「倭色・煩雜한 말 一掃 古蹟 등의 명칭 변경」, 『동아일보』, 1959.6.3.

그런데 이 시기까지 한국 사회에서는 도굴이 끊기지 않았고, 여전히 해외로 문화재를 반출하거나 재벌가들이 문화재를 은닉하는 사건이 발생하며, 사회적 문제가 되기 일쑤였다. 이러한 상황에서 한일회담으로 인해 일본과 교류가 시작되자, 식민사학의 극복을 과제로 안고 있던 한국 역사학계는 그에 대한 우려를 자아내지 않을 수 없었을 것이다.

한일협정이 체결된 다음 해인 1967년, 한국에서는 학술 운동의 일환으로 '한국사 연구회'가 창립되었다. 이 연구회에서는 국사학과, 동양사학과, 서양사학과의 분리가 논의됐고, 1969년 3월 서울대학교에서는 국사학과를 문리대학교 사학과에서 분리했다.

이러한 움직임은 당연히 국내적 요인도 있었겠지만, 한일 간 국교정상화에 따른 역사학계의 변화로도 읽을 수 있는 부분이며, 또다시 일본과 마주하게 될 시대적 변화에 따라 국사교육에 대한 중요성이 더욱 부각된 결과물로도 볼 수 있다.

2. 부끄럽게 전시된 반환 문화재들

박정희정권이 내세운 민족주의는 국민의 통합과 정부 주도 정책에 대한 불만을 잠재우기 위한 것이었고, 그를 구체적으로 실천하는 방법 중에 하나가 문화재 정책이었다. 물론 박정희정권이 등장하기 이전에도 문화재를 보호해야 한다는 의견이 있었지만, 제도적으로 법안을 만들어서 보호하는 국가 차원의 활동은 박정희정권에서 시작되었다. 바로 '문화재보호법'의 제정이다.[3]

3 문화재보호법, 법률 제961호, 1962.1.10.

쿠데타에 성공한 박정희는 '국가재건최고위원회'를 설치하고 1961년 9월 15일, 정부기구 개편에 들어갔다. 이 회의에서 구황실사무총국이 폐지되고 문화재관리국이 문교부로 이관되었다.[4] 기구를 개편한 목적은 '경제 개발 5개년 계획'을 위해, 중복기구를 없애고, 최소한의 인원으로 최대의 능률을 지향하기 위함이었다. 이 자리에서는 문교부 조직의 개편도 논의되어, 학무국, 학교관리국, 문화국, 체육국으로 조정되었는데, 이는 제2차 세계대전 당시 일본과 독일이 활용한 기구를 모델로 한 것이었다. 특히 이때 문화재관리국이 문교부의 외청으로 분리되면서 문화재 관리를 담당하게 되었으며, 그 관리 대상은 '국유문화재'로 국한되었다.

'국가재건최고회의'는 1961년 9월부터 10월에 걸쳐서 당시 국토의 0.34%를 차지했던 구황실재산을 개편하고,[5] 1961년 12월 26일에 '문화재보호법' 제정을 논의하였으며,[6] 1962년 1월 10일에는 '문화재보호법'을 제정했다.[7]

이렇게 만들어진 한국의 문화재보호법은 박정희정권의 국민통합 정책의 일환으로 활용되었다. 특히 박정희정권 초기부터 주목한 이순신에 대한 현창은 국가적 사업으로 진행되었다. 1961년 12월, 정부 공보부의 지원을 받아 임진왜란과 충무공의 활약상이 컬러 영화로 제작되자,[8] '이순신 붐'이 일어 영화 촬영지인 진해와 한산도 등에는 그 촬영현장을 구경하러 온 사람들로 북새통을 이뤘다. 또한 문화재보호법이 제정된 직후인

4 국회회의록, 상임위원회 국가최고재건회의 47호, 1961.9.15.

5 국회회의록, 상임위원회 국가최고재건회의 54호, 1961.10.2.; 55호, 1961.10.4.; 56호, 1961.10.5.

6 국회회의록, 상임위원회 국가최고재건회의 93호, 1961.12.26.

7 문화재보호법, 법률 제961호.

8 「壬辰亂과 聖雄李舜臣 公報部援助로 再影撮」, 『동아일보』, 1961.12.6.

1962년 3월에는 대전에서 '충무공 417회 탄신기념사업위원회'가 조직되어, 현충사와 고택, 묘소가 재단장되었다.[9] 충남도청은 4월을 '충무의 달'로 정했으며, 같은 달 28일에는 이충무공 탄신을 맞아 충무공 관련 문화재를 대대적으로 수집하고 그의 공적을 기리는 '이충무공 탄신제'를 거행했다. 이 행사에는 박정희와 각계의 요직 인사들도 참가했는데,[10] 그 후 박정희는 집권 기간 동안 한 번도 거르지 않고 매년 '이충무공 탄신제'에 출석했다.[11]

그러나 박정희정권이 모든 문화재에 관심을 기울인 것은 아니었다. 박정희의 문화재 관리 방법은 '선택과 집중' 방식으로 이루어졌다. 이충무공과 관련된 문화재는 정권 유지에 필요했기 때문에 철저하게 관리됐지만, 그렇지 않은 경우에는 매우 거친 방식으로 보존되었다.

서울에 소재한 궁궐이 바로 좋은 사례이다. 먼저 경복궁을 보면, 1962년 4월 20일에 '군사혁명 1주년 기념 산업박람회'가 개최되었는데, 경복궁 안에 30여 개의 진열관과 공연관이 세워졌다. 강임산의 연구에 의하면, 이때 경복궁 관람자는 47일 동안(4월 20일~6월 6일) 240만 명이었다고 한다.[12] 짧은 기간 동안 많은 사람들이 경복궁을 방문하였고, 이는 당연히 궁궐의 훼손을 초래했다. 이러한 경복궁 관람은 과거 조선총독부의 경복궁 활용과 매우 유사하다. 1915년 '조선물산공진회', 그리고 1929년 '조선박람회' 역시 경복궁을 이용한 조선총독부의 '선정善政'을 알리는

9 「忠武公 誕日에 盛大한 記念行事」, 『동아일보』, 1962.3.16.

10 「28日 多彩로운 行事 李舜臣將軍 誕生 417주년 顯忠祠 補修·遺物展示舘新築」, 『동아일보』, 1962.4.27.

11 송지호, 「박정희시대의 문화정책과 도자공예 : 1960~1970년대 '대한뉴스' 보도 내용을 중심으로」, 『陶藝硏究』, 제27호, 2018, 195쪽.

12 강임산, 「1968년 광화문 '복원'의 성격」, 명지대학교 기록정보과학전문대학원 석사논문, 2015.8, 12쪽.

중요한 행사였다. 두 행사 모두 식산흥업의 현황을 각계에 선전하기 위한 것이었는데, 경복궁 안에 많은 가건물을 세워 개최하며, 경회루 등은 개회 파티장소로 이용되었다.[13] 박정희 역시 경복궁을 혁명 선전의 장으로 활용한 것이다.

이 외에도 각 궁궐의 보존 방식 역시 문화재에 대한 충분한 이해나 관리 체계 없이 진행되는 경우가 허다했다. 창경궁은 수장고가 침수돼 문화재가 손실되었고,[14] 식물원 연못 옆에는 지하 1층, 지상 3층의 '수정궁'이라는 식당이 들어섰으며,[15] 유흥업소를 만들 계획까지 세웠다.[16] 당시 김상기 문화재보호위원회 위원장은 언론을 통해 정부의 문화재 관리가 얼마나 허술하고 심각한 상황인지 호소했는데, 궁궐은커녕 종묘의 벽도 허물어질 지경이라고 한탄했다.[17]

한편, 한일 간에 진행된 문화재 반환 협상과 박정희정권과의 관계는 매우 밀접하다. 무엇보다도 5·16 군사 쿠데타로 등장한 박정희정권이 권력 확보의 정당성을 주장하고 사회 혼란을 방지하기 위해 '민족주의'를 전면에 내걸었으며, 이를 위해 문화재 정책이 보조 수단으로 이용된 것은 주지하는 바이다. 이러한 맥락 위에서, 한일 간의 문화재 반환 협상도

---

13 「경회루에서 개장식 조박 금일 개관」, 『동아일보』, 1929.9.12.

14 「어둠 속에 버려졌던 유물들」, 『경향신문』, 1963.8.6.

15 「궁중 요리센터」, 『매일경제』, 1967.5.5.; 「수정궁, 한국의 멋 새겨 25일 개관」, 『동아일보』, 1967.7.14.

16 「고궁에 캐바레 만들겠다」, 『동아일보』, 1967.8.29.

17 김상기 위원장은 『경향신문』과의 인터뷰에서, 당시 서울시청의 부시장인 이기수李基洙가 현재 청와대 안에 위치한 칠궁을 보존하는 문제에 대해서 "칠궁이 문화재냐", "칠궁을 왜 지켜야하느냐"는 반문을 했다며 문화재에 대한 관심과 보호를 호소하고 있다. 「김상기 교수, 큰일났다. 종묘 벽도 허는 판」, 『경향신문』, 1967.9.27.

박정희정권의 치적으로 홍보되었다.

박정희정권은 자신의 정치적 편의에 따라, 문화재 반환 협상 과정과 그 결과에서 정권에 비판이 가해질 만한 내용이 있을 시에는, 때로는 속이고 때로는 숨기며 거침없는 행보를 이어갔다. 가장 대표적인 예가 14년간의 한일회담을 통해 반환된 문화재의 인수식이다.

문화재 인수식은 1965년에 진행되었는데, 바로 그 전해인 1964년에는 '한일회담 반대 운동'이 펼쳐졌고, 박정희정권은 이를 막기 위해 비상계엄령까지 발동하였다. 이렇게 우여곡절을 겪으며 체결한 한일 국교정상화는 여전히 비판 여론이 강했으며, 그 상징인 반환 문화재에 대해서도 결코 우호적인 평가가 아니었다. 당시 반환이 결정된 문화재는 전체적으로 수량이 적었고, 그 문화재로서의 가치에 대해서도 비판적인 여론이 높았던 것이다. 이러한 사회적 분위기로 인해 문화재 인수식은 몇몇 관계자들의 참석 외에는 출입을 막은 상태로 진행했다. 다만, 이에 대한 홍보만큼은 철저하게 준비했다. 다음 인용은 대통령비서실 주관중 비서관이 박정희에게 보고한 정무보고이다.

> P.R. 상황
> 27일 문화재가 김포에 도착하는 광경부터 박물관에서 개봉하는 과정까지 각 보도 기관이 P.R.를 '카바'했으며, 28일 조간지에 잘 보도됨. 28일의 인수식은 각 보도기관이 '카바'했으므로 앞으로 영화 뉴-스, TV, 신문, 잡지 등에 잘 보도될 것임.
> 27일 문화재가 박물관에 도착 시, 국내의 사학자, 고고학자의 참관 요청이 있었으나, 일절 그들의 출입을 금지시키도록 하였음. (그들의 중상적 구설을 막기 위해)[18]

18 「반환 문화재 인수식 엄수」, 보고번호 (66) 제619호, 1966.5.28, 대통령기록관

위는 반환 문화재에 대해 국내 연구자들의 비판이 쏟아지자, 이들을 배제시킨 채 인수식을 거행하고, 신문이나 영화, 잡지 등을 통해 철저하게 홍보하겠다는 내용이다.

이뿐만 아니라, 반환 문화재의 전시를 도중에 중지시키려고 시도한 정황도 있다. 1966년 6월 10일, 대통령비서실 자료로 남아있는 회의록[19]에는 일본으로부터 반환된 문화재를 일반인에게 전시할 경우, 문화재의 질적 가치가 문제시될 것을 염려하며 7월 1일에 예정됐던 전시회를 중지시키자고 제기한 의견도 기록되어 있다. 다음은 대통령 기록관에 소장된 '반환 문화재 전시 계획 중지 건'의 문서이다.

1. **전시 계획**

   7.1 경으로 예정했던 6.20 경으로 앞당길 수 있으나, 다음과 같이 중지할 것을 건의함.

2. **전시회 불필요성**

   가. 일반에게 공개 전시할 경우 제일 먼저 구경올 자들이 시내 골동품 상인들인바 이들은 원래 험구가들인데다가,

   나. 최근 골동품의 해외반출이 불가능해지자 외국인에 대한 판로가 막혀 골동품 값이 하락해 정부에 대한 불만이 대단함.

   다. 이들이 문화재의 질적 가치가 없느니, 좋은 것이 안 왔느니, 하고 외치고 다닐 것이 분명함.

   라. 반환문화재 도착 이후 신문, 방송면에는 좋은 것만 선택했기

소장 기록. 이 소장 기록은 국외소재문화재재단의 강임산 선생님으로부터 입수한 자료이다. 이 자리를 통해 부족한 저자를 위해 귀한 자료를 제공해 주신 강임산 선생님께 깊은 감사의 말씀을 전한다.

19 이 문서에는 "문교부 장관 의견은?"이란 문장이 적혀 있는데, 박정희 대통령의 발언으로 추정된다.

때문에 좋은 여론이 이미 형성되어 있음. ("한국일보"에서는 좋은 것만 골라서 "문화재 지상전시회"를 오늘까지 계속하고 있음)

마. 반환문화재가 정리되면 기존문화재와 섞어 전시해 놓으면 됨.[20]

이 인용 자료에는 일본에서 반환된 문화재 중에 가치가 떨어지는 것은 감추고 "좋은 것만" 골라서 보여주는 방식으로 일반인에게 소개하자는 제안이 기재되어 있다. 여론을 의식한 정부가 반환된 문화재를 정리한 후에 기존에 진열된 문화재들과 섞어놓아서 반환된 문화재의 실태를 국민들이 알 수 없도록 하자는 생각을 가지고 있었음을 알 수 있다. 이 제안은 국민을 '속이는' 행위임은 물론, 일본에서 반환된 문화재가 한국 사회에 어떻게 소개됐는지를 보여 주는 일례라고 할 수 있다.

실제로 반환된 문화재는 덕수궁국립박물관에서 이동원 외무장관과 권오병 문교장관, 하갑청 문화재관리국장 등이 참석해 인수식을 거행했는데, 인수식이 끝나고 국보급 문화재 7점만을 참석자들과 기자들에게 소개했다.[21] 흥미로운 것은 이 자리에서는 서적을 공개하지 않았다는 점이다. 1966년 7월 1일부터 1달 동안 진행된 '반환문화재특별전시회'에서는 서적을 포함한 반환 문화재가 일반인에게 공개됐지만, 인수식 당시에는 서적을 공개하지 않은 채 언론인들과 전문가들을 참관시켰다. 앞에서 소개한 바와 같이 이 때 반환된 서적이 문화재적 가치가 낮거나 혹은 이미 다른 복사본이 많이 유통되는 것이었기 때문으로, 부정적인 평가를 회피

20 「반환 문화재 전시 계획 중지 건의」, 보고번호 (66) 제648호, 1966.6.10, 대통령기록관 소장 기록.

21 「문화재인수식, 일급보물 7점 공개」, 『경향신문』, 1966.5.28.

하려는 의도를 볼 수 있다.

이렇듯 고의적으로 공개가 제한된 반환 문화재는 특정 언론사에 "좋은 것만 골라서" 기사화하게끔 유도한 측면도 있다. 자유당 정부 시절 비판적인 논조가 강했던 『한국일보』가 반환 문화재의 '문화재 지상전시회'를 기획한 과정에 대해서는 향후 면밀한 분석이 필요하지만, 정부 입장에서 일부러 『한국일보』를 선별했을 가능성도 생각할 수 있다.

이상의 내용으로 볼 때, 식민지와 종주국의 관계를 벗어나 '동등한' 국가 간의 교류를 위해 진행된 한일회담이 결국 한국사회에는 일본에 대한 '위기감'으로 다가왔고, 회담 결과의 상징인 반환 문화재 역시 정부가 공개하길 꺼릴 정도로 빈약한 것이었다.

한일회담과 문화재 반환을 통해 일본의 식민지종주국으로서의 인식이 결코 바뀌지 않았다는 것은, 이후 한국을 방문하는 일본인들의 행동에서도 드러난다. 36년간의 식민지 지배가 끝난 지 비록 20년밖에 안 된 세월이긴 하지만, 국교정상화 이후 한국을 찾은 일본인들의 모습에는 여전히 식민지 종주국의 흔적이 깊게 배어 있었다.

3. 다시 시작된 일본인 관광과 식민지주의

한일협정으로 양국의 국교가 정상화되자 '옛 고향'을 방문하는 일본인들이 증가하기 시작했다. 1965년에는 한국 내 외국인 관광객 중 일본인의 비율이 15%에 지나지 않았지만, 옛 조선에서 나고 자란 일본인들을 상대로 한 관광산업이 급증하여 70년에는 30%, 73년에는 70%에 이르렀다.[22]

22 김진탁, 「한국 관광에 대한 일본인의 의식과 행동에 관한 조사 연구」, 『관광학

그리고 이들 일본인 관광객 중에 남성의 비율은 70%에 달했다.

주지하는 바와 같이, 1970년대의 일본인들, 특히 일본 남성들의 한국 관광은 '기생 관광'이라는 사회적 문제를 낳았다. 1973년 12월에 '일본인 남성들의 기생 관광을 반대한다'는 일본인 주부들의 김포공항 데모 사건[23]까지 일어날 정도였으니 그 병폐가 어떠했는지 미루어 짐작할 만하다.

그런데 일본인 관광객이 증가하자 '유적지의 관광화'가 가속화되면서 문화재 보호에 장애물이 되는 경우도 발생했다. 예를 들면 1969년 12월 17일 『동아일보』에는 충무공의 유물과 창덕궁의 보물을 훔쳐 일본인에게 건네려다 적발된 사건이 발생했으며,[24] 한국인들 역시 일본인들의 문화재 구입을 돕기 위해 도굴과 밀반출에 가담하기도 했다.

이것은 일본이 조선을 식민지 지배하는 동안 유물 관련 중요 작업을 대부분 일본인이 담당했고, 조선인들은 단순한 잡역부로만 일했던 구조적인 문제와 깊은 관련이 있다.[25] 결국 조선인이 한반도 유물을 직접 관리한 것은 미군정이 시작됐을 때부터였고, 그로부터 20여 년이 지나 한일협정이 체결된 이후에도 한국 사회가 아직 문화재에 대한 보호 의식이 높지 않았기 때문에 이러한 사건이 벌어진 것이다.

그 가운데 가장 대표적인 것은 창경궁에 마련된 술집 경영이었다. 1967년 5월 4일, 『매일경제신문』이 1966년 10월 14일에 기공식을 한 식당

연구』, 5권, 1982.

23 「日 婦女 20여명 空港서 데모 '日本 男性의 기생 觀光 반대'」, 『동아일보』, 1973.12.26, 7면.

24 「한심한 文化財 管理 상황」, 『동아일보』, 1969.12.17, 2면.

25 류미나, 「일본의 문화재 반환으로 본 식민지 지배의 잔상과 청산의 허상」, 『일본역사연구』, 32집, 2010.12.

하나를 소개했다. 바로 창경궁 안에 세워진 '수정궁'이다.[26]

수정궁은 원래 일본인에 의해 만들어진 건물이었지만, '북악北嶽관광주식회사'의 대표인 윤영춘이 "외국 손님"을 위해 기존의 건물을 헐고 건축가 김중업씨의 설계로 다시 개관했다. 그는 연간 3만 명의 관광객 유치로 50만 달러의 외화를 벌겠다고 밝혔고,[27] 신문 언론 중에는 수정궁이 궁중의식과 궁중요리를 선보이며 "우리 고유문화를 선양"하고 있다는 평을 내는 곳도 있었다.[28]

그러나 "우리 고유문화를 선양"하겠다는 이 수정궁은 영업 첫날부터 무허가로 "캐바레"를 운영했는데,[29] 뒤늦게 이를 안 시민들이 운영방침에 반발했으나 종로구에서 이를 묵인했고, 이후 각종 연회와 결혼식 장소로 자리 잡았다.[30] 수정궁 음식점은 1986년 8월, 창경궁의 대대적인 새 단장 때까지 영업을 계속했다.[31]

다시 말하면 '문화재를 보호해야 한다'는 의식이 전 국민에게 퍼진 것은 그리 오래된 일이 아니며, 그만큼 문화재의 손실이 컸다고 할 수 있겠다.

26 「宮中요리센터」, 『매일경제신문』, 1967.5.4, 4면.

27 「水晶宮 韓國의 멋새겨 25日 開館」, 『동아일보』, 1967.7.14, 3면.

28 「宮中요리센터」, 『매일경제신문』, 앞의 글.

29 「벌써부터 캐바레」, 『동아일보』, 1967.8.30, 3면.

30 「퇴색 水晶宮 방치 美觀 해쳐」, 『동아일보』, 1978.5.10, 6면.

31 「내달 문여는 昌慶宮 몰라보게 달라졌다」, 『동아일보』, 1986.7.12, 11면.

13장

누구를 위한 문화재 보호인가

13장

누구를 위한 문화재 보호인가

1. 자의적으로 해석되는 문화'보호'주의

14년간의 한일회담이 진행되는 동안 한국은 일본이 불법으로 반출한 문화재를 반환하라고 요구했고, 일본은 이것을 끝까지 인정하지 않았다. 일본 외무성은 제1차 한일회담에서 한국 측이 요구한 문화재 반환에 대해 철저히 조사했고, 1953년에 들어서 대부분의 조사를 마친 후에 문화재 반환을 거부했다.[1] 나아가 당시 일본에서는 조선총독부가 진행한 발굴조사가 조선문화를 연구하고 이를 지켜 낸 '공적'이기 때문에,[2] 한국이 반환

1 이때 외무성이 조사한 인물들은 대부분 조선총독부의 촉탁이나 조선고적조사연구회 등에서 활동한 일본 고고학자 및 고대사학자로 후지타 료사쿠藤田亮策나 우메하라 스에지梅原末治 등과 같은 인물들이다. 이들은 조선에서 발굴된 유물은 모두 조선에 두고 왔다고 답했다. 일본 외교문서 585 : 「朝鮮の美術品, 骨董について」, 1953.6.23.

을 요구한다는 것은 "말도 안 되는 일"이라는 인식이 뚜렷했다.[3] 이는 일본인 연구자들이 식민지 조선에서 진행된 문화재 발굴 사업에 대해 '선善'이라는 가치를 부여하고, 연구자로서 조선의 문화재를 '보호'한다는 자긍심을 가지고 있었다는 것을 말해준다. 물론 한국은 식민지 조선에서 '정당한' 발굴이 존재했다는 것 자체가 식민 지배 구조를 드러내는 것이라며, 계속적으로 한반도 출토 문화재를 반환하라고 요구했다. 그리고 이 논쟁은 지금까지도 이어지고 있다.

저자는 지금 여기서 이 논쟁에 대한 시시비비를 가리려고 하는 것은 아니다. 다만, 과연 종주국 일본에서 말하는 문화재 '보호' 혹은 '애호'라는 것이 무슨 의미인지 재고할 필요가 있고, 이를 위해 일본 연구자들의 발굴 모습을 알 수 있는 몇 가지 자료를 검토하고자 한다.

먼저 조선총독부의 촉탁으로 근무하며 인류학 조사를 담당한 도리이 류조鳥居龍藏의 자서전에 나온 내용을 소개하고자 한다. 이 책은 그가 자신의 연구 활동을 직접 기록한 것으로, 여기에는 만주와 조선에서 유물을 발견하고 연구를 위해 일본으로 반출한 과정과 그 흔적이 그대로 그려져 있다.

> 1) 메이지 38년(1905년 - 저자) 3월로 기억하는데, 만주에서 육군 일을 하던 모씨가 하루는 교실에 있는 나를 방문했다. 용건을 물어보자 동 씨는 들고 온 보자기 속에서 토기 파편과 석기를 꺼내 놓더니 '이 토기와 석기 등은 만주 푸란디엔普蘭店[4]의 귀디

---

2 藤田亮策, 「朝鮮古文化財の保存」, 『朝鮮学報』, 第1輯, 朝鮮学会, 1951, 246쪽.

3 梅原末治, 「日韓併合の期間に行われた半島の古蹟調査と保存事業にたずさわった一考古学徒の回想録」 『朝鮮学報』, 第五十一輯, 朝鮮学会, 1969, 148쪽.

4 이 지역은 중국 랴오닝성의 푸란디엔 시에 위치한 곳으로, 쑤앙파앙 유적지

산鍋底山 장성에 포대를 설치하기 위해 땅을 팠더니 땅 속에서 나온 것인데, 이것들을 대학에 드리고 싶어 가져왔습니다. 아무쪼록 만주로 와서 이것들이 나온 곳을 조사해 주십시오'[5]

2) 그래서 그 군대에 부탁해 이곳을 발굴할 허가를 얻어 발굴해 보니, 이들 벽돌은 부전이 아닌, 전실묘로서 몇 개의 전실묘가 나란히 위치해 있던 것이 나온 것이다. 이것들은 완전하고 아직 뚜껑이 있었으며, 파괴되지 않은 것으로 보였는데, 내부는 거의 대부분이 완전하여 인골은 작은 조각이 되어 겨우 남아 있고, 부장품은 완전히 보전되어 있는 상황이었다. 부장품은 거울, 장식품, 그 외에 오수천五銖泉(북조의 화폐, 동전)도 섞여 있었다. 이상으로 나는 이 무덤이 한나라시대의 것으로 판단했는데, 이것은 만주에서 최초로 한나라시대 분묘를 발견한 것이었다. 이들 유물을 대학에 기증하기 위해 군에 요구해 허가를 얻어서 가져왔다. 도쿄대학 인류학 교실에 지금 소장되어 있다.(이 고분 발굴은 졸저 『만주조사보고滿洲調査報告』 안에 들어 있으니 참고하기 바란다)[6]

3) 니노미야二宮[7] 씨는 데라우치 장군과는 매우 친밀한 사이였다.

로 불린다. 19세기 말부터 대형 지석묘가 발굴된 곳으로, 도리이 류조, 야기 쇼사부로八木奘三郎 등이 조선의 지석묘와의 비교 연구를 진행한 곳으로도 유명하다. 오대양, 「遼東地域 支石墓의 硏究成果 檢討」, 『동아시아 고대학』, 제34집, 동아시아고대학회, 2014.7, 36쪽.

5 鳥居龍藏, 『ある老学徒の手記』, 岩波文庫 青N112－1, 2013.1, 212쪽.

6 鳥居龍藏, 『ある老学徒の手記』, 앞의 책, 220쪽.

7 여기서 말하는 니노미야는 니노미야 도쿠지로二宮德二郞로, 일본 육군의 기초를 세운 야마가타 아리토모山縣有朋와 데라우치 마사타케의 신임을 얻었던 인물로 유명하다.

> 니노미야 씨가 내게 '귀하는 조선 조사를 하고 싶은 희망이 있는가. 만약 있다면 데라우치 장군에게 직접 이야기 해 보겠네'라고 했다. 나는 조선에 여행 조사를 하러 가고 싶다고 답했다. 그래서 니노미야 씨가 이 일을 직접 말했더니 금방 승낙을 받았고 언제든지 조선을 여행하고 조사해도 된다고 했다. 일단 나는 조선총독부의 촉탁이 됐고, 고적조사, 석기시대의 조사 및 조선인의 생체 측정 일을 하게 되었다.[8]

1)은 1905년에 일어난 일로, 만주 랴오닝성에 주둔한 일본군이 도쿄에 있는 도리이鳥居를 방문해 만주에서 가져온 토기를 보여주며 연구를 부탁하는 내용이다. 2)도 역시 1905년의 일인데, 도리이가 랴오양遼陽에서 발굴한 유물을 일본군의 허가를 받아 일본으로 가져갔다는 내용이 들어있다. 3)은 1910년에 데라우치 총독과 친분이 있는 니노미야二宮의 소개로 총독의 초대를 받아 조사할 수 있었다는 내용이다.[9] 이러한 사례를 보면, 일본인의 만주, 조선 등지에서 연구 조사를 하는 데 있어서, 통치 권력이나 군대의 협조가 얼마나 신속하게 이뤄졌고, 유물 역시 얼마나 쉽게 반출됐는지를 알 수 있다.

또한 일본 연구자들이 중국이나 조선에서 진행한 발굴 조사를 통해 획득한 유물이 어떻게 취급했는지, 그 단면을 읽을 수 있는 자료도 있다. 예를 들면 다음은 교토제국대학의 고고학을 이끌었던 하마다 고사쿠가 사망한 후, 그의 아들을 포함하여 제자들이 모인 좌담회에서 나온 에피소드이다.

---

8 鳥居龍蔵, 『ある老学徒の手記』, 앞의 책, 288쪽.

9 도리이의 조선 연구 과정에 대해서는 최우석 (「도리이 류조[鳥居龍蔵]의 식민지 조선조사와 일선동조론」, 『동북아역사논총』, No. 53, 동북아역사재단, 2016.)의 논문에 자세히 나와 있다.

나가히로長広[10] : (하마다 선생님은－저자) 재떨이로 고고학 자료인 항아리를 사용했고, 아무렇지 않게 그 안에 담배꽁초를 던지면서, 이런 것들은 이렇게 쓰면 된다. 오히려 그러는 게 깨지지 않고 좋은 거야. (웃음) 유물을요. 우리들 같으면 조심스럽게 진열장에 올릴 것을 선생님은 아무렇지도 않게 사용하셨습니다.

하마다[11] : 집에서도 그랬어요. 제대로 된 재떨이가 아닌, 그런 것들이 대부분이었죠. 재떨이는요.[12]

웃음 섞인 이들의 에피소드는 현재의 유물 관리 감각으로 본다면, 매우 위험한 발언이라고 할 수 있다. 하마다가 "재떨이"로 사용한 것이 한반도 출토 문화재인지의 여부는 알 수 없지만, 한일회담의 협상자들은 물론, 일본 학계에서 말하는 '조선 문화의 보호' 차원에서 본다면, 상상할 수도 없는 일을 "아무렇지도 않게" 저지른 것이다. 물론 이러한 행위를 하마다 개인의 일탈로 치부할 수도 있지만, 이른바 '교토학파'를 만든 하마다 고사쿠의 명성, 그리고 그의 제자들이 뒤를 이어 일본 고고학의 발전을 이끈 점을 생각할 때, 단순히 개인의 일탈로 정리하기에는 그 무게감이 너무 크다.

10 나가히로 도시오長広敏雄는 하마다 고사쿠의 제자로, 교토제국대학을 졸업한 후, 일본의 미술사학자로 명성을 얻은 연구자이다. 후에 교토대학의 교수로 부임하게 된다.

11 여기서 말하는 하마다는, 하마다 고사쿠의 아들 하마다 아쓰시浜田敦를 가리킨다. 그는 교토대학의 교수로 재직한 인물이다.

12 東方学会編, 『東方学回想 Ⅳ』, 刀水書房, 2000.4, 60쪽.

2. 문화국제주의 뒤에 감춰진 식민지주의

한일회담에서 문화재 반환 교섭이 진행되는 동안 일본 국회에서도 한국에 문화재를 반환하는 문제에 대해 여러 가지 논쟁과 주장이 있었다. 그 가운데 가장 두드러진 주장은 크게 두 가지로 볼 수 있다. 첫째는 식민지시기 조선에서 일본으로 반출된 문화재는 모두 '정당하게' 구입한 것이고, 둘째, 해방 이전의 국제정세를 볼 때, 피식민지에서 문화재를 반출하는 것은 일본만이 아니라, 당시 국제사회 즉 영국이나 프랑스, 미국 등에서도 발생하는 사항이라는 것이다. 따라서 국제법상 아무런 책임이 없다는 것이다.

아래의 예문은 이 문제를 주제로 토론하는 일본 국회의 모습이다. 마쓰나가 주지松永忠二는 일본사회당 출신의 의원으로, 한국으로 문화재를 반환하는 것에 찬성했는데, 그의 발언을 보면, 당시 일본 국회에서 한일간 문화재 반환 교섭이 어떤 시각에서 인식되고 있었는지 알 수 있다.

> **마쓰나가 주지 군** : (전략) 일본이 주장하는 것은 프랑스도, 미국도, 영국도 식민지 아프리카 등지에서 그런 종류의 많은 문화재를 모아 국내 미술관에 전람하고 있지 않은가, 정정당당하게 전람하고 있지 않은가, 일본이라고 조선의 문화재를 일본으로 가져와 일본 국내에서 그렇게 하는 것이 뭐가 부끄러운가. 이것은 국제적 관례에 속한 문제이고, 반환은 국제적 관례에 반하는 것이라는 주장을 관철하고 있습니다만 (중략) 프랑스나 영국 등이 식민지 지배 정신을 계속 갖고 있어 지금 그것을 반환하지 않고 자국의 미술관에 이것을 일종의 긍지로 걸고 있다는, 그런 사실을 오히려 반성의 재료로 삼아, 조선의 문화재를 인도한다는 생각을 충분히 검토해야 하지 않는가. (후략)[13]

위의 인용문을 보면, 프랑스나 영국, 미국과 같은 나라들도 과거 식민지에서 반출한 문화재를 돌려주지 않는데, 왜 일본만 돌려줘야 하느냐는 의견이 나왔고, 마쓰나가는 그것이 오히려 일본에 좋은 반성의 기회가 될 수 있다고 주장하고 있다.

한국에 문화재를 반환하는 것에 대해 일본 학계뿐 아니라 국회에서도 마찬가지로 거부 반응을 보이고 있었음을 알 수 있다. 그리고 마쓰나가의 발언 중에 "과거 종주국이 피식민지 지역의 문화재를 반환하지 않는 것은 여전히 식민지 지배 정신을 갖고 있기 때문"이라고 지적한 지점에 주목해야 한다.

흥미로운 사실은 이상에서 살펴본 구 제국주의 시기의 문화재 발굴 행위를 정당화하려는 논리가 지금도 여전히 계속되고 있다는 것이다. 다만 식민지시기의 유적 발굴 사업을 대놓고 '정당하다'고 표현하는 것이 아니라, 인류 보편의 유산을 민족주의적인 잣대로 규정짓지 말자는 이른바 '문화국제주의'의 논리로 포장하고 있다는 점이 과거와 다를 뿐이다.

예를 들면, 일본 와세다대학 고고학과의 오카우치 미쓰자네岡内三眞의 글은 그 대표적 사례다. 그가 와세다대학의 온라인을 통해 게재한 '약탈 문화재는 누구의 것인가'라는 글에는 다음과 같은 내용이 들어 있다.

> 동아시아에 한정하여, 일본, 한국(조선), 중국 사이에 유출 문화재 문제가 있습니다. 대륙에 진출한 일본은 20세기 초부터 종전終戰까지 중국이나 한국의 문화재를 본국에 보냈습니다.

13 제 50회 국회 참의원회의 본회의(13호), 1960.12.10, http://kokkai.ndl.go.jp/ 실제 프랑스나 영국, 그리고 미국의 박물관 소장품이 피식민지 지역에서 가져온 것이고, 일본 역시 그러한 관례를 따랐을 뿐이라는 의견은 국회 자료에 수없이 등장한다.

한국에서는 낙랑 관련품, 삼국시대의 고분 발견품, 고려 고분의 도자기, 석조상, 사원의 회화나 경전, 고문서 등입니다. 이것들은 『일본소장한국문화재』 전 5권에 게재되어 있습니다.

중국에서는 중국 동북지방의 만주국 관계, 상해, 남경, 항주 등의 강남 제 도시, 고궁박물원 관계의 표본류, 고물, 서적, 고고 자료 등입니다. 북경 원인 표본의 행방불명 사건 등도 일어났습니다. 중국과 관련해서는 『중화민국 전래의 약탈 문화재 총목록』이 있습니다.

일본과 한국 사이에서는 1952년 일한회담부터 문화재 반환 교섭이 시작되어, 1965년에 서적 163부 852책, 체신자료 20건, 도자기, 석조 미술품, 고고자료, 장신구 등 176건, 434점이 건네졌습니다. 그러나 민간에 있는 문화재는 개인의 사유물이므로 인도는 보류됐고, 휴전선 이북의 자료에 대해서는 인도 리스트에 게재되어 있지 않습니다.

(중략)

문화재나 세계유산은 인류가 풍요롭게 살아가기 위해 반드시 필요한 자원이며, 정신적인 근원입니다. 현재, 문화재나 세계유산은 개인이나 민족, 국가의 점유물이 아닌 인류공통의 재산이란 생각이 일반화되어 가고 있습니다. 국가나 민족에 연연하지 않고, 지구상에 하나밖에 없는 문화재나 세계유산을 보존, 계승, 활용해 나가는 것이야말로 중요합니다. 그를 위해 세계유산의 주변 환경을 정비하고, 박물관, 미술관, 도서관 등의 시설을 충실하게 만들어 누구라도, 언제나 이용할 수 있는 설비나 서비스가 필요합니다. 정교한 복제 전시나 자료의 디지털화 등 정보의 공유화가 진행되어 국제적인 공동 이용 네트워크를 구축해 나가지 않으면 안 됩니다. 문화재는 인류 공유의 재산이라는 공통 인식에서 오랫동안 보존하고 활용해 가고 싶습니다.[14]

14 岡内三真, 「略奪文化財は誰のものか」, waseda online, 2010.6.28.

오카우치의 의견에서 주의해야 할 점은 그가 일본의 대륙 침략과 문화재의 약탈을 "진출"이나 "본국으로 보냈다"는 식으로 순화하여 표현하며, 문화재를 "국가나 민족의 것이 아닌, 세계의 유산" 즉 '문화국제주의적' 맥락에서 다루고 있다는 점이다.

이것은 앞서 서술한 바와 같이, 우메하라가 조선총독부의 유적 조사와 유물의 보존을 "매장된 고문물을 새롭게 세상에 출현시켜, 박물관의 시설이나 유구遺構의 보존으로 진행된 사업으로, 당연히 높이 평가되어야 할 것이고, 이 점은 일본 본토의 동종 사업보다 앞섰던 것"이라고 격찬했던 것과 맥을 같이 한다. 바로 '문화재 보호론'이다. 식민지시기 조선에서 진행한 학술 활동을 어디까지나 유물을 보존하고자 한 학문적 발로이며, 일종의 '선의'로 해석하려는 시도인데, 종주국 입장에서 본 '문화보호주의'가 여기에서도 보인다.

그러나 이러한 인식들은 문화재에 대한 '유산'적 의미에 방점을 두고 있으며, 공공적 재산으로 의의를 중요시하고 있음에 주의해야 한다. '문화재를 보호해야 한다'는 보편적 시각은 자칫 문화재가 갖고 있는 역사성과 그 문화재가 현재의 위치에 존재하게 된 경위에 대해 무비판적 이해를 초래할 수 있기 때문이다.

흥미로운 것은 오카우치가 1969년부터 1986년 초까지 교토대학에서 수학하고, 고고학연구실의 조수로 활동한 시기는 우메하라가 한일회담의 문화재 반환 교섭을 강력히 비판한 시기와 같다는 점이다. 물론 이러한 사실이 우메하라와 오카우치를 직접적으로 연결시킬 수는 없지만, 이러한 견해들이 식민지지배의 문제점을 희석시키는 데 이용될 수 있음에 주의해야 한다.

3. '조선민족 문화의 위상'으로 둔갑한 고적조사사업

패전 후 일본정부는 해외에 남아 있는 일본인 재산을 조사하는 사업을 진행하였다. 그와 관련한 보고서로 『일본인의 해외활동에 관한 역사적 조사日本人の海外活動に関する歴史的調査』(이하 『역사적 조사』)가 있다.[15] 이는 대장성과 외무성이 주도하여 실시한 귀환자 재산 조사 과정과 통치 내용을 정리한 결과물이다. 『역사적 조사』는 1947년 7월에 편찬하기 시작해 그해 12월에 완성되었는데, 일본이 패전으로 인해 배상해야 할 상황에 대비하기 위한 자료이기도 했지만, 일본이 식민지 통치와 점령을 어떻게 운영했는가를 파악하는 데이터이기도 했다.[16] 그리고 패전 직후 식민지와 점령지를 어떻게 평가했는가를 가늠할 수 있는 기준이기도 했다.

또한 여기에는 일본이 식민지 조선에서 진행한 고적조사사업과 관련된 내용이 기재되어 있다. 특히 필자가 주목하는 부분은 '고적조사사업'과 '조선사편수회'에 관한 내용인데, 조선총독부의 '고적조사사업'을 실시한

15 본고에서는 이 자료에 대해 자세하게 다루지 않지만, 패전 후 일본의 식민지 통치에 대한 인식을 가늠할 수 있는 중요한 데이터가 들어 있어 매우 중요한 자료라 할 수 있다. 이에 대한 본격적인 연구는 宮本正明(「敗戦直後における日本政府·朝鮮関係者の植民地統治認識の形成－『日本人の海外活動に関する歴史的調査』成立の歴史的前提」, 『研究紀要』, 11, 世界人権問題研究センター, 2006.)와 이형식(「패전 후 귀환한 조선총독부관료들의 식민지 지배 인식과 그 영향」, 『한국사연구』, Vol.153, 한국사연구회, 2011.)의 논문을 참조 바란다. 특히 미야모토는 이 책의 서문을 분석하며 『역사적 조사』의 내용이 "제국주의와 침략을 부인한 발상"이라고 평가한 바 있다.

16 宮本正明, 「敗戦直後における日本政府·朝鮮関係者の植民地統治認識の形成－『日本人の海外活動に関する歴史的調査』成立の歴史的前提」, 앞의 글, 114쪽.

이유와 '조선사편수회'를 설치한 목적이 간명하게 정리돼 있다. 조금 길지만 이하에서 문제되는 두 항목의 서술을 살펴보고자 한다.

> 일본의 통치는 이전에는 국가로서 조선을 보존하고자 하는 노력이 조선에서는 볼 수 없었고, 사찰이나 공관 등은 지방 인사의 애향심과 회고의 정이 발휘되어 수시로 개축하는 정도에 지나지 않았다. (중략) 데라우치 총독이 이왕궁전의 경복궁 터에 총독부 대청사를 신설한 것에 대해 일반 조선인으로부터 민족혼을 무시한 기획이라는 커다란 반감이 있었지만, 이 점을 빼면 데라우치 총독이 조선의 고적 미술을 존중하고 그 보존에 노력한 공적은 매우 크다. (중략) 이 고적조사사업에 의해 조선의 태고 이래의 문화가 밝혀지게 되었고, 조선민족 문화가 세계사 속에서 차지하는 지위가 확실해졌다. 그 성과를 발표한 고적도보, 대적조사보고 등의 출판물은 세계 각국에 배포되어 고고학계에 다대한 공헌을 했다.[17]
>
> 조선사 편찬을 위해 조선 사료를 조사 수집한 것은 일찍이 1916년 1월 이후 착수되어 1922년 12월 '조선사편찬위원회'가 생겼고, 나아가 1925년에는 종래의 기획을 일신할 칙령이 내려져 조선사편수회가 만들어졌다. 종래의 사서史書에는 통일된 순정한 사서가 없고 실록조차도 당파에 의해 왜곡된 내용이 많은 점을 고려해, 사료 수집에는 전선全鮮, 만주, 중화민국에 이르도록 널리 탐방을 실시하고, 필수적인 자료는 복사물이라도 수집했고, 1926년 7월에는 쓰시마 구 번주인 소宗 백작가 측의 비고秘庫에 전해진 조선 관계 사료 모두를 구입했다. 이 위원회의 고문, 위원으로는 일본인 측에서 구로이타 가쓰미黑板勝美 박사, 조선인 측은 최남선 씨 이하 일류 학자

17 大蔵省管理局編, 『日本人の海外活動に関する歴史的調査』, 通巻第三冊, 朝鮮篇, 第二分冊, 89~90쪽.

를 망라해 편찬의 구체적인 안을 연구 검토하고, (중략) 위원회에서는 조선인 측 학자로부터 조선사의 벽두에 단군 기사를 넣어 달라는 강한 요구가 있었지만, 이러한 민족적 감정이나 정치성에 타협하지 않고 어디까지나 순정사학純正史學의 입장에서 조선사 전편의 편찬을 아주 잘 완료했다. 아시아 각지에서 사료를 일본에 실어 나르는 일이 많은 가운데, 조선에서도 소케宗家 가문 사료와 같이 일본의 자료까지도 구입해 수사사업修史事業을 계속했고, 전쟁이 한창일 때 일본에서는 학적 편찬사업을 중지했지만 조선사 편찬이 마지막까지 이어졌다는 것은 총독부의 조선 문화 존중의 하나라고 생각되는 부분이다.[18]

위의 내용을 정리하자면, 첫째, 조선에서 시행된 고적조사사업은 종래 조선에서 이뤄지지 못했던 문화재들의 보존을 이룬 사업이고, 이 사업으로 인해 조선 문화가 세계사에 자리매김되었다는 것인데, 이는 조선총독부의 정책 선전과 동일하다. 둘째, 조선사편수회의 자료 수집은 조선은 물론 중국 및 아시아 각지에서 이뤄졌고, 조선사편수회가 내놓은 『조선사』는 총독부의 '조선 문화 존중'의 상징이었다는 자화자찬이다. 셋째, 『조선사』 편찬을 위해 각지에서 자료 수집 활동이 이뤄졌는데, '만주사변' 이후, 전쟁의 기운이 심화되는 중에도 중단되는 일 없이 진행되었다는 점이다. 당시 조선총독부가 『조선사』 편찬을 얼마나 중시했는지를 엿볼 수 있는 부분이다.

흥미로운 점은 『역사적 조사』를 작성한 집필진에 스즈키 다케오鈴木武雄를 비롯해 대만과 만주 지역 대학에서 활동한 교수진들이 포함되어 있다는 것이다. 환언하자면, 이미 식민지 통치를 위해 역사적 유물과 역사

18 大蔵省管理局編, 『日本人の海外活動に関する歴史的調査』, 앞의 책, 94~95쪽.

서 발간에 힘쓴 사업들이, 패전 이후 일본인 귀환자들에 의해 '식민지 시혜론'으로 활용되었고, 또한 이러한 담론이 식민지 지배에 대한 정당성을 주장하는 일본정부의 뜻과 일치함으로써 전쟁 배상을 회피하는 자료로도 활용되었다는 것이다.[19]

19 정병욱, 「조선총독부 관료의 일본 귀환 후 활동과 한일교섭-1950, 60년대 동화협회(同和協會)·중앙일한협회(中央日韓協會)를 중심으로-」, 『역사문제연구』, 14, 역사문제연구소, 2005.; 이형식, 「조선통치 관계자와 한일교섭」, 『일본연구』, 제80호, 한국외국어대학교 일본연구소, 2019.

보론補論

보론補論

1. 일본 측의 계산 착오로 현실화된 북일 간 문화재 반환

한국정부는 한일회담을 진행하면서 북한에서 반출된 문화재를 반환하라고 요구했으나, 일본정부는 다른 협상 과제와 마찬가지로 문화재 반환 협상 역시 북한을 제외한 상태에서 진행하고 있었기 때문에, 북한 지역에서 출토된 물품은 '백지상태'로 남겨져 있었다. 이 경험들은 앞으로 있을 북한과 일본과의 국교정상화에 유효한 자료가 될 것으로 보인다. 뿐만 아니라, 향후에 있을 북일회담 성과에 따라 한일회담에 대한 평가 역시 달라질 수 있기 때문에, 한일회담 당시 북한에서 반출된 문화재에 대해 어떠한 논의가 있었는지 살피는 것은 중요한 작업일 것이다.

먼저 일본정부가 북한에서 반출된 문화재를 '백지상태'로 남긴 과정을 확인해 보자.

(4) 문화재

문화재에 대해서는, '반환할 의무는 없다'는 법률적 논리에서 일본 측이 '인도'라는 표현을 써서 — 한국 측은 일본이 탈취한 것이기 때문에 '반환'이라고 해석했다 — 청구권 문제와 직접적으로 관계가 없는 것이 되었다. 한국 측이 쇼와 37년(1962년 — 저자) 2월 28일에 제출한 '반환청구 한국 문화재 목록'에는 '조선총독부에 의해 반출된 것'에 낙랑 고분의 출토품을 게기揭記했고, 또한 '고려시대 분묘와 그 외 유적에서 출토된 것', '체신 관계 문화재' 등이 명기되어 남북으로 나누지 않은 것이었다. 한국 측 사학자인 이홍직 대표는 학문적 견지에서 낙랑 출토품이나 북조선 출토품도 꼭 돌려받고 싶다고 하였고, 또한 일본 측 학자 중에서는 '건네 줘도 좋다'고 한 사람도 있었지만, 외무성에서는 줄어라 할지라도, 남조선 출토품으로 한정해야 한다고 시끄럽게 주장해, 문화재 · 문화협정 부속의 인도 리스트에는, 북에서 나온 것은 우편국의 날짜 찍는 도장 같은 것까지도 넣지 않았고, 결국 문화재 인도는 북조선 출토품은 블랭크로 처리되었다.[1]

위의 인용문에서 확인할 수 있듯이 한국 측은 처음부터 북한 소재 문화재까지 염두에 둔 목록을 일본에 건넸지만, 일본 외무성은 이를 끝까지 거부했다. 일본 외무성이 거부한 이유는 북한과의 외교 관계를 염두에 두었기 때문으로 보인다. 한일 양국의 기본관계조약 제3조에는 "한반도의 유일한 합법정부"로 명기되어 있지만, 일본에서는 이를 "남한 지역에서의 유일한 합법정부"로 인식했고, 이를 인정하는 것이 미래의 북일관계에 아무런 장애가 되지 않는다는 것이었다.[2]

1 일본 외교문서 1931 : 「柳谷謙介「日韓会談における北朝鮮問題」」, 아시아국 북동아시아과 일한국교정상화 교섭사 편찬위원회, 1971.12.

더불어 남북분단을 한반도 내부의 문제로 봤기 때문에 일본이 나서기 어렵다는 판단도 작용했을 것이다. 한일회담 당시 외무대신이었던 오히라 마사요시大平正芳 역시 1971년 한일회담과 북한과의 관계에 대해서 다음과 같이 회고했다.

4. 북조선의 문제

야나기야柳谷 : 일한교섭에서는 청구권 문제에서도 어업, 법적 지위 문제에서도, 같은 조선반도 안에 북조선이 또 하나 있다는 논의가 있어서, 국회에서도 대답하시느라 힘드셨죠.

오히라大平 : 베트남도 중국도 독일도 마찬가지이지만, 그런 나라들은 국제법이 나온 다음에 생긴 분열 국가로서 지금은 그것을 조정할 국제법이 없고, 할 수 없이 한쪽과 국교를 맺을 수밖에 없지. 한쪽과 맺은 이상, 다른 한쪽과는 관계를 맺지 못하는 것도 좀 그렇긴 하지만, 서로 원수가 된 것은 제2차 세계대전이 낳은 괴물이기 때문에 이것을 어떻게 해 보라고 해도, 일본의 힘으로는 할 수 있는 일이 아니야. 그러나 우리는 가능한 것을 가능한 범위에서 하는 것이라, 남북조선의 통일 문제는 조선 민족의 일이지, 우리가 뭐라고 할 수 있는 것은 아니야. 그런 논의를 정색하고 달려들어 상대하는 것은 피곤한 일이야. 그런 것은 의미없는 일이지.

야나기야 : 반복해서 질문이 나와서 말이죠.

오히라 : 그래서 내가 '백지입니다'라고 했지만, 사실은 이것은 조선 민족의 문제이지 우리의 문제는 아니야. 일본인은 오지랖이 넓어서 자신의 앞가림도 못하는 주제에 다른 사람 걱정을 하고 있어. 조선도 중국도 베트남도 다 마찬가지만, 서로들 하나가 된다면 내일이라도 당장 교류하지 않으면 안 되지 않을까 하는

2 박배근, 「한일기본관계조약의 국제법적 문제점에 관한 재검토」, 『한일협정50년사의 재조명 I』, 도시완 외 지음, 동북아역사재단, 2012.10, 23~24쪽.

생각이 들어.[3]

즉 한일회담에 등장한 북한 관련 문제는 '조선 민족의 문제'이기 때문에 일본의 힘으로 어떻게 되는 일이 아니라고 생각해 일본 측은 구체적 계획도 마련하지 않았고 그 결과 조용히 묻히게 되었다. 그러나 오늘날, 북한 문제는 한반도와 일본과의 관계를 볼 때 매우 중요한 과제로 떠올랐고, 일본은 북한과의 국교정상화 이후, 그들이 당면해야 할 각종 청구권 및 문화재 반환에 대한 우려와 그에 대한 긴장감을 가지고 있다.

이러한 일본 측 입장은 지난 2014년에도 확인된 바 있다.

2014년, 한국 언론에서는 한일회담 당시 일본정부가 한국에서 반출해 간 문화재의 목록을 작성했음에도 불구하고, 한국의 반환 요구를 피하기 위해 이 목록을 은폐했다는 사실이 보도되어 전국이 들썩였다.

이것은 일본의 시민단체인 '일한회담・전면공개를 요구하는 모임'[4]이 일본정부를 상대로 한일회담과 관련된 문서를 공개하라는 소송을 벌이자, 일본 외무성 북동아시아과장인 오노 게이이치小野啓一가 일본정부를 대신하여 도쿄고등법원에 진술서를 제출하는 과정에서 드러났다. 오노의 진술서에는, 외교문서가 한국정부 및 한국 국민에게 알려질 경우 양국의 관계가 악화될 소지가 있다며 그 공개에 대한 우려가 언급되어 있다.

또한 한국과의 문화재 반환 문제뿐만 아니라 북한과의 문화재 반환 교섭을 예상하고 있는데 그에 대비하기 위해서는 외교 문서의 공개를 거부할 수밖에 없다고 진술하고 있다. 앞서 인용한 부분에서도 알 수 있듯이, 한일회담 당시, 북한과의 국교가 이뤄지지 않아 문화재 교섭에 대해

---

3 일본 외교문서 1920 : 「日韓交渉の回顧－大平元外務大臣にきく－」, 1970.5. 외무성 아시아국 북동아시아과 내 일한국교정상화 교섭사 편찬위원회. 13쪽.

4 日韓会談・全面公開を求める会.

"백지" 상태였기 때문에 북한과의 국교 성립 이후, 일본정부가 안게 될 청구권 및 문화재 반환은 커다란 부담으로 남아 있었다고 하겠다. 이러한 일본정부의 입장이 오노 진술서에는 명확히 드러나 있다.

> 장래 일조국교정상화 교섭 시, 북조선 측에 대해 개시할 문화재 등의 목록 범위나 그 개시 시기 등을, 북조선 측의 대응을 꿰뚫어 보며 신중히 결정해야 하는 것이 매우 중요하며, 미리 지금 갖고 있는 목록 등 전 문서를 개시한다면, 북조선 측으로부터 일방적인 요구를 당할 것이고, 우리나라가 교섭 상 불이익을 당할 것이 분명하기 때문입니다.[5]

위 인용에는 일본과 북한이 국교정상화를 위해 교섭을 시작했을 때를 대비하여, 북한으로부터 "일방적인 요구"를 당하지 않기 위해서는 문서를 전면적으로 공개할 수 없다는 방침이 나타나 있다. 특히 문화재와 관련된 문서를 공개했을 경우에 북한이 어떠한 "요구"를 해올지, 다음 인용에는 그 우려가 상세히 기술되어 있다.

> 2. 조선반도 유래의 서적 · 문화재에 관한 문서에 대해
> (1) 목록에 대해
> ㄱ) 일본 측이 작성한 목록에 대해
> (전략) 이들 목록 등은 한일회담에서 일본 측이 조선반도에서 유래한 국유문화재들 가운데 한국 측에 기증하는 문화재와 기증하지 않는 것을 선별한 것을 검토하기 위해 작성한 것으로, 그 당시 일본 정부가 한국 측으로부터 문화재 등의 반환 요구를

5 외무성 아시아 대양주국 북동아시아 과장 오노 게이이치小野啓一 진술서, 2014.4.26, 10쪽.

받고, 우리나라에 소재하는 조선반도 유래의 문화재 등을 일정한 방침 아래 열거하고, 각 소장 도서관 등에 조사시킨 목록 등을 정리한 것입니다.

상기 불복 부분 개별의 구체적 내용은 항소이유서에서 각각 가능한 대로 구체적으로 밝혔고, 모든 내용에는 오류가 없습니다. (후략)

ㄴ) 이들 목록 등의 기재 내용이 공개된다면, 우리나라가 교섭상 불이익을 받을 것이라고 생각합니다. 이렇게 말하는 것은 북한의 경우, 근래에도 재일문화재의 대부분이 북조선에서 도굴, 탈취한 것이기 때문에 이들 전부를 북조선에 반환시켜야 한다고 주장하고 있기 때문입니다. 이러한 상황을 보더라도 앞으로 일조정상화 교섭을 해도 일한회담 당시와 마찬가지로 조선반도 유래의 문화재 문제가 교섭 대상이 될 것은 충분히 예상되는 바입니다. 이 교섭에서 개개의 목록 등이 공개될 경우, 어떠한 불이익이 생길지는 각각 항소이유서에 기재한 대로입니다. (중략) 따라서 일조국교정상화 교섭이 있기 전에 이러한 불복 부분의 내용을 북조선이 안다면, 북조선 측이 일조국교정상화 교섭에서 우리나라에 반환하라고 청구하는 문화재 등의 선별을 위한 해당 자료가 되거나, 구체적 문화재 등의 특정한 재료가 되거나, 북조선이 문화재 등의 발견 장소 등에 기반하여 자신의 지배 영역에 속한다고 주장하거나, 우리나라가 인도하지 않을 경우, 평가액을 대가로 청구하는 금액의 참고 자료가 되거나, 그 주장을 근거하는 재료가 되거나, 한국과의 교섭과 동일한 대응을 요구하고, 동일한 종류, 내용 및 해당 문화재 등의 인도를 요구할 것으로 상정하고 있습니다.[6]

6 앞의 오노 게이이치 진술서, 11쪽.

위 내용을 보면, 일본 외무성이 공개한 한일회담 관련 외교 문서는 일본정부에 불리한 것이 제외된 것이었음을 알 수 있다. 그 이유는 자료가 공개될 경우, 한국 측이 문화재 반환을 재차 요구할 수도 있다고 봤기 때문이다. 더욱이 북한과의 국교정상화를 염두에 둔다면, 한일회담과 관련된 내부 문서 등은 매우 신중하게 처리해야 한다는 생각 때문이었다.

오노 과장은 공개하지 않은 자료에 한일회담 당시, 일본이 한국정부에 문화재를 반환하는 과정에서 작성한 문화재의 성질, 내용, 유래, 입수 경위, 작성 장소, 작성 시기, 취득 원인, 취득 가격 등이 기재된 기록이 있고 그 역시 한국정부에 공개하지 않았다고 말하고 있다.[7] 그만큼 북한과의 국교 정상화 과정에서 문화재 반환 문제는 한일관계에도 영향을 끼칠 수 있는 사안인 것이다.[8]

최근 이러한 예상이 실제로 벌어질 조짐이 보인다.

바로 '한반도평화프로세스'가 진행되면서 북일국교의 정상화가 현실화된 것이다. 일본에서도 한반도의 움직임에 대응하듯 2018년 6월 21일, 일본의 초당적 모임인 '일조日朝국교정상화추진의원연맹'이 약 7년 만에 재가동되며 북일국교정상화를 조속히 실현시키기 위한 활동에 들어갔다.

일본 도쿄에 있는 조선朝鮮대학교 '조선문제연구센터'의 센터장인 강성은 교수는, 위와 같은 상황을 고려하면서, 1965년에 체결된 문화재 반환 협정 체결에서는 한국과 북한을 별개의 국가로 규정지었다고 지적하고, 문화재 반환을 비롯하여 모든 협정의 내용은 북한의 권리 포기와는 무관한 것이라고 주장하면서 북일회담의 가능성을 제시했다.[9]

---

7 앞의 오노 게이이치小野啓一 진술서, 9쪽.

8 이에 대해서는 이미 장박진의 글에서도 주장된 바 있다. 장박진, 『식민지 관계 청산은 왜 이루어질 수 없었는가』, 논형, 2009, 22쪽.

또한 2002년 9월 17일, '조일평양선언'에서 재일조선인의 지위 및 문화재의 문제에 대해 양국이 국교정상화 교섭을 통해 성실히 협의할 것을 약속했다고 밝히면서, 북한이 일본을 상대로 문화재 반환을 지속적으로 요구해 왔다는 것을 설명했다.[10] 실제로 1962년 12월 13일 북한의 성명을 보면, 북일 간 문화재 반환 문제는 한반도의 통일 이후에 해결될 문제임을 천명하며, 한국을 포함한 3자회담을 제안했다.

그러나 북한의 성명에 대해 일본은 기본적으로 '3자회담은 없다'는 자세를 취했고,[11] 앞서 소개한 바와 같이 '북한은 한반도 내의 문제이기 때문에' 불가능하다고 주장했다.[12]

강성은 센터장은 "조일 국교교섭에서 문화재 반환 문제를 포함한 과거청산 문제는 남북이 연계"해 나올 가능성이 있다며, 2005년의 '북관대첩비' 반환 과정과 2009년 평양에서 남북이 합의한 '조선왕실의궤' 반환 촉진 체결, 그리고 2018년 4월 27일, 남북정상회담 결과 설명 자료에서 '겨

---

9 강성은 교수의 발언은 2018년 10월 21일 한국 국외소재문화재재단과 도쿄대학 한국학연구센터의 심포지엄에서 나온 것으로, 이 심포지엄은 김대중대통령과 오부치수상이 1998년에 맺은 '21세기 한・일 새 파트너십 공동선언' 20주년을 기념하여 '<한일공동선언 20주년> 문화재로 이어가는 한일의 미래'라는 주제로 개최된 것이다.

10 국외소재문화재재단・도쿄대학 한국학연구센터 주최 심포지엄 '<한일공동선언 20주년> 문화재로 이어가는 한일의 미래', 2018.10.21. 강성은 토론.

11 제43회 국회 참의원회의 본회의 제5호 이케다 마사토池田勇人 국무위원 발언, 1963.1.26.
(https://kokkai.ndl.go.jp/#/detail?minId=104315254X00519630126&current=1 검색일: 2020.7.26.)

12 제43회 국회 중의원회의 예산위원회 제3호 오히라 마사요시大平正芳 국무위원발언, 1963.1.30.
(https://kokkai.ndl.go.jp/#/detail?minId=104305261X00319630130&current=1 검색일: 2020.7.26.)

레말대사전 편찬사업'과 '개성 만월대 발굴 조사 재개', 2018년 12월, 한국 국립중앙박물관에서 추진한 '대고구려전'을 사례로 들며 문화재에 관한 남북한의 교류를 평가했다.[13]

다시 말해, 북한과 일본 간에 국교정상화가 실현된다면, 한일회담에 대한 재평가가 이뤄질 것으로 예상되며, 다시 한일 양국의 긴장감을 높이는 요인이 될 수 있다는 것이다.

13 국외소재문화재재단・도교대학 한국학연구센터 주최 심포지엄 '<한일공동선언 20주년> 문화재로 이어가는 한일의 미래', 2018.10.21. 강성은 토론.

'국가'라는 틀을 넘은 한일 간 문화재 반환 문제

한일 간의 문화재 반환 문제는 해방 직후에는 큰 주목을 받지 못했으나, 양국의 경제 성장과 함께 문화유산에 대한 관심이 높아지면서, 식민지 지배의 역사가 언급될 때마다 반드시 거론되는 주제가 되었다. 특히, 2006년 조선왕조실록 반환을 계기로 한국에서 시민운동이 활발히 전개되었고, 언론이 이를 집중 보도하면서 국민적 관심이 급증했다.

이와 동시에 노무현정권이 한일회담과 관련한 한국 측의 외교문서를 공개한 것은, 문화재 반환 문제를 세상 밖으로 끌어낸 중요한 계기가 되었다. 무엇보다도 한국정부의 자료 공개에 일본 내 시민단체들이 호응하며 일본 측 자료 공개를 요구하는 활동을 전개한 것은 매우 중요하다.

2005년 8월 26일, 노무현정권이 한일회담 관련 자료를 공개한 날, 일본에서는 한일 양국의 연구자들과 변호사들이 모여 "일본정부에 대한 일한회담 관련 문서의 전면 공개를 요구하고, 조선반도에 대한 일본의 식민지 지배의 사실과 책임을 인정하게 하며, 아시아・태평양전쟁에 의한 한국・조선인 피해자 및 유족에 대한 사죄와 보상을 실현시킨다"는 취지 아래 '일한시민이 만드는 일한회담・전면공개를 요구하는 모임'[1]

이 결성되었다.[1]

이 모임은 일본정부를 상대로 한일회담과 관련한 외교문서를 공개하라고 요구하며 수차례에 걸친 회의와 연구회, 그리고 회원 모집을 통해 소송과 재판을 이어갔다. 그 결과 2006년 8월에 제4차 일한회담 회의록이 부분적으로 공개되었고, 지금까지 약 10만 장이 넘는 외교문서가 공개되었다. 비록 이 모임은 2016년 12월 23일에 활동을 종료했지만, 그 이후에도 공개된 외교문서의 아카이브를 운영하고 있는데, 이 아카이브 시스템은 일본 시민들의 자발적인 기부와 지원을 통해 유지되고 있다.

저자는 이 모임의 활동을 보며, 정부 간의 협상이나 충돌은 '국익'의 굴레를 벗을 수 없으나, 시민들의 자유로운 활동은 충분히 양국 간의 '화해'를 이끌어 낼 수 있는 가능성을 보여준다고 생각한다.

이 모임의 주요 활동가이자 아카이브 시스템의 운영자인 이양수李洋秀 씨는 문화재 반환 문제에 대한 시각을 전환할 필요가 있다고 주장한다. 그는 한일회담을 통해 체결된 '한일협정' 중에서도 문화재와 관련된 협정에는 청구권협정에 명기된 '완전하고 최종적으로 해결되었다'는 문구가 없음을 강조하고, 이에 대한 한일 간 협력의 가능성을 제시한 바 있다.[2]

발상의 전환은 일본에게만 요구할 것이 아니라, 한국 사회에도 필요한 과정일 것이다. 현재 한일 간의 문화재 반환 문제는 주로 무엇을 '반환' 받았는가, 혹은 받을 수 있는가에 집중되어 있다고 해도 과언이 아니다. 특히 한국사회에서는 일본에 있는 한반도 출토 문화재를 두고 모두 '약탈당했다'는 인식이 강한데, 이것은 조선총독부의 주도로 조선 각지를 돌며 땅을 파고 유물을 발굴하던 일본인들의 모습을 강하게 기억하고 있기 때

1 日韓市民でつくる「日韓会談文書・全面公開を求める会」 http://www.f8.wx301.smilestart.ne.jp/kai/kihonhosin.html, 검색일: 2019.5.31.

2 이양수, 「発想の転換─紛争から友好へ」, 『毎日新聞』, 2016.7.11.

문일 것이다. 다만, 그 기억에서는 조선인들에 의해 일어난 수많은 도굴, 조선인 스스로 일본인에게 문화재를 매매하거나 상납한 흔적들이 지워져 있다. 이 문제 역시 한일 간 문화재 반환 문제를 다룰 때 피할 수 없는 연구 과제이다.

더불어 한일 양국의 인식 차이를 좁히기 위한 방법을 고민해야 할 것이다. 그 단초는 세계적으로 진행되고 있는 문화재 반환 논의에서 찾을 수 있다. 예를 들어 1982년 유네스코 세계문화정책회의에서 1973년부터 시작된 그리스와 영국의 '엘긴 마블스Elgin Marbles 반환문제'가 화두에 올랐다. 특히 유럽연합이 구상되고 출범하면서 문화재 반환 문제는 반드시 다뤄져야 할 과제로 떠올랐다. 이 논의는 아직 해결되지 않았지만, 당시 그리스 정부의 "파르테논 신전은 그리스 국민의 역사의 원점이요, 통합의 상징"이라는 주장은 설득력을 얻었다.[3]

한편, 이탈리아와 리비아 사이에 있었던 '키레네의 비너스 반환문제'도 현재 세계적으로 문화재 반환 논의가 어떻게 이뤄지고 있는지를 알 수 있는 좋은 사례이다. 1913년 이탈리아 군대가 고대 그리스와 로마 유적지인 리비아 해안을 침략했을 때, 키레네 유적지 근처에서 발굴한 비너스는 다른 문화재보다 복잡한 상황에 있었다. 이탈리아의 국보로 지정되어 있어 반환에 난관이 예상되었다. 그러나 2002년 8월 1일, '이탈리아 문화활동 및 유산부'는 1970년 유네스코 협정을 이행하고 리비아에 반환하기 위해 부처법령에 의거해 키레네의 비너스를 국보에서 삭제했다. 이에 대해 이탈리아 내부에서는 반대 운동도 많아 소송까지 진행되었다. 그러나 '이탈리아 지역행정재판소'는 "문화재 반환 정책은 국가의 문화유산을 황폐화시키는 것이 아니라, 오히려 과거 이탈리아에서 불법 반출되어 전

3 矢島国雄, 「植民地と博物館」, 『植民地主義と歴史学』, 刀水書房, 267쪽.

세계에 흩어져 있는 문화재의 반환을 요청하기 위한 선례를 만드는 조치" 라는 이유로 소송을 기각했다.[4]

이러한 사례를 보면, 분명 문화재는 출토지역에 귀속되고 있음을 알 수 있다. 실제로 1970년에 채택된 '유네스코 협약'은 "식민지 시기에 이전된 문화재는 원래 출토된 국가로 복구되도록 노력해야 한다"고 밝혔다. 물론 이 협약이 실질적으로 큰 효력을 갖지는 못했지만, 식민지시기에 유출된 문화재에 대한 보편적 근거를 제시했다는 점에서 큰 의미가 있을 것이다.

앞으로 한일 양국의 문화재 문제 역시 이러한 보편적 근거에 기반해서 해결해 나가지 않으면 안 될 것이다. 문화재 반환 문제를 한일 양국의 민족주의적 구도에서 벗어나 세계 속의 보편적 인식에서 다루는 것이 가장 효과적인 해결 방법일 것이다. 이러한 시야에서 본다면, 한일회담은 물론 일본에서 문화재 반환 문제가 대두될 때마다 제기되는 '오타니 콜렉션'과 '소케宗家문서', '대마도불상' 문제는 또 다른 의미에서 우리가 해결해야 할 문제들이다.

한국이 만약 세계 보편주의적 관점에서 일본에 문화재 반환 문제를 제기한다면, 한국 역시 이들 문화재에 대한 해법을 제시할 필요가 있다. 그리고 이 해법에는 국가라는 틀 안에서는 해결되지 못하는 경우가 있을 수 있다. 따라서 앞으로 양국 시민들의 교류와 신뢰 회복, 그리고 식민지 지배에 대한 상호 인식의 존중이 더욱 필요하다.

---

4 문화재청 「주요국가의 문화재 반환 정책 및 사례연구(이탈리아)」, 『불법문화재 반환 국제사례 및 추진전략 연구 최종보고서』, 문화재청, 2007.12, 201~205쪽.

참고 문헌

1. 기초 자료, 외교 문서, 신문 기사 외

일본 외교문서 1 : 「国交正常化の記録 総説」 回顧録等, 「松本俊一」, 「第1次日韓会談当時の回顧」, 1969.11.

일본 외교문서 2 : 「国交正常化の記録 総説」 回顧録等, 「久保田貫一郎, 「第2・3次日韓会談の回顧」」, 1970.2.

일본 외교문서 5 : 「国交正常化の記録 総説」 回顧録等, 松永課長・山口・熊谷・谷口参事官, 「日韓交渉の回顧－条約課の立場から－」, 1971.11.

일본 외교문서 16 : 「後宮大使 「日韓交渉に関する若干の回想」, 1965.7.

일본 외교문서 268 : 「文化財専門家会合(第3回)」, 1961.11.28, 북동아시아과.

일본 외교문서 268 : 「文化財専門家会合(第6回)」, 1961.12.21, 북동아시아과.

일본 외교문서 321: 「山田次官 柳公使 会談要旨」, 1958.12.19.

일본 외교문서 396 : 「(極秘) 金公使との会談要旨」, 1952.1.9.

일본 외교문서 419 : 「三宅参事官 崔参事官会談要旨」, 1958.2.26.

일본 외교문서 457 : 「第7次 日韓会談 文化財委員会 第2回会合」, 1965.4.28., 북동아시아과.

일본 외교문서 461 : 「韓国との文化財・文化協定の条文化についての交渉」, 아시아국 북동아시아과 내 교섭사편찬위원회, 1969.3.

일본 외교문서 535 : 「(極秘)日韓会談問題別経緯(6) (文化財問題)」, 1962.7.1., 일본외무성 북동아시아과.

일본 외교문서 538 : 「請求権問題に関する大蔵省との協議会」, 1952.2.14.

일본 외교문서 567 : 「韓国関係文化財参考資料」, 1958.2.6.

일본 외교문서 568 : 「文化財関係主管官庁に関して」, 외무성, 1953.
일본 외교문서 570 : 「(極秘) 韓国文化財問題に関する件」, 1960.4.6, 일본외무성 북동아시아과.
일본 외교문서 571 : 「(極秘) 韓国文化財に関する文部省当局との懇談に関する件」, 1960.9.19, 일본외무성 북동아시아과.
일본 외교문서 572 : 「(極秘) 韓国文化財の引渡しに関する件」, 1960.9.20, 일본외무성 북동아시아과.
일본 외교문서 572 : 「(極秘) 韓国文化財の引渡しのための協定に関する件」, 1960.9.22, 일본외무성 북동아시아과.
일본 외교문서 573 : 「(極秘) 韓国文化財問題に関する第1回省内打合会に関する件」, 1960.10.6, 일본외무성 북동아시아과.
일본 외교문서 574 : 「(極秘) 文化財保護委庶務課長来訪の件」, 1961.1.26, 일본외무성 북동아시아과.
일본 외교문서 574 : 「(極秘) 文化財保護委員会清水事務局長アジア局長来訪の件」, 1961.1.27, 일본외무성 북동아시아과.
일본 외교문서 574 : 「(極秘) 韓国文化財に関する文部省局との打合に関する件」, 1961.11.14, 일본외무성 북동아시아과.
일본 외교문서 576 : 「(極秘) 文化財問題の解決方針に関する件」, 1962.2.14, 일본외무성 북동아시아과.
일본 외교문서 577 : 「日韓会談双方主張の概要(文化財問題)」, 1962.8.20.
일본 외교문서 578 : 「(極秘) 日韓会談文化財小委員会主査非公式会談記録」, 1962.2.1.
일본 외교문서 578 : 「(極秘) 日韓会談文化財問題に関する省内打合会」, 1962.2.19.
일본 외교문서 581 : 「文化財問題内合せ会」, 1965.3.15, 북동아시아과.
일본 외교문서 581 : 「(極秘) 文化財に関する打合会」, 1965.3.22.
일본 외교문서 581 : 「文化財小委員会に関する打合せ」, 1965.3.6.
일본 외교문서 583 : 「文化財保護委員会 本間氏との会見報告」, 1952.2.18.
일본 외교문서 584 : 「韓国関係文化財調査に関する打合」, 1953.5.20.

일본 외교문서 584 :「韓国関係文化財調査依頼の件」, 1953.5.22.

일본 외교문서 584 :「韓国関係文化財調査依頼に関する回答について」, 1953.10. 15, 문화재보호위원회.

일본 외교문서 584 :「成簣堂文庫に対して」, 1953.10.15.

일본 외교문서 585 :「朝鮮の美術品, 骨董について」, 1953.6.23.

일본 외교문서 592 :「東洋文庫田川博士」, 1963.3.18, 북동아시아과.

일본 외교문서 1116 :「寺内文庫本の韓国への寄贈に関する末松博士の意見」, 1965. 3.20, 북동아시아과.

일본 외교문서 1116 :「桜圃寺内文庫朝鮮書籍調査報告」, 1965.4.5.~1965.4.8, 북동아시아과.

일본 외교문서 1116 :「田川孝三博士の寺内文庫調査報告」, 1965.5.17, 북동아시아과.

일본 외교문서 1117 :「世襲的文化財について」, 1953.2.17.

일본 외교문서 1118 :「物品の無償贈与について」, 1958. 3. 10.

일본 외교문서 1118 :「韓国関係文化財に関する大臣説明要領」, 1958.4.14.

일본 외교문서 1120 :「韓国への文化財の引渡について」, 1966.4.15.

일본 외교문서 1403 :「日韓全面会談に関する基本方針(案)(閣議了解案)」, 1960. 4.11.~4.16.

일본 외교문서 1519 :「日韓交渉に関する関係各省次官会議議事要旨」, 1957.6.15.

일본 외교문서 1538 :「日韓会談交渉方針」, 1958.7.2.

일본 외교문서 1541 :「日韓交渉現況について」, 1958.10.27, 북동아시아과.

일본 외교문서 1920 :「日韓交渉の回顧－大平元外務大臣にきく－」, 1970.5. 외무성 아시아국 북동아시아과 내 일한국교정상화 교섭사 편찬위원회.

일본 외교문서 1931 :「柳谷謙介「日韓会談における北朝鮮問題」」, 아시아국 북동아시아과 일한국교정상화 교섭사 편찬위원회, 1971.12.

일본 외교문서 1946 :「文化財 監査官 松下隆章 (秘)ヒルトンホテルでの日韓会談文化財問題に関するメモ」, 작성연월일 불명(내용 중 1968년 9월 28일 수령이라는 기록이 있음)

일본 외교 문서 2035 : 「日韓会談　財産、請求権問題交渉の経緯」.

한국 외교문서 723.1JA 청1953. 5 1－3차 등록번호 92, 제2차 한일회담 청구권위원회 회의록, 1－3차, 1953.5. 11~6.15.

한국 외교문서 723.1 JA 청1953.5 1－3차, 1114~1151 : 「제2차 청구권분과위원회 회의 경과보고서」, 1953.5.19.

한국 외교문서 723.1 JA 청1953.10 1－2차, 1385~1406 : 「제2차 재산 및 청구권분과 위원회에 관한 보고의 건, 1953.10.21.

한국 외교문서 723.1 JA 예1956－58 V.2, 100, 「제4차 한일회담 재개 합의문서」, 1957.12.31.

한국 외교문서 723.1 JA 문1958, 0171~0172 : 「제4차 한일회담 협상을 위한 기본 원칙」, 1958.5. 21.

한국 외교문서 723. 1JA 청1958 1－3차, 등록번호 104, 「제4차 한일회담 청구권 위원회 회의록, 1－3차」, 1958.5.29.

한국 외교문서 723. 1JA 문1958 : 「제4차 한일회담 문화재 소위원회 회의록 및 문화재 반환 교섭, 1958」, 1958.6.4.

한국 외교문서 723.1 JA 문1958, 0011~0013 : 「문화재소위원회 제1차 회의요록」, 1958.6.4.

한국 외교문서 : 723. 1JA 문1958, 102, 제4차 한일회담(1958.4.15.~60.4.19.) 문화재 소위원회 회의록 및 문화재 반환교섭, 1958, 「문화재 489점(양산고분발굴품)의 평가에 대하여」, 1958.7.11.

한국 외교문서 723.1 JA 문1958, 0194~0198 : 「문화재관계 전문위원 연구 보고 전달의 건」, 1958.7.7.

한국 외교문서 723.1 JA 문1958 : 「한일회담 협상 진전을 위한 지령」, 1958.9.18.

한국 외교문서 723.1 JA 문1958 : 「유공사가 대통령, 외무장관에게 보내는 전문(MTB－095)」, 1958.12.19.

한국 외교문서 723.1 JA 문1958 : 「사와다 제안의 건」, 1959.1.1.

한국 외교문서 723.1JA 1965, 등록번호 6888, 제7차 한・일본회담(1964.

12.3~65.6.22), 문화재위원회 회의 개최 계획, 1965.
한국 외교문서 723.1JA 1965, 등록번호 6888, 제7차 한・일본회담(1964.12.3.~65.6.22), 문화재 문제에 관한 훈령, 1965.4.20.
한국 외교문서 723.1JA 문1965−66, 등록번호 1471, 한일 간의 문화재 및 문화협력에 관한 협정 서명 이후의 문화재 인수(1965. 5. 28)1965−66.

「감수포장 하사 건」, 조선총독부, 1934.5.25, 조선총독부박물관 문서, E006−005−003−001~002
「経学院規程」, 「조선총독부령」 제73호, 1911년 6월.
「古物並宝物関係雑件 12. 「アンコール」時代美術品七十一点仏印ヨリ本邦ヘ寄贈関係」, 国立公文書館 アジア歴史資料センター, 정리번호 B04012327200, (1941. 9.13 도착, 荒木 総領事代理 작성).
「구황실재산 처리문제」, 제2대국회 제15회 제43차 국회본회의, 1953년 3월 31일.
구황실재산법 (시행 1961년 10월 17일, 일부 개정 법률 제748호), 국가법령정보센터.
구황실재산법 (시행 1963년 2월 9일, 법률 제1265호), 국가법령정보센터.
국립국어원, 표준국어대사전 2019년도판.
국민대학교 일본학연구소, 『한일회담 외교문서 해제집 I』, 동북아역사재단, 2008. 5.
「東方文化学院成立及沿革其ノ他」, 国立公文書館 アジア歴史資料センター, 정리번호B05015916800(東方文化学院, 작성일 미상).
「대일강화조약에 관한 기본태도와 그 법적 근거」, 1950.10, 주일대표부 대일강화조사위원회.
寺内正毅関係文書研究会編, 『寺内正毅関係文書』, 東京大学出版会, 2019.2.
「文廟職員に関する件」, 「조선총독부령」 제127호, 1911년 10월.
「문화재보호법」, 법률 제214호, 1950년.
「반환 문화재 인수식 엄수」, 보고번호 (66) 제619호, 1966.5.28, 대통령기록관 소장 기록.
「반환 문화재 전시 계획 중지 건의」, 보고번호 (66) 제648호, 1966.6.10, 대통령기록관 소장 기록.

「부여고적보존회개황」, 1928. 국립중앙박물관 조선총독부박물관 문서, A062-004-008-004.
「속간사(續刊辭)一九四五年一一月」, 『진단학보』, 15호, 진단학회, 1947.5, 裏表紙.
「신공황후」, 조선총독부, 『보통학교 국사』, 권1, 1937.
「李王職의名称 変更」, 법령 제26호, 韓国法制研究会編, 『美軍政法令総覧』, 한국법제연구회, 1971년.
「외무 제1197호 재일 구왕재산 조사 회보의 건」, 1951.11.5.
「일본 동경 국립박물관 보관 영왕비 관련 유물 반환에 따른 인수 보고」, 『문화재』, Vol. 25, 1992.
「日本民族学会の成立」, 『民族学研究』 29-1, 1964.
「資料と通信, 日本民族学協会関西支部の設立」, 『民族学研究』 16-2, 1951.
「재단법인 경주고적보존회설립취의서」, 1922, 국립중앙박물관 조선총독부박물관 문서, A077-025-002-004.
「재일 구왕궁 재산조사 회보의 건」, 1951.10.24.
「제1차 한일회담 재산 및 청구권 분과위원회 제1차 회의」, 1952.2.20.
「제2차 청구권 위원회 경과보고의 건」, 한일대표 제2827호.
「제2차 청구권위원회」, 1952.2.23.
「第百六十三節 古蹟調査」, 『朝鮮總督府 施政年報 大正4年』, 조선총독부, 1916.3.
「주일대표부 유진오 법률고문의 일본출장보고서」, 1951.9.10.
조선사편수회편, 『조선사』, 1938년.
「朝鮮の考古学研究」, 旗田巍編 『シンポジウム·日本と朝鮮』, 勁草書房, 1969.
「朝鮮古蹟調査及保存沿革」, 『조선』, 조선총독부, 1931.11.1.
「朝鮮半島史 編纂ノ要旨」, 『朝鮮半島史 編成ノ要旨 及 順序 朝鮮人名 彙考 編纂ノ 要旨 及 順序』, 조선총독부, 1916.
「朝鮮史編纂委員会規程」, 「조선총독부령」 제64호, 1921년 12월.
「진단학회 50년 일지」, 『진단학보』, 57, 1984.6.
萩野由之, 「古代の朝鮮人と内地人」, 朝鮮総督府編, 『中等教育 国文読本』, Vol.2.
한국민족문화대백과, 2019년도판.

「한·일간의 문화재 및 문화협력에 관한 협정 서명 이후의 문화재 인수(1966.5.28.) 1965－66」,『한·일 협정 외교문서(문화재) 자료집 Ⅱ』.
「한일대표 제2827호 제2차 청구권 위원회 경과보고의 건」, 1952.2.29.
「한일대표 제2827호 제2차 청구권 위원회 경과보고의 건」, 1952.2.29.
「한일대표 제2854호 제3차, 제4차 청구권 위원회 경과보고의 건」, 1952.3.6.
「한일회 제2호」, 1951.10.31.;「한일대 제2555호」, 1951.11.9.
「郷友連盟の沿革」, http://www.goyuren.jp/ennkaku.htm, 검색일 : 2019.9.14.
국회 참의원회의. 외무위원회(閉1号) 1958년 5월 31일.
국회회의록, 상임위원회 국가최고재건회의 47호, 1961.9.15.
국회회의록, 상임위원회 국가최고재건회의 54호, 1961.10.2.
국회회의록, 상임위원회 국가최고재건회의 55호, 1961.10.4.
국회회의록, 상임위원회 국가최고재건회의 56호, 1961.10.5.
국회회의록, 상임위원회 국가최고재건회의 93호, 1961.12.26.
대통령령 제1035호, 1955년 6월 8일.
대한민국정부,『대일배상요구조서 제1부 현물, 반환 요구 설명서』.
문화재보호법, 법률 제961호, 1962.1.10.
문화재청「주요국가의 문화재 반환 정책 및 사례연구(이탈리아)」,『불법문화재 반환 국제사례 및 추진전략 연구 최종보고서』, 문화재청, 2007.12.
미군정법령 제26호, 1945년 11월 8일.
외무성 아시아 대양주국 북동아시아 과장 오노 게이이치小野啓一 진술서, 2014.4.26.
유진오,『한일회담 제1차 회담을 회고하면서』, 외무부 외교안보연구원, 1993.
제50회 임시 국회 중의원회 본회의 8호, 1965.11.19.
제50회 국회 참의원회의 본회의 14호, 1965.12.11.
제5대 국회 제66회 제53차 상임위원회 1961.9.29.
제5대 국회 제66회 제54차 상임위원회 1961.10.2.
제5대 국회 제66회 제55차 상임위원회 1961.10.4.
제5대 국회 제66회 제56차 상임위원회 1961.10.5.
제5대 국회 제66회 제93차 상임위원회, 1961.12.26.

제5회 국회 참의원회의 문부위원회 문화소위원회. 1949.4.19.
『관보』, 광무 2년 10월 24일.
『東方文化学院一覧』, 東方文化学院, 1929.
『문화재』, Vol. 53, No. 1, 국립문화재연구소, 2020. 3.
『博物館報』, 第1號, 朝鮮總督府博物館, 1926.3.
『백년만의 귀환 양산부부총』, 양산유물전시관, 2013.12.
『施政三十年史』, 조선총독부, 1940.
『日本近現代人名辭典』(吉川弘文館, 2001).
『제2회 조선사편찬위원회 회의록』, 1923.6.12, 중추원 회의실.
『朝鮮史編修會事業概要』, 조선총독부 조선사편수회, 1938.
『한일협정 외교문서 문화재 자료집Ⅰ』, 문화재청, 2005.
『한일협정 외교문서 문화재 자료집Ⅱ』, 문화재청, 2005.
Alfred Foucher, Compte rendu de séance du Congrès des orientalistes de Hambourg de 1902, BEFEO, 1902. (藤原正朗, 「二〇世紀前半期におけるアンコール遺跡の考古学と仏領インドシナの植民地政策」, 『日本研究: 国際日本文化研究センター紀要』, 第26集, 2002. 2. 재인용).

「28日 多彩로운 行事 李舜臣將軍 誕生 417주년 顯忠祠 補修・遺物展示館新築」, 『동아일보』, 1962.4.27.
「各處의 國寶・寺刹保存에 SOS 境內에 無許 建物」, 『동아일보』, 1960.8.7.
「江原道, 素盞嗚尊の遺蹟, 牛頭山の靈地浄化, 神社建立の実行に移るべく二十余名で実地踏査」, 『조선신문』, 1935.1.30.
「開城博物館에서 李朝繪畵展覽會 開催」, 『동아일보』, 1948.10.17.
「경회루에서 개장식 조박 금일 개관」, 『동아일보』, 1929.9.12.
「고궁에 캐바레 만들겠다」, 『동아일보』, 1967.8.29.
「高松宮殿下慶州古蹟視察, 御機嫌麗はしく御帰艦」, 『조선신문』, 1926.9.24.
「古蹟保存에 對하야」, 『조선일보』, 1933.7.22.
「古蹟保存의 要義」, 『조선일보』, 1935.6.4.
「古蹟保存會」, 『매일신보』, 1912.12.26.

「高八尺八寸의 石造八層塔 陽德郡東陽面에서 發見 高麗時代의 遺物」, 『매일신보』, 1933.2.21.
「舊王宮 博物館 陳列品 盜難」, 『동아일보』, 1959.3.14.
「舊皇室財產林野 등 팔아=文化財補修키로」, 『경향신문』, 1962.11.6.
「國立博物館 今日부터 公開」, 『동아일보』, 1945.12.4.
「國寶冒瀆」, 『동아일보』, 1957.12.1.
「수정궁, 한국의 멋 새겨 25일 개관」, 『동아일보』, 1967. 7.14.
「宮中요리센터」, 『매일경제신문』, 1967.5.4.
「김상기 교수, 큰일났다. 종묘 벽도 허는 판」, 『경향신문』, 1967.9.27.
「楽浪の遺跡発掘に振興会の補助決定」, 『조선신문』, 1935.4.27.
「내달 문여는 昌慶宮 몰라보게 달라졌다」, 『동아일보』, 1986.7.12.
「문화재인수식, 일급보물 7점 공개」, 『경향신문』, 1966.5.28.
「民族文化의 殿堂」, 『동아일보』, 1946.4.26.
「博物館을 公開, 寶物 保存합시다」, 『동아일보』, 1945.12.3.
「反対와 贊成 韓・日協定文에 대한 與野討論(完) 文化協定」, 『경향신문』, 1965.7.2.
「賠償 아니다 返還하라」, 『동아일보』, 1949.7.22.
「버림받는 百濟의 遺物 扶餘博物館 補修 안해 倉庫서 하품」, 『동아일보』, 1959. 5. 10.
「벌써부터 캐바레」, 『동아일보』, 1967.8.30.
「崩壞直前의 朝鮮古蹟 우리의 손으로 協力保存하자!」, 『경향신문』, 1947.7.12.
「瑞典皇儲に献上品大邱から」, 『朝鮮新聞』, 1926.10.10.
「選擧에 古宮도 한몫」, 『동아일보』, 1956.5.3.
「水晶宮 韓國의 멋새겨 25日 開館」, 『동아일보』, 1967.7.14.
「新羅 때 珍品을 盜買, 玉虫帳도 不知去處, 慶州博物館長 贓物押收 事件, 俗稱 慶州王의 末路」, 『동아일보』, 1933.5.3.
「新羅王朝の古墳を密掘」, 『경성일보』, 1925.4.15.
「어둠 속에 버려졌던 유물들」, 『경향신문』, 1963.8.6.
「엉망진창인 舊皇室財產 管理」, 『동아일보』, 1959.10.29.

「王冠의 이 末路! 無嚴悖禮의 此 亂擧」, 『조선일보』, 1936.6.23.
「倭色・煩雜한 말 一掃 古蹟 등의 명칭 변경」, 『동아일보』, 1959.6.3.
「倭土에서 韜光幾年 還國令 바든 槿域文化 壬亂 以後, 日人이 奪去한 佛像, 書畫 其他 寶物 맥 元帥가 推尋해 가라고 軍政廳에 命令」, 『동아일보』, 1945.12.27.
「우리 文化財 國內外에 수두룩 燦! 半萬年의 民族遺產」, 『경향신문』, 1955.1.25.
「遺趾保存 協力要望 建築家 金元龍氏談」, 『경향신문』, 1947.7.12.
「耳目끄는 舊王宮 財產」, 『경향신문』, 1949.2.20.
이양수, 「発想の転換」紛争から友好へ」, 『毎日新聞』, 2016.7.11.
「日 婦女 20여명 空港서 데모 '日本 男性의 기생 觀光 반대'」, 『동아일보』, 1973.12.26.
「일본에 시집갓든 元位置에 復建」, 『조선일보』, 1933.9.17.
「日批准國會 5日開幕 安保波動以來 最大의 攻防戰 예상」, 『경향신문』, 1965.10.4.
「任那國日本府 遺跡에 標識을 建立 計劃」, 『매일신보』, 1937.10.23.
「壬辰亂과 聖雄李舜臣 公報部援助로 再影撮」, 『동아일보』, 1961.12.6.
「除幕式を前に, 遺蹟付近を発掘, 本府より有光技手来道, 当日は道幹部有志出席」, 『부산일보』, 1939.6.15.
「昌德宮內 큰 불」, 『경향신문』, 1960.6.6.
「忠武公 誕日에 盛大한 記念行事」, 『동아일보』, 1962.3.16.
「퇴색 水晶宮 방치 美觀 해쳐」, 『동아일보』, 1978.5.10.
「한심한 文化財 管理 상황」, 『동아일보』, 1969.12.17.

2. 논문과 저서

「先学を語る(3) 浜田耕作博士」, 東方学会編, 『東方学回想』, 刀水書房, 2001.
岡内三真, 「略奪文化財は誰のものか」, waseda online, 2010.6.28.
강임산, 「1968년 광화문 '복원'의 성격」, 명지대학교 기록정보과학전문대학원 석사논문, 2015.8.
高橋潔, 「関野貞を中心とした朝鮮古積調査行程－1909年(明治42年) ~1915年(大正4年)－」, 『考古学史研究』, 第9号, 京都木曜クラブ, 2001.5.

高崎宗司, 「日韓会談における文化財返還交渉について」, 『朝鮮史研究会論文集』, 第23集, 朝鮮史研究会, 1986. 3.

高崎宗司, 「日韓会談の経過と植民地化責任」, 『歴史学研究』, 第545号, 歴史学研究会, 1985.9.

高崎宗司, 『検証日韓会談』, 岩波書店』, 1996.

국성하, 「일제강점기 고적조사보존사업의 식민성 연구」, 『미래교육연구』, 제18권 제2호, 연세대학교 교육연구소, 2005.12.

국성하, 「한일회담 문화재 반환협상 연구」, 『한국독립운동사연구』, Vol. 25 No. 25, 2005.

堀山明子, 「한일회담 핵심 문서 해제: 한일협정 문서 공개와 노무현 정부의 피해자 보상 정책」, 『일본공간』, Vol. 2, 2007.11.

宮本正明, 「敗戦直後における日本政府·朝鮮関係者の植民地統治認識の形成－『日本人の海外活動に関する歴史的調査』成立の歴史的前提」, 『研究紀要』, 11, 世界人権問題研究センター, 2006.

旗田巍, 『日本人의 韓國觀』 (이기동 번역), 一潮閣, 1983년.

김경민, 『영국의 문화재 약탈과 문화재 반환 문제에 대한 고찰』, 연세대학교 대학원, 2017.

김영미, 「초기 한일회담에서 지식인 관료의 역할과 정체성」, 『진단학보』, 2010.6.

김용섭, 『김용섭 회고록－역사의 오솔길을 가면서－해방 세대 역사 연구자의 역사 강의』, 지식산업사, 2011.3.

김종수, 『해외 불법 유출 문화재의 반환에 관한 고찰: 한 · 일 간 문화재 반환 문제를 중심으로』, 동국대학교 문화예술대학원 석사논문, 2008.

김지현, 『전후 한일 문화재 반환 교섭에 관한 재평가』, 국민대학교 석사논문, 2012.

김진탁, 「한국 관광에 대한 일본인의 의식과 행동에 관한 조사 연구」, 『관광학연구』, 5권, 1982.

김형만, 『문화재반환에 관한 국제법적 고찰』, 연세대학교, 1997.

남궁승태, 「남북 통일을 대비한 문화재보호법제에 관한 연구」, 『문화정책논총』, Vol.14, 2002.12.

남보라・서순복, 「북한의 문화유산 보존 관련 법제의 변천과 내용 분석」, 『법학논총』, 제21집, 제3호, 조선대학교 법학연구원, 2014.

大岡力, 「日韓古蹟叙」, 奥田鯨洋編, 『日韓古蹟』, 日韓書房, 1910.

大蔵省管理局編, 『日本人の海外活動に関する歴史的調査』, 通巻第三冊, 朝鮮篇, 第二分冊.

藤原正朗, 「二〇世紀前半期におけるアンコール遺跡の考古学と仏領インドシナの植民地政策」, 『日本研究』, 第26集, 国際日本文化研究センター紀要, 2002. 2.

藤田亮策, 「朝鮮古文化財の保存」, 『朝鮮学報』, 第1輯, 朝鮮学会, 1951.5.

鈴木良・高木博志編, 『文化財と近代日本』, 山川出版社, 2002.

류미나 「문화재 반환 교섭으로 본 한일회담의 한계－일본의 한국 문화재 반환 절차를 중심으로」, 『일본역사연구』, 40집, 2014.

류미나, 「'한일회담 외교문서'로 본 문화재 반환 교섭」, 『일본역사연구』, 30집, 2009.

류미나, 「19c말~20c초 일본제국주의의 유교 이용과 조선 지배」, 『동양사학연구』, 2010.6.

류미나, 「식민지권력에의 '협력'과 좌절」, 『한국문화』, 서울대학교 규장각 한국학연구원, 2005.12.

류미나, 「植民地期朝鮮における経学院: 儒教教化機関と儒教イデオロギーの再編」, 『朝鮮史研究会論文集』, 第42集, 朝鮮史研究会, 2004.10.

류미나, 「植民地期朝鮮における経学院の「文化」事業」, 『コロニアリズムと「朝鮮文化」－朝鮮総督府「古積調査事業」をめぐって－』(早稲田大学朝鮮文化研究所編), 早稲田大学朝鮮文化研究所, 2006.

류미나, 「植民地期朝鮮における明倫学院: '儒教振興'をめぐる植民地権力と儒林勢力の相克」, 『史適』, 第26号, 2004.12.

류미나, 「일본 '국민도덕론' 의 유입과 재생산」, 『인문연구』, No.52, 영남대학교 인문과학연구소, 2007.6.

류미나, 「일본의 '공자묘 대중화' 정책과 조선 내 공자묘 인식의 변화－총독부의 공자묘 개방정책과 그 영향을 중심으로」, 『人文論叢』, No.64, 2010.12.

류미나, 「일본의 '조선 신민화' 정책과 유림 동원의 실태」, 『일본학』, Vol.31, 동국대학교 일본연구소, 2010.11.
류미나, 「일본의 문화재 '반환'으로 본 식민지 지배의 '잔상', 그리고 '청산'의 허상」, 『일본역사연구』, 제32집, 한국일본사학회, 2010.12.
류미나, 「전시체제기 조선총독부의 유림정책」, 『역사와 진실』, 한국역사연구회, 2007.
류미나, 「한일회담 문화재 반환 교섭 관련 인물 연구－일본 측 문화재 반환 교섭 담당자들과 일본의 조선학 연구자들을 중심으로」, 『한국학연구』, Vol. 63, 2017.
류미나의 『한일회담 중 문화재 반환 협상』, 국립외교원, 2019.8.
李成市, 「コロニアリズムと近代歴史学」, 『植民地主義と歴史学－そのまなざしが残したもの－』, 刀水書房, 2004.
末松保和, 『任那興亡史』, 大八洲出版, 1949.
梅原末治, 「日韓併合の期間に行なわれた半島の古蹟調査と保存事業にたずさわった一考古学徒の回想録」, 『朝鮮学報』, 第五十一輯, 朝鮮学会, 1969.
梅原末治, 「朝鮮の古蹟調査と其の東亜考古学への寄与」, 朝鮮文化社, 1947.1.1.
梅原末治, 「朝鮮発見二三銅剣の化学成分」, 『人類学雑誌』, 52－11, 통편 제601호, 日本人類学会, 1937.11.
梅原末治, 『考古学六十年』, 平凡社, 1973.
梅原末治, 『朝鮮古代の文化』, 高桐書院, 1946.12.
武井生, 「鳥居博士を訪ふ」, 『朝鮮』, 第44号, 朝鮮雑誌社, 1911.10.
미쓰이 다카시, 「'일선동조론(日鮮同祖論)'의 학문적 기반에 관한 시론－한국병합 전후를 중심으로－」, 『한국문화』, 33, 서울대학교 규장각 한국학연구원, 2003.6.
박배근, 「한일기본관계조약의 국제법적 문제점에 관한 재검토」, 『한일협정50년사의 재조명Ⅰ』, 도시완 외 지음, 동북아역사재단, 2012.10.
박영미, 「經學院에 보이는 근대 일본 유학의 경향: 東京斯文會의 관계를 중심으로」, 『일본학연구』, Vol.27, 단국대학교 일본연구소, 2009.5.
박훈, 「한일회담 문화재 '반환'교섭의 전개과정과 쟁점」, 『외교문서 공개와 한일회담의 재조명2－의제로 본 한일회담』, 선인, 2010.
백충현, 「해외 유출, 불법 반출 문화재 반환의 국제법적 규제」, 『서울대학교 법학』,

30권 3호, 1989.

浜田耕作, 「公開講演会」, 『東方学報』, 1936.10, 岩波書店.

山本達郎, 「日本におけるアジア研究の特色－その回顧と展望」, 『日本学士院紀要－創立百年記念講演集』 36巻, suppl号, 1979.

森本和男, 『文化財の社会史: 近現代史と伝統文化の変遷』, 彩流社, 2010.

송지호, 「박정희시대의 문화정책과 도자공예 : 1960~1970년대 '대한뉴스' 보도 내용을 중심으로」, 『陶藝研究』, 제27호, 2018.

矢島国雄, 「植民地と博物館」, 『植民地主義と歴史学』, 刀水書房, 2004.

児玉幸雄・仲野浩編, 『文化財保護の実務』, 柏書房, 1979.8.

엄태봉, 『日韓文化財問題の構造と限界－1951～1965年』, 東北大学, 박사학위 논문, 2017.

엄태봉, 『日韓会談の文化財問題に関する考察: 官僚政治モデルを中心に』, 東北大学大学院, 석사논문, 2011.

오대양, 「遼東地域 支石墓의 研究成果 檢討」, 『동아시아 고대학』, 제34집, 동아시아고대학회, 2014.7, 36쪽.

原田淑人外, 『楽浪』, 東京帝国大学文学部, 1930.

藤田亮策, 『朝鮮学論考』, 藤田先生記念事業会刊, 1963.

有光教一, 「私の朝鮮考古学」, 『朝鮮学事始め』, 青丘文化社, 1997, 189～190쪽.

有光教一, 『朝鮮考古学七十五年』, 昭和堂, 2007.

이강숙, 『불법 유출 문화재 반환에 관한 국제법적 고찰』, 이화여자대학교대학원 석사논문, 1998.

伊藤純, 「李王家博物館開設前後の状況と初期の活動」, 『考古学史研究』, 第9号, 京都木曜クラブ, 2001. 5.

이성시, 「조선총독부의 고적조사와 총독부박물관」, 『미술자료』, No.87, 국립중앙박물관, 2015.

이순자, 『일제강점기 고적조사사업 연구』, 경인문화사, 2009.4.

이연식, 「전후 일본의 히키아게(引揚) 담론 구조－해외 귀환자의 초기 정착과정에 나타난 담론의 균열과 유포－」, 『日本思想』, 24, 2012.

이원덕, 「한일관계 ‘65년 체제’의 기본성격 및 문제점－ 북・일 수교에의 함의」, 『國際地域研究』(GIAS), Vol. 9 No. 4, 2000.

이원덕, 『한일과거사 처리의 원점－일본 전후처리 외교와 한일회담』, 서울대출판부, 1996.

이은화, 『한국문화재의 일본 반출과 환수에 관한 연구』, 전남대학교대학원 문화재학 협동과정 석사논문, 2019.

이준구, 「한・일회담 반환 문화재 인수 유물」, 『미술사학연구』, No. 165, 1985.

이형식, 「조선통치 관계자와 한일교섭」, 『일본연구』, 제80호, 한국외국어대학교 일본연구소, 2019.

이형식, 「패전 후 귀환한 조선총독부관료들의 식민지 지배 인식과 그 영향」, 『한국사연구』, Vol.153, 한국사연구회, 2011.

이홍직, 「문화재란 무엇인가」, 『문화재』, Vol.1, 국립문화재연구소, 1965.

장박진, 『식민지 관계 청산은 왜 이루어질 수 없었는가』, 논형, 2009.

정병욱, 「조선총독부 관료의 일본 귀환 후 활동과 한일교섭－1950, 60년대 동화협회(同和協會)・중앙일한협회(中央日韓協會)를 중심으로－」, 『역사문제연구』, 14, 역사문제연구소, 2005.

정상우, 「1910~1915년 조선총독부 촉탁(囑託)의 학술조사사업」, 『역사와 현실』, Vol.68, 한국역사연구회, 2008.

정상우, 「식민지에서의 제국 일본의 역사편찬사업－조선・대만을 중심으로－」, 『한국사연구』, No.160, 한국사연구회, 201.

정수진, 「관광과 기생－‘전통예술’의 성립에 관한 일고찰－」, 『민속학연구』, 25, 국립민속박물관, 2009.12.

정수진, 「근대 국민국가와 문화재의 창출」, 『한국민속학』, Vol.46. No.1, 한국민속학회, 2007.

정수진, 「무형문화재에서 무형문화유산으로: 글로벌 시대의 문화 표상」, 『동아시아문화연구』, Vol.53, 한양대 동아시아문화연구소, 2013.

정수진, 「문화재보호제도와 전통 담론」, 『해리티지:역사와 과학』. Vol.47. No.3, 국립문화재연구소, 2014.

정욱재, 「1910~1920年代 經學院의 人的 構成과 役割: 司成과 講士를 중심으로」, 『한국학』, 30(1), 한국학중앙연구원, 2007. 3.
정욱재, 「20세기 초 일제협력유림의 경학원 활동: 李大榮(1874~1950)을 중심으로」, 『한국사학보』, No.56, 2014.8.
정욱재, 「日帝 協力 儒林의 儒教認識－1910~1920년대 경학원 관계자를 중심으로－」, 『한국사학사학보』, No.16, 한국사학사학회, 2007. 12.
정욱재, 「조선유도연합회의 결성과 '皇道儒學'」, 『한국독립운동사연구』, No.33, 한국독립운동사연구소, 2009.8.
鳥居龍蔵, 『ある老学徒の手記』, 岩波文庫 青N112－1, 2013.1.
조부근, 『문화재 반환 외교협상에 관한 연구: 한・일, 한・불 협상 사례를 중심으로』, 경상대학교 박사학위, 2003.
조윤수, 「한일회담과 문화재 반환 교섭－일본 정부의 반환 문화재 목록 작성과정을 중심으로」, 『동북아역사논총』, No.51, 동북아역사재단, 2016.
中山正善, 「巻頭言」, 『朝鮮学報』, 第1輯, 朝鮮学会, 1951.
中生勝美, 『近代日本の人類学史 : 帝国と植民地の記憶』, 風響社, 2016.
青柳綱太郎, 『総督政治史論』, 京城新聞社, 1928.3.
塚本学, 「文化財概念の変遷と史料」, 国立歴史民俗博物館編, 『国立歴史民俗博物館研究報告』, 通号, 35, 1991.11.
최우석, 「도리이 류조(鳥居龍藏)의 식민지 조선 조사와 일선동조론」, 『東北亞歷史論叢』, No. 53, 2016.
현봉선, 『일한회담 추진의 논리와 반대의 논리에 관한 한 고찰－일본에서의 국회 심의를 중심으로』, 서울대학교대학원, 협동과정 지역연구 전공 석사논문, 2003.
황수영, 『日帝期文化財被害資料』, 考古美術資料 第20輯, 韓國美術史學會刊, 1973.1.

3. 인터넷 자료 출처

https://www.jacar.archives.go.jp/aj/meta/image_B04012327200?IS_KEY_S1=%E6%A5%B5%E6%9D%B1%E5%AD%A6%E9%99%A2&IS_KIND=SimpleSummary&IS_STYLE=default&IS_TAG_S1=InD&(검색일: 2020.2.29.).

https://www.jacar.archives.go.jp/aj/meta/image_B05015916800?IS_KEY_S1=%E6%9D%B1%E6%96%B9%E6%96%87%E5%8C%96%E5%AD%A6%E9%99%A2&IS_KIND=MetaSummary&IS_STYLE=default&IS_TAG_S1=InD&(검색일: 2020. 2.20.).

https://www.tnm.jp/modules/r_collection/index.php?controller=dtl&colid=TJ4149(도쿄국립박물관 홈페이지 검색일 : 2019.9.27.)

https://www.museum.go.kr/modern－history/view.do?pseq=4392&aseq=341 검색일: 2019.6.13.

https://www.museum.go.kr/modern－history/view.do?seq=33110&aseq=356 검색일: 2019.6.13.

http://kokkai.ndl.go.jp/cgi－bin/KENSAKU/swk_dispdoc.cgi?SESSION=7242&SAVED_RID=1&PAGE=0&POS=0&TOTAL=0&SRV_ID=1&DOC_ID=5103&DPAGE=1&DTOTAL=23&DPOS=17&SORT_DIR=0&SORT_TYPE=0&MODE=1&DMY=7842 (일본국회의사록 홈페이지 검색일 : 2014.7.8.).

http://kokkai.ndl.go.jp/cgi－bin/KENSAKU/swk_dispdoc.cgi?SESSION=4530&SAVED_RID=4&PAGE=0&POS=0&TOTAL=0&SRV_ID=3&DOC_ID=10662&DPAGE=1&DTOTAL=137&DPOS=6&SORT_DIR=0&SORT_TYPE=0&MODE=1&DMY=29517(일본국회의사록 홈페이지 검색일 : 2018.10.7.).

http://kokkai.ndl.go.jp/cgi－bin/KENSAKU/swk_dispdoc.cgi?SESSION=7242&SAVED_RID=1&PAGE=0&POS=0&TOTAL=0&SRV_ID=1&DOC_ID=5103&DPAGE=1&DTOTAL=23&DPOS=17&SORT_DIR=0&SORT_TYPE=0&MODE=1&DMY=7842(일본국회의사록 홈페이지 검색일 : 2014.7.8.).

http://kokkai.ndl.go.jp/cgi－bin/KENSAKU/swk_dispdoc.cgi?SESSION=7242&SAVED_RID=3&PAGE=0&POS=0&TOTAL=0&SRV_ID=2&DOC_ID=15205&DPAGE=1&DTOTAL=7&DPOS=6&SORT_DIR=1&SORT_TYPE=0&MODE=1&DMY=4848 (일본국회의사록 홈페이지 검색일 : 2020.07.23.).

http://www.cha.go.kr/korea/heritage/search/Culresult_Db_View.jsp?mc=NS_0403_

01&VdkVgwKey=13,00930000,38 (문화재청 홈페이지 검색일 : 2019. 9. 27.)

https://www.museum.go.kr/modern－history/view.do?seq=168&aseq=6# 검색일 2019.8.3.

https://kokkai.ndl.go.jp/#/detail?minId=104305261X00319630130&current=1검색일: 2020.7.26.

https://kokkai.ndl.go.jp/#/detail?minId=104315254X00519630126&current=1검색일: 2020.7.26.

https://www8.cao.go.jp/shokun/shurui－juyotaisho－hosho.html 검색일 2019.8.3.

찾아보기

인명

ㄱ

ㄴ

ㄷ

ㅁ

ㅂ

ㅅ

ㅇ

ㅎ

용어

이 책의 편집 방침과 관련하여

_ 류미나 교수의 글을 책으로 출판하기로 뜻을 모은 편집인들은 류미나 교수가 남긴 2020년도 초고를 최우선시하여 이 책의 편집 방침을 아래와 같이 정하였다.

_ 오탈자 등 명확한 오류로 보이는 부분은 편집인의 판단 하에 교정 및 보정을 하였다.

_ 인용문은 원문이 한국어일 때는 원문 그대로 게시하였으나, 가독성을 위해 띄어쓰기는 현행 한국어 표준 문법에 의거했다. 또한 원문이 일본어인 경우에는 한국어로 직역하여 게재하였다.

_ 한자 표기는 원칙적으로 한국어는 한국에서 사용되는 한자를, 일본어는 현재 일본에서 통용되는 한자를 사용하였다.

편집인

이성시, 김효숙, 허지은, 미쓰이 다카시